莫高窟第 17 窟蔵経洞をのぞく井上靖（1979 年 10月、撮影：大塚清吾）

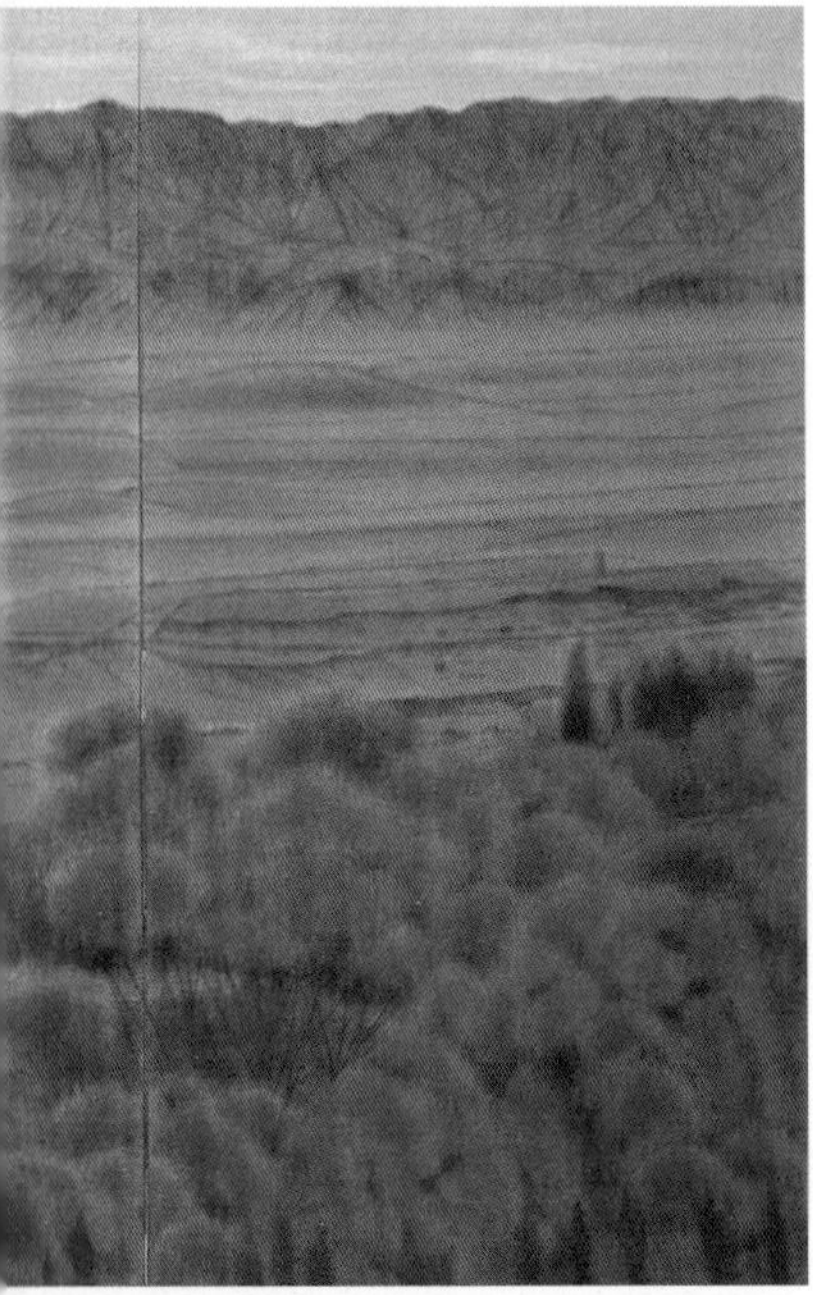

平山郁夫筆『敦煌三危』（上）と
『敦煌鳴沙』(1985年、成川美術館蔵)

▶映画『敦煌』（1988年）ポスター

▼ＮＨＫ「シルクロード」放送と並行して出版された『シルクロード 絲綢之路』全六巻（1980〜81年、日本放送出版協会）

榎本泰子

「敦煌」と日本人

シルクロードにたどる戦後の日中関係

中公選書

はじめに

「敦煌《とんこう》」と聞いてすぐに何かのイメージが思い浮かぶ人は、日中関係の幸せな時代を知る人だ。砂漠の中の大画廊、石窟に描かれた仏教美術の数々、そして偶然発見された大量の古文書をめぐる謎。それらに胸をかきたてられる人と、そうでない人の間には、中国そのものに対する感情に大きな差がある。後者はおそらく二〇〇〇年代以降悪化した日中関係の中で育ち、中国に対してロマンを感じることのできない若い世代であろう。

日本人の中国に対するイメージは、世代によって大きく異なる。現在おおむね五〇代以上の日本人にとって、敦煌という地名は北京や上海にも増して親しみがあるものだった。それは一九八〇年代、中国の改革開放政策が加速するに伴い、急速に高まった中国への関心を背景とし、日本国内でわき起こったシルクロードブームの中心にあった。NHKのドキュメンタリー番組「シルクロード」（一九八〇年放送開始）、なら・シルクロード博（一九八八年）、そして井上靖《やすし》の歴史小説を原作とする映画『敦煌』（一九八八年）を記憶する人も多いだろう。砂漠をゆくラクダの絵など、平山郁《いく》夫《お》が描いた数々の作品を思い出す人もいるに違いない。一九七二年の日中国交正常化、七八年の日中平和友好条約締結を経て、戦後初めて一般人の訪問が可能になった時代に、中国大陸に対する日本人のあこがれを一身に集めたのがシルクロードであり、敦煌であった。

一九八〇年代は日中関係の蜜月期というのが歴史的な評価であり、文化大革命で疲弊し経済支援を求めていた中国と、巨大市場としての中国に魅力を感じた日本の思惑が一致したことが最大の要因である。しかし友好ムードを後押ししたのは日本の多くの一般市民であり、中国に向ける好意的な視線は一九八〇年代に初めて生じたわけでもない。シルクロードブームにしても、ＮＨＫ「シルクロード」の放送をきっかけにブームが起こったと言われることが多いが、当時の新聞記事などをさかのぼっていくと、すでに一九六〇年代から七〇年代にかけて広義のシルクロードブームが存在していたことがわかる。さらには、日中間の国交がなく情報も限られていた一九五〇年代からすでに、敦煌莫高窟《ばっこうくつ》に対する関心は突出しており、井上靖の小説『敦煌』（一九五九年発表）が執筆されたのも、それら一連の流れと密接に関係していることが明らかである。

そして戦前までさかのぼれば、井上靖の母校である京都帝国大学が、日本における敦煌学の中心であったことに目を引かれる。二〇世紀初頭、西本願寺門主大谷光瑞《こうずい》が組織した探検隊がシルクロードを踏査し、敦煌から多くの文物を持ち帰った。それまで文献を通じて知るのみだった古文書や出土品を、日本人研究者が直接見ることができるようになり、中央アジア研究を大きく進展させたのである。井上靖が執筆した西域小説には、戦前以来の歴史研究の成果が反映されている。

つまり日本人の西域に対する関心は二〇世紀を通して常に存在しており、それは日本が中国ひいては世界といかに関わっていくかという課題とリンクしていた。日本のユーラシア大陸に対する関心が、二〇世紀前半には戦争や植民地支配という形で表れたことは、すでに歴史の教訓として私たちの前にある。それでは戦後、平和な時代にブームとして表れたものは、私たちの大陸に対するどのような願望を反映していたのだろうか。

敦煌莫高窟（1979年、撮影：大塚清吾）

こうした疑問は、一九八〇年代のシルクロードブームを経験した筆者自身のものでもある。ＮＨＫ「シルクロード」の放送が始まった頃、筆者は中学生であり、大人たちが何を騒いでいるのかは正直に言ってよくわからなかった。しかし今になって振り返れば、大学に入学した自分が第二外国語として中国語を選択したのは、確かに時代の影響であったとわかる。当時の日本人にとって、「中国」は新しい世界を表す符号のようなものだった。その頃の社会の雰囲気を知る世代だからこそ筆者は、今日の視点に立ち、シルクロードブームの熱狂とは何だったのかということと、それがのちの時代に何を残し、あるいは残さなかったのかを考察してみたいと考えた。

本書は一九五〇年代から現在までを中心に、「敦煌」をキーワードとして日中関係の歩みを跡づけ、文化交流の実態を明らかにする。戦争と、その後の国交のない時代は、古代より連綿と続いてきた日本と中国の関係を大きく変えた。この間、中国の体制の変化と世界の冷戦構造によって、日本人は同時代の中国に対する情報や知識を欠く一方、欧米文化に急速に親しんでいった。一九六〇年代に始まる広義のシルクロードブームとは、日本人の心の地図の中で中国が空白となったまま、中東やヨーロッパなどの西方世界に文化的なつながりを求めたものと言える。

そして一九八〇年代のシルクロードブームの高まりは、改革開放時代の中国という新しい要素が加わったものだった。すでにある程度できあがっていた日本人の世界観の中で、社会主義中国は新たな発見であり、あこがれや好奇の視線を集めた。戦争に対する贖罪《しょくざい》意識を持つ政財界の人々が、経済協力や文化交流を通じて中国と積極的に関わろうとした時代である。

しかし一九八九年の天安門事件をきっかけに、日本人の中国に対する好感は大きく揺らぎ始める。さらに、その後の中国の飛躍的な経済発展と大国化は、日本の脅威と感じられるようになっていく。二〇〇〇年代に入り、いわゆる「反日」デモの様子などが繰り返し報道されることによって、中国のイメージは急速に悪化した。今日の日本の若い世代には、「敦煌」がもはや特別な意味を持たないばかりか、日中関係のよい時代があったことすら知られていない。

中国に対するイメージが世代間で大きく異なり、知識や経験の面でも断絶があることは、今後の日中関係に影響を及ぼすのではないかと筆者は憂慮している。本書には、筆者が青少年期を過ごした時代を日中関係の側面から歴史的に叙述する目的があるだけでなく、今日筆者が教壇で接しているような若者たちに「昔」を知ってほしいという願いがある。「昔」を知ることは、現在、そしてこれからの時代を、どうやって乗り切っていくのかを考える契機となるはずだ。

西はローマへと至る古代シルクロードの、東の終着点は奈良である、と二〇世紀の日本人は誇った。視線を戻せば二一世紀の今日、中国独自の経済圏構想「一帯一路」が、現代版シルクロードとして世界のヒト・モノ・カネの流れを変えようとしている。島国の民である日本人は、ユーラシア大陸を舞台とする巨大な「中国の夢」に、どのように向き合おうとしているのか。

前世紀の日本人が敦煌やシルクロードに対して抱いていたあこがれは、日本人が世界の文化の中に自らをどのように位置づけようとしていたのかを表している。また同時に、日本人が多民族国家中国のいかなる面に好感を持っていたのかを明確に示している。日本人の大陸に対するロマンの本質を検証することは、これからの日本人がどのような世界の構築に貢献していくかを考えるために欠かせない一歩となるだろう。

「敦煌」と日本人　目次

地図制作：地図屋もりそん

本書関連地図

N
S
E
W
カザフスタン
バルハシ湖
アルマトイ
（アルマアタ）
トクマク
イリ
ウス
ウラン・ウス
ウルムチ
ベゼクリク・
トルファン
ハンテングリ▲
キジル千仏洞・
天
山
山
脈
イシク・クル湖
キルギス
タシケント
カシュガル
アクス
クチャ
カラシャール
コルラ
楼蘭
・ロプノール
新疆ウイグル自治区
タリム盆地
タクラマカン砂漠
タジキスタン
パミール高原
タシュクルガン
ヤルカンド
グゥマ
ホータン
ケリヤ
チェルチェン
チャルクリク
・ミーラン
ギルギッド
カラコルム山脈
コンロン山脈
アフガニスタン
カブール
ペシャワール
ラホール
パキスタン
デリー
インド
ヒマラヤ山脈
西蔵自治区
チベット
ラサ
ネパール
ブータン

凡例

- 引用文の旧字は原則として常用漢字に改めた。
- 引用文のうち読みにくい語句には適宜ルビを振った。
- 中国の人名・地名は原則として日本語音読みとしたが、一部の人名・地名については日本でも通用している原音読みとし、カタカナでルビを振った。
- 引用文の中の註記は、「引用者註」とある場合を除き、すべて原註である。
- インターネット上の情報を参照・引用した場合は、註にURLを記した（最終確認日：二〇二一年一月三十一日）。

「敦煌」と日本人

シルクロードにたどる戦後の日中関係

第一章　井上靖と「敦煌」

敦煌莫高窟第一七窟前の甬道天井を見上げる井上靖（左）と常書鴻（一九七九年、撮影：大塚清吾）

日本人と敦煌、そして中国との関わり方を考える時、まずはじめに触れなければならないのは井上靖（一九〇七～九一）である。井上は小説『敦煌』の作者であるだけでなく、日中の国交がなかった一九五〇年代から民間人として訪中を繰り返し、両国の文化交流を象徴する存在になった。日中戦争期に従軍した経験もある井上が、戦中から戦後を通じ、中国に対してどんな思いを抱いていたのかについて、本人が語るところは少ない。しかし、歴史学の文献を渉猟《しょうりょう》した上で書かれた小説の数々は、日本人の中国理解に大きな影響を与え、井上はシルクロードブームの火付け役と称されるに至った。井上の果たした役割を検証することは、日本人が敦煌ないしシルクロードにどのような願望を投影していたのかを知るための最初の作業となるだろう。

一、戦前の西域ブーム

敦煌文書の謎

現代小説から歴史小説まで幅広い作風を誇った井上靖は、戦後の日本を代表する作家の一人である。京都帝国大学卒業後、大阪毎日新聞社での勤務を経て、一九五〇（昭和二十五）年に「闘牛」で芥川賞を受賞し、翌年作家として独立。旺盛な創作欲で次々に作品を世に送り出し、流行作家となるが、一九五七年に初めての本格的歴史小説である『天平の甍《いらか》』を発表し、芸術選奨文部大臣賞を受賞した。その後、西域を舞台にした『楼蘭《ろうらん》』（一九五八年）、『敦煌』（一九五九年）を立て続けに発表し、両作によって毎日芸術大賞を受賞。さらにチンギス・ハンを扱った『蒼き狼』を発表し（一九五九〜六〇年）、中国史を描く作家としての文名が定まった。中でも『敦煌』は、一九〇〇年に敦煌莫高窟《ばっこうくつ》で発見された数万点に及ぶ古文書の謎に迫るもので、のちに映画化もされ多くの読者を得たことから、井上の代表作の一つに数えられる。

物語は一一世紀宋の時代、科挙に失敗した主人公の趙行徳《ちょうぎょうとく》が、失意のうちに開封《かいほう》の街をさまよっていた時、偶然異民族・西夏《せいか》の女に出会ったことから展開する。新興国の若いエネルギーに引きつけられた趙行徳は、隊商に紛れ込んで西夏の地を目指す途中、西夏軍の漢人部隊の兵士狩りに遭い、無理矢理一兵卒とさせられる。しかし読み書きができたため隊長の朱王礼《しゅおうれい》に重用され、幾たびかの戦闘を経たのち、西夏文字を学ぶ目的で西夏の都・興慶《こうけい》に派遣される。久々に読書人らしい生活を送る趙行徳であったが、河西《かせい》回廊（黄河西部に帯状に延びるオアシス地帯）の覇権をめぐる西夏、吐蕃《とばん》、回鶻《ウイグル》の戦いは続いていた。

数奇な運命の果てに、趙行徳が最後にたどりついたのが沙州《さしゅう》すなわち敦煌であった。敦煌は河西回廊西端のオアシス都市で、東西の交通路と南北の交通路が交差する要衝である。当時は周囲を異民族に囲まれた漢人支配地となっており、節度使曹《そう》氏の庇護のもと仏教が栄えていた。やがて敦煌に西夏軍が迫ってきた時、漢人として積年の鬱屈を抱えた朱王礼は反乱を決意する。一方趙行徳は、貴重な仏教の経典を略奪・焼失の危機から救うため、命がけでそれらを城外の千仏洞（莫高窟）に避難させ、ある小さな窟に封じ込める。朱王礼は戦死し、趙行徳の行方はわからなくなったが、大量の仏典や書物は一九〇〇年に偶然発見されるまで、八〇〇年以上も眠り続けたのだった――。

小説『敦煌』は、敦煌が西夏の侵略を受けた史実を元に、架空の人物を配置して、敦煌文書がいつ、誰によって、何のために石窟の中に隠されたのかという問題に一つの答を提示している。この小説を書いた動機として、井上靖は、学生時代から敦煌文書の謎に関心を持っていたことを挙げている。

私が京都大学の学生のころはちょっとした西域ブームの時代で、学術書や、旅行記が次から次へと出版された。そんな関係で、敦煌に関する文章も幾つか読んだが、いつも不思議に思ったのは、いついかなる理由で敦煌の石窟に夥《おびただ》しい数の経典や文書類が包蔵されたであろうかということであった。(1)

井上は一九三二年、人よりだいぶ遅れて京都帝国大学に入学し、哲学科で美学を専攻していた。軍医の家庭に生まれ将来を期待されていたものの、目指す医学部に入れず、好きな文芸活動を続けながら、大学は入れるところに入ったという経緯がある。

『敦煌』や『楼蘭』における、漢語が多く抑制的な井上の文体は、「李陵《りりょう》」「山月記《さんげつき》」などを書いた中島敦《あつし》（一九〇九～四二）を思わせるところがある。中島は病弱で三〇代の若さで亡くなり、文名が上がったのも没後のことだった（本書第二章で詳述）。実は生年が井上と二年しか変わらず、同世代であることに気づく人は少ない。ただ、中島が漢学者の家系に生まれ、幼い時から漢籍に親しんできたのに対し、井上ははじめから中国に関心があったようには見えない。旧制四高時代に始めた詩作も三好達治の影響があるといい、ヨーロッパ文学の流れを汲んでいる。中国に対する興味は、自身が言うように、大学在学中「西域ブーム」に接したことが発端であると考えられる。

戦前の「西域ブーム」がどのようなものだったかを述べるにあたって、井上が学んだ京都帝国大学が日本における敦煌学の中心だったことは見逃せない。二〇世紀のはじめ、敦煌をめぐる国際的な動きに日本の学者らは敏感に反応し、大谷光瑞が派遣した探検隊の活躍もあって、敦煌文書を資料とした研究熱が高まった。つまり近代以降、日本人と敦煌の最初の関わりは、敦煌出土文書に対する学問的な興味関心であり、明治以来の学術・思想の近代化が、東洋史学の分野にも及んだことを示している。戦後のシルクロードブームは、敦煌学の恩恵を受けた学者らが研究成果を社会に還元した側面があるため、まずは敦煌学の起こりについて見ていくことにしよう。

京都帝国大学と敦煌学

敦煌は中国・甘粛《かんしゅく》省の西端に位置するオアシス都市で、漢代より漢民族が西方に進出する際の拠点として栄えた。砂漠や高原を抜けて遠くローマへ到るシルクロードにはいくつかのルートがあるが、それらが交差する交通の要衝が敦煌である。中国の絹はここを通って西方に運ばれ、西方からは玉や宝石やガラス製品などがもたらされた。また西アジアや中央アジアの諸民族が、彼らの楽器や歌や踊り、そしてさまざまな宗教と共に中国へと流れていった。敦煌はまさに東西の文化が行き交う場所として、歴史の中に異彩を放ってきたのである。

20世紀初めの敦煌莫高窟（松岡譲『敦煌物語』より）

敦煌の南東約二〇キロの砂漠の中に、四世紀の僧によって開闢《かいびゃく》された莫高窟がある。鳴沙《めいさ》山の断崖に穿《うが》たれた五〇〇余りの石窟には、千年以上の長きにわたり各時代の人々によって制作された仏教壁画や仏像が遺されており、往時の敦煌の繁栄や仏教信仰の厚さを偲ばせている。

一九〇〇年、ここで暮らしていた道士（道教の僧侶）王円籙《おうえんろく》が、第一七窟から偶然大量の古文書を発見した。王円籙自身や地元の役人には、これらの数万点に及ぶ古文書の価値はわからなかったが、一九〇七年に来訪したイギリスの探検家オーレル・スタイン（一八六二〜一九四三）、そして翌年来訪したフランスの学者ポール・ペリオ（一八七八〜一九四五）にとっては千載一遇の宝の山だった。彼らはそれぞれ入念に見繕ったあと、多くの古文書を形

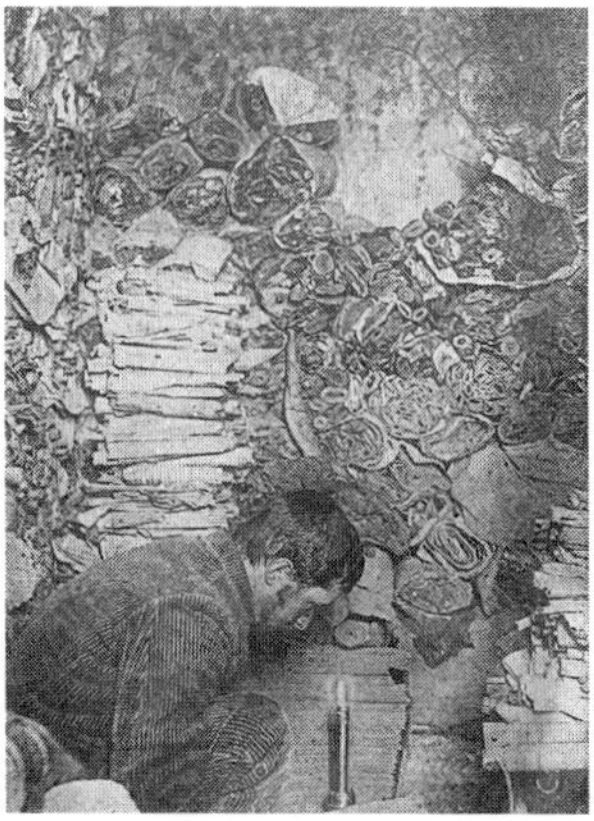

経巻を調べるペリオ（松岡譲『敦煌物語』より）

ばかりの代価で王円籙から購入し、母国へ持ち帰った。それらは中国や西域諸民族の歴史・宗教・民俗等に関わる貴重な資料として、欧州の学界で知られるようになった。

さてペリオは一九〇九年に中国を再訪した際、入手した古文書の一部を初めて北京の中国人学者らに披露した。すでにかなりの部分が国外に運び出されたあとと知り、学者らは衝撃を受けたに違いない。その頃ちょうど北京に住んでいた日本人、田中慶太郎（一八八〇～一九五一）も、ペリオを訪問して古文書を見せてもらった。田中は漢籍専門店文求堂の店主であり、前年から北京で生活し、古典籍の勉強をしながら古書・書画・骨董などの収集に努めていた。東京外国語学校専修科で中国語を学んだ田中は、北京で磨いた鑑識眼や豊富な知識によって、のちに帝国大学の教授に勝ると言われるほどになる。[2] その田中も、ペリオが持っている敦煌出土の古写本等を見て、「尽《ことごと》く驚心駭目《がいもく》の貴重品」と記したほどだった。[3] 田中はすぐに旧知の京都帝国大学教授・内藤湖南《こなん》（内藤虎次郎、一八六六～一九三四）と狩野直喜《かのなおき》（一八六八～一九四七）に知らせ、それを受けた内藤が「敦煌石室の発見物」という文章を書いて『朝日新聞』（東京・大阪の両紙、一九〇九年十一月十二日付）に発表した。これが、一般の日本人が敦煌文書について知った初めとされる。[4]

当時の京都帝国大学は、一九〇六年に文科大学が新設されて間もない頃で、従来は文学・歴史・哲学が混然一体となっていた東洋学（支那学）を分野で分けるなど、新しい学風で知られていた。[5]また、学歴や職歴を問わず実力主義を採ったことも特徴で、新聞界出身の内藤湖南が教授に就任したことはその象徴だった。内藤が敦煌文書の発見についてまず新聞紙面で報告したのも、元ジャーナリストとして一般読者に対するインパクトを予見したからかもしれない。

内藤はこの記事が出てからほどなく、より詳しい解説である「敦煌石室の古書」を連載した（十一月二十四日〜二十七日、「補遺」は二十八日）。その中で内藤は、ペリオの古文書を見た北京の学者羅振玉《らしんぎょく》が写真や本を提供してくれたこと、それに基づいた研究が京都帝国大学で始まっていることを明らかにしている。そして十一月二十八、二十九日の両日にわたり、京都帝国大学史学研究会の第二回総会を京都府立図書館内で開催し、そこで敦煌文書の写真や資料約三〇〇点を一般公開して大きな話題となった。『敦煌学五十年』の著者神田喜一郎（一八九七〜一九八四）は、のちに京都国立博物館館長を務めた東洋史学者であるが、当時を振り返って次のように書いている。

そのころわたくしは中学校に入ったばかりの子供でありまして、何のことかは勿論よくわからなかったのでありますが、わたくしの祖父なんぞもトンコウ、トンコウと騒ぎまわっていた一人で、わたくしも祖父につれられて史学研究会の展覧にも参りましたし、ともかく大変な騒ぎでありましたことだけは今日もなおよく記憶いたしておりますのであります。[6]

「トンコウ」の名が初めて人口に膾炙《かいしゃ》した頃の情景が鮮やかである。翌一九一〇年には、内藤湖南、狩野直喜、小川琢治、濱田耕作、富岡謙蔵の五人の学者が敦煌文書の調査のため北京に派遣されるなど、京都帝国大学が新しい敦煌学の中心となった。そしてこれにもう一つ刺激を与えたのが、大谷探検隊の活動だった。

大谷探検隊の活動

大谷光瑞（一八七六～一九四八）という特異な人物と、彼が組織した探検隊については、没後五〇年を過ぎた一九九〇年代以降にようやく研究が進んだ。そこには日本人と中国、あるいは日本とアジアの関わりを考える上で、見逃すことのできない点がいくつも含まれている。

大谷光瑞（法名・鏡如）は、浄土真宗本願寺派本願寺（西本願寺）門主の長男として生まれ、若くして日本仏教界の指導者たる自己の使命を強く意識していた。(7) 一八九九（明治三十二）年、かぞえ二四歳の時に四か月にわたって中国を周遊し、当地の仏教の状況を視察したほか、上海や漢口の租界で欧米式の近代化を体験し、キリスト教の教会や孤児院などを見学した。租界とは、列強が自国民を居留させる目的で清朝政府から租借した特権的な地域である。一九世紀半ば以来、上海租界などを訪れて列強のアジア進出の実態を知った日本人は少なくなく、最初の中国体験が光瑞に与えた影響の大きさがうかがえる。

宗教の社会的役割や海外布教の方法について啓発を受けた光瑞は、同年末英国遊学に出発、海路欧州を目指す途次インドに上陸してベナレスやブッダガヤを周遊し、その後エジプト、イタリア各地、パリを経てロンドンに到着した。ちなみに、ほぼ同時期の一九〇〇年に官費でロンドン留学した人物に夏目漱石がいる。漱石は官費留学のプレッシャーと自己の英語力などに悩み、鬱《うつ》状態となって帰国するが、こうした時代に私費で世界を周遊できた光瑞の特殊性は注目に値する。西本願寺の莫大な資産をバックにしていることや、皇室とも姻戚関係にあること（光瑞夫人の妹が大正天皇の皇后）などから、各地で貴顕との交流も多く、普通の留学生ではとうてい味わうことのできない豊富な海外体験を重ねたのである。

二年半に及ぶ英国滞在中、欧州各国を訪問した光瑞は、フランスの著名な中国学者エドゥアール・シャヴァンヌ（一八六五～一九一八）らと交流し、西欧における東洋学の成果を知ることになった。折しも欧州では中央アジアの探検ブームが起こっており、ロシアのニコライ・プルジェワルスキー（一八三九～八八）が一八七〇年以降ロプノール（のちに「さまよえる湖」として有名になった塩湖）やチベットを相次いで探検したのを皮切りに、列強が国威をかけた探検隊を送り込んでいた。中でもスウェーデンのスヴェン・ヘディン

大谷光瑞肖像（龍谷大学図書館蔵）

（一八六五～一九五二）は、砂漠を横断する危険を冒して古代シルクロードの遺跡踏査に成功し、世界的な注目を集めた。ヘディンは「絹街道（シルクロード）」という言葉の生みの親であるドイツの地理学者、リヒトホーフェンに師事した人物で、生涯を探検に捧げ、ロプノールがなぜ砂漠を移動するかという謎を解いたことでも知られる。

先に述べたスタインやペリオが敦煌に到ったのも、同じ時期にそれぞれが行なった中央アジア探検の一環である。当時の中央アジアは西欧人の目から見て、歴史の謎やロマンに満ちた「最後の秘境」であると同時に、衰退した中国（清国）に隣接する広大な土地であった。「探検」には学術的な関心のみならず、軍事・外交に関わる目的が多少なりとも存在したことは否定できない。

大谷光瑞は、西欧諸国における東洋学の進歩が、帝国主義的な領土拡大の野心と表裏一体であることに危機感を抱き、日本人としてアジアとどのように関わるかを意識するようになっていった。英国の植民地となったインドや、租界や租借地の名目で領土を蚕食《さんしょく》されていく中国の現状を見るにつけ、アジアの大国の衰亡と仏教の衰退が重ね合わされ、焦燥を感じたのであろう。

光瑞は次期西本願寺門主としての使命感から仏教東漸の道をたどることを決意し、一九〇二年九月、英国からの帰国の途中、従者四名と共に新疆《しんきょう》のカシュガルに入った。光瑞は本多恵隆《えりゅう》、井上弘円《こうえん》の二名とインドで仏蹟の調査にあたることにし、堀賢雄《ますお》、渡辺哲信《てっしん》の二名には西域の調査を命じた。(8) しかし光瑞は、カルカッタ滞在中の一九〇三年一月、父・光尊《こうそん》逝去の知らせを受けて帰国せざるを得ず、西域調査の実際は堀・渡辺両名に任されることになった。二人は天山南路のほぼ中央に位置するクチャを足がかりとし、周辺に点在するキジル千仏洞などの仏教遺跡を調査した。古くは亀茲《きじ》国として、玄奘《げんじょう》三蔵の『大唐西域記』にも描かれた仏教王国に、日本人が初めて足跡を印したのである。彼らはクチャで四か月近く調査をしたあと帰路に就き、トルファン、ウルムチ、ハミを経て安西《あんせい》に至った。一九〇四年十一月のことである。

安西は彼らがたどってきた天山南路と、敦煌へ向かう道の分岐点にあたる。もしこの時敦煌に足を延ばしていれば、スタインより二年早かったことになるが、彼らはそうすることなく一路西安《せいあん》を目指し、帰国の途に就いた。

光瑞は帰国後、西本願寺第二二世門主となって多忙を極め、一九〇四年に開戦した日露戦争の影響もあり、一九〇八年になってようやく第二次探検隊（一九〇八～〇九年）を派遣した。この時の隊員の一人、橘《たちばな》瑞超《ずいちょう》（一八九〇～一九六八）は、光瑞の名の一字をもらっていることからもわかるように、光瑞から厚い期待をかけられた青年僧だった。橘は、野村栄三郎と共にまずモンゴルを調査し、その後別れて楼蘭に向かった。その間日本では、ヘディンが世界的探検家として来日し、京都の西本願寺を訪問するという出来事があった（一九〇八年十二月）。光瑞はかつて、チベット探検で国際的な摩擦に巻き込まれたヘディンに便宜をはかったことがあり、ヘディンは光瑞に恩義を感じていた。[9] ヘディンは光瑞に楼蘭遺跡の正確な位置情報を教え、光瑞はそれを西域探検中の橘に暗号電報で知らせた。これによって橘は楼蘭に到ることに成功し、遺跡を調査する過程で、のちに李柏文書と称される、四世紀に墨書された貴重な史料を発見するという成果を得た。

日本人、敦煌に到る

数次にわたる大谷探検隊の活動は、のちに旅行記として公刊され、多くの日本人読者の胸を躍らせた。探検そのものが持つロマンのほかに、世界の名だたる探検家がしのぎを削る中央アジアで、若い日本人が苦難を乗り越え貴重な文物を手にする過程に爽快感を覚えたのであろう。

橘瑞超は第三次探検隊（一九一〇〜一四年）の先発隊としても活躍し、ここで初めて敦煌を目指すことになる。まずロンドンに行って装備を調え、ロシア領を通ってウルムチに入り、そこからトルファン、楼蘭、ミーランを踏破。チャルクリクを経てチェルチェンに到着すると、そこからタクラマカン砂漠を横断してクチャを目指すという冒険に打って出た。クチャに待たせているイギリス人の従者（一八歳の少年）に早く会いたいという理由からだったが、この時橘自身がまだ二〇歳の若さであった。砂また砂、道なき道を、ラクダが倒れそうになるまで二二日間乗り続けてようやくクチャに到着した。しかしこの時イギリス人少年は天然痘にかかってすでに亡くなっており、橘は悲嘆に暮れる。辺境の地は厳しい自然のみならず、慣れない水や食べ物、病気など、常に死の危険と隣り合わせだったのである。

さて第三次探検隊の後発隊の任にあたったのが、吉川小一郎《こいちろう》（一八八五〜一九七八）である。吉川は僧籍には入っていないが、光瑞の若い側近の一人で、橘と敦煌で落ち合って探検を交代する命を帯びていた。光瑞が吉川を派遣した意図については従来はっきりした証拠がなかったが、吉川の証言[10]などにより、敦煌文書の入手が真の目的であったと推定されている。一九〇九年末に京都で敦煌ブームが起こってから、光瑞もまた敦煌への関心を深めていたのであろう。

内蒙古の砂漠を越えて収集品を運ぶ大谷探検隊のラクダ隊
（龍谷大学図書館蔵）

　吉川は一九一一年五月下旬に日本を出発、上海を経由し長江を遡って漢口へ、そこから鉄道で洛《らく》陽《よう》まで行き、あとは馬に乗りロバ車を引き連れて西安を目指した。西安から敦煌までは約三か月を要し、敦煌にたどりついたのは同年十月はじめのことだった。この頃ちょうど武昌蜂起に端を発する辛亥《しんがい》革命が起こり、敦煌にもその知らせが届く中、橘の消息は杳《よう》として知れず、吉川は気を揉んだ。その頃ケリヤからチベット探検を目指していた橘は、キャラバンの従者が死亡するなどして続けて二度も失敗し、その上客舎に侵入した清国人に暴行を受けて体調を崩していたのである。チベット探検を諦めて敦煌に向かった橘が、ようやく吉川と巡り会ったのは翌一九一二年一月末のことだった。

　こうして吉川と橘は、莫高窟に赴いた最初の日本人となった。彼らもスタインやペリオと同様、莫高窟の管理人である王円籙と交渉して、唐経など数百本の敦煌文書を購入した。実はペリオが北京で出土文書の一部を披露したあと、遅まきながらその価値に気づいた清国政府は、一九一〇年に残りの文書をすべて回収し北京に運んでいた。ところが王円籙はまだ手元にいくらかの古文書を残しており、吉川と橘はそこから価値のありそうなものを選んで購入したのである。

一方日本にいる大谷光瑞の方は、辛亥革命が起こると、北京の学者羅振玉を日本へ招待した。羅振玉は先述のように、内藤湖南ら京都帝国大学の学者と交流が深く、すでに敦煌文書に関する書物を著していた。羅振玉は面識もない光瑞からの招待に戸惑ったというが、革命の混乱を避ける形で、家族や弟子の王国維ともども一九一一年十一月末に京都に渡った。白須淨眞の研究によれば、光瑞が羅振玉を招待したのは、探検隊がまもなく持ち帰るはずの敦煌文書の研究を手助けしてもらう意図があったという(11)。実際に、一九一二年六月には、橘瑞超が入手した古文書類と共に帰国し、十一月には光瑞の私邸である二楽荘《にらくそう》（神戸六甲山所在）において「二楽荘公開・中亜探検発掘物展観会」が開かれた。

羅振玉は北京でペリオから敦煌文書の写真をもらっており、それを『鳴沙石室佚書《いっしょ》』（鳴沙石室は莫高窟のこと）と題する影印版として日本で刊行するなど、敦煌文書の実態を日本に伝えるのに功績があった。また、これも白須淨眞の研究によれば、橘瑞超は自分が持ち帰った経典の目録を作成していたが、これをおそらく光瑞の指示により羅振玉に見せ、羅はこれを自分が主宰する学術誌に掲載したのみならず、著書にも収録したという。これは大谷探検隊が持ち帰った敦煌文書の最初の目録であり、「羅自身が強調するように、英、仏、中国などに分散してしまった敦煌遺書のなかでまず最初に公刊された記念すべき目録であった[12]」。このように羅振玉は、日本に敦煌学が興った最初の時期（一九一〇年代）に八年にわたって京都に滞在し、日本人学者らに協力して実証的研究の基盤を作った。

大谷探検隊の活動は、西本願寺の莫大な財力を背景とし、大谷光瑞個人の優れた国際感覚や実行力によって実現したものである。スタインやペリオがそれぞれの国家のバックアップを受けて探検事業を推進したのとは性質が異なっている。しかし光瑞は、第三次探検隊の成果を十分見届けないまま、巨額の負債と疑獄事件の責任を取る形で、一九一四（大正三）年に門主の座を去ることになった。これにより探検の意図が世人に伝わることはなく、収集した文化財も負債を整理するために売却されたり、一部は光瑞自身が海外に持ち出したりしたまま、戦後も国内に戻ることはなかった。現在、大谷探検隊の将来品は東京、京都の国立博物館や龍谷大学などの日本国内、そして中国・旅順博物館と韓国国立中央博物館に分散されている。大谷光瑞の人物像やその活動の意義は、今日なお解明の途次にあるが、日本人の間に西域に対する関心を引き起こし、敦煌学に実質的な内容を与えたことは、疑いのない事実である。

松岡譲『敦煌物語』

井上靖が京都帝国大学在学中に接した「西域ブーム」は、一九一〇年代以来の中央アジアや敦煌に対する研究の成果が、学界だけでなく一般社会にも届くようになったことを示している。大谷探検隊の旅行記や報告記が相次いで刊行されたことや、スタイン、ヘディンらの探検記の日本語訳が出版されたことで、彼の地の風物に対する興味関心が幅広い読者に共有されたのである。

ところで井上が小説『敦煌』を書いた背景として、松岡譲《ゆずる》の小説『敦煌物語』の影響を挙げていることは注目される。「それまで敦煌に関する研究書や翻訳紀行の類は、ある程度読んでいたが、敦煌というところに実際に足を踏み入れてみたいと思ったのは『敦煌物語』に依ってであったかも知れない」(13)。この『敦煌物語』こそ、戦前の日本における敦煌ブームの広がりを象徴する作品と言えるだろう。

松岡譲(一八九一～一九六九)は、長岡の真宗大谷派(東本願寺)松岡山本覚寺住職の長男として生まれた。しかし寺を継ぐことを嫌い、東京帝国大学在学中に文学活動に没頭し、雑誌『新思潮』(第三次、第四次)に参加した。同人には芥川龍之介、久米正雄、菊池寛などがおり、彼らはいずれも旧制一高時代からの同期生である。松岡は夏目漱石の門人となり、他の文学青年たちと共に漱石の家に出入りしていたが、漱石の長女筆子の愛をめぐって久米正雄と対立してしまう。漱石の没後に筆子と結婚したのは松岡の方だったが、その後久米正雄が発表した恋愛小説で悪役として描かれたためにイメージが失墜し、しばらく文壇での活動ができなくなった。『評伝 松岡譲』の著者関口安義は、松岡を「力量ありながら正当な評価を受けず、また常に時に恵まれず時流に乗り得なかった不遇な作家」(14)と評している。

松岡は結婚当初、入り婿同然に夏目家で暮らし、師亡きあとの家を守った。漱石の妻鏡子の聞き書きをまとめた『漱石の思ひ出』（一九二八年）は、漱石の人物像を知るための貴重な文献として現在も読まれている。松岡は夏目家を離れ独立した家庭を持ったあとも、夏目家の事情を内部から知る者としての役割をずっと期待されていたように見える。

小説家としては、自らの生い立ちと仏教界の内部を描いた作品『法城を護る人々』（一九二三〜二六年）で知られるが、より幅広い読者に受け入れられ、戦後も読み継がれたのは『敦煌物語』（一九四三年）であろう。これはスタイン、ペリオ、大谷探検隊の敦煌までの道のりや、古文書獲得の経緯などを史実に基づき小説の形で書いたもので、敦煌をめぐる人々の姿が生き生きと描かれて飽きさせない。

松岡譲と妻となった夏目筆子

なぜ松岡が敦煌を書くに至ったのかは後述するとして、先に『敦煌物語』の文体を紹介してみよう。例えば、スタインが莫高窟で王道士に頼んで初めて古文書を見せてもらった時、自らの探検旅行を玄奘三蔵の求法《ぐほう》の旅になぞらえて信頼を勝ち得たエピソードは、スタイン自身が述べるところである。これが松岡の筆にかかると、こんなふうになる。

からしてスタインは蔣（スタインの中国人助手＝引用者註）を相手に日の暮れ暮れまで一心に調査にかゝつて、それから何事も無かつたかのやうに口を拭つて本堂を出たのであるが、わかれ際にもう一度あの向拝の三蔵渡天取経の絵を話題に取り上げて、気疲れと一日中石室を出たり入つたりでぼおつとなつて居る住持をつかまへて言ふのであつた。

「ねえ、御住持、玄奘三蔵も教の為め人の為め学問の為め、印度の大切な経典をあのやうに苦心して取つて来られたのだが、こちらの石室と三蔵法師との因縁がわかつた以上、からしてたゞ暗い石室の中に読む人もなく埋もらしておくのは、世界文化の為めに勿体ないばかりでなく、三蔵その人の為めにも、恐らく本意でないのではないでせうか。このところを一つよくよくお考へになつて頂きたいものですな。若《も》し御住持が大きな心で私に便宜を与へて下さるなら、そこはつまり魚心に水心で、私としても失礼ながら充分御礼の点は考へさせて頂きますがね。」

最後の三蔵云々のところに特に力を入れて、其上さうしてくれさへすればお布施も存分に包めると充分気を持たせて話すと、流石《さすが》に道士もほつとした顔付きで点頭《うなず》いて見せた。(15)

玄奘三蔵がかつて敦煌に立ち寄ったことを踏まえ、スタイン自身が現代の玄奘であると吹聴して、莫高窟の管理者たる王道士から経典の山を譲り受けようとしているのである。実際スタインは、不当に少ない対価で大量の古文書を購入したことで知られる。この、中国人とイギリス人の宝物をめぐる駆け引きが、あたかも江戸の長屋を舞台にしているように軽妙な日本語で綴られる。そもそも『敦煌物語』の構造自体が、謎めいた小博物館を訪れた「私」に、コレクターである主人が、敦煌出土の写経を披露しながら語って聞かせる物語となっている。主人の話を通じてまず敦煌や西域に対する基礎知識が与えられ、次に章を改めてスタインの旅が始まる。それが一段落すると、また「私」と主人の対話があり、それからペリオの旅が始まる……というように、「語り」をベースとした重層的な作りである。これが日本の読者に敦煌への親しみと出土文書への興味関心をかきたてる効果を持っていることは疑いがない。小説家としての松岡の力量がうかがえると同時に、彼の敦煌に対する並々ならぬ情熱が感じられる。

『敦煌物語』初版本の「あとがき」によれば、松岡は堀謙徳著『解説大唐西域記』(一九一二年)によって西域に関心を持つようになり、当初は「仏教東漸史の一場面としての西域に視野が限られていた」。しかしその後、奈良の正倉院を見学する機会があり、「異常な感激と驚異に打たれた」という。

私はそこに従来抱いてゐた狭い日本の代りに、世界的な東洋文化の燦然《さんぜん》たる縮図を見、日本の歴史が世界的な観点から見られるべきである事に目が開けた。さうして思ひは遠く半島の文化を越えて長安に飛び、更に天山南北路の所謂《いわゆる》『絹街道《シルク・ロード》』を通つて、遥か印度は愚か近東、西欧まで伸びるのだつた。かつて日本に近代欧洲文化を齎《もた》らしたかのバテレンの故地長崎が演じた丁度その役割、或はそれ以上の大きな役割を負ふ地として、西域の関門たる敦煌が私の前に大きくクローズ・アップされて来るやうになつた。こゝに『法隆寺』があり『正倉院』があつたなら……私はこんな夢をさへ、それが現実にあつたのをすでに朧《おぼろ》に知つてたのかまだ知らずにゐたのか、とにかく抱くやうになつてゐたのである。(16)

ここには日本人のシルクロードに対する理解の典型が早くも表れている。「日本の歴史が世界的な観点から見られるべきである事」、つまり日本を朝鮮半島や中国、インド、中近東、西欧の歴史と文化に接続するものとして、シルクロードをとらえているのである。奈良東大寺・正倉院の宝物は、ペルシャや遠くギリシャの意匠を持っており、ユーラシア大陸を横断して遠く日本までやってきた。その事実は、島国日本の歴史と文化が、世界から孤立したものではなく、むしろ世界と一体になって連動していたことを教えてくれる。

松岡が正倉院を見学したのは「昭和の初め」であるといい、それは宝物の曝涼《ばくりょう》（虫干し）の際の限られた機会だったと思われるが、一九四〇（昭和十五）年十一月には東京の帝室博物館で正倉院展が開かれた。一般市民が奈良に行かずとも宝物の数々を見られる初めての展覧会であり、松岡が感じたような驚きと感激を多くの人々が共有したのである。戦後一九四七年に奈良国立博物館で開かれた正倉院展には一四万人、四九年に東京・国立博物館で開かれた正倉院特別展には二八万人もの人が集まったという。(17) 大東亜共栄圏の夢が破れ、敗戦によって世界から孤立した日本において、世界の文化とのつながりを再確認したいという人々の切実な願望が表れたのかもしれない。その後も正倉院展は奈良で毎年開催されることになり、正倉院宝物は日本人をシルクロードに結びつけるための重要な鍵となった。

『敦煌物語』の初稿は一九三七年に書かれ、その年の『改造』十月号に発表されたが、内容はスタインの部分に偏り、著者自身満足のいく出来ではなかった。一九四二年夏になって改作に没頭し、ペリオや大谷探検隊の部分も加えて三倍近くの分量となり、ようやく当初のプランに沿ったものになったという。

この作品の執筆時期が、日中戦争開始から太平洋戦争期に重なっていることは興味深い。松岡自身は徴兵される年齢ではなかったが、当時実家の寺を継いでいた弟・松岡善毅や義弟の夏目伸六が召集され、戦争の影は身近に迫っていた。頼りにしていた弟の善毅はのちに戦死している。初版本の「あとがき」には、古の長安の都はすなわち蔣介石の西安事件（一九三六年に蔣介石が、抗日を迫る張学良に幽閉された事件）の舞台である、など時局を意識した文言が見られる。また『敦煌物語』を書いた動機として、「身は従軍作家ならずとも、銃後に於いて分に応じ文化活動をなし、識者の関心を殆んど閑却されたる方面に向けるのも亦肝要であらうかと考へ」[18]た、とする。

これらから透けて見えることの一つは、一九三〇年代当時の西域ブームが日本軍の大陸進出と連動しており、敵地を研究する意味合いを持っていたことである。先に述べたように、一九世紀末以来の欧州各国による中央アジア探検は、軍事・外交に関わる探査の意図も含まれていた。スタインやヘディンのほか、イギリス軍将校であるヤングハズバンドの探検記が一九三〇年代の日本で盛んに翻訳されたのは、探検自体が持つロマンのほかに、各地の事情とそれをめぐる列強の動向を知りたいというニーズがあったからだろう。しかし、もう一つ指摘できることは、松岡がこうした時勢をいわば隠れ蓑《みの》にして、学問・芸術を探求する姿勢を貫いたことである。

松岡は『敦煌物語』の刊行にあたり、莫高窟の芸術に対する読者の理解を助けるためにさまざまな工夫をこらした。一九四三年に日下部書店から出た初版本には、付録として「文献略記」「西域重要地名国名要釈」「図版目次」「中央亜細亜地図」がある。さらに巻末の図版五〇葉（ほか四葉はカラー印刷）は、紙不足の戦中に刊行されたとは思えない精緻な印刷で、あたかも学術書のような趣をこの本に与えている。これらの図版は、『敦煌画の研究』（一九三七年）で名高い松本栄一の監修を受けて小説本文と関係のある塑像、壁画、繡仏、絵画、写経等の写真を厳選したもので、松岡自身、「敦煌芸術の各分野がかくの如くその粋を一つの図録に集成されたのは、本書をもつて嚆矢《こうし》とするものではあるまいか」[19]と誇っている。ただ残念ながら、現在公共図書館等で手に取ることのできる『敦煌物語』は、一九八一年に講談社学術文庫に収録されたものか、あるいは二〇〇三年に平凡社から出た新版がほとんどで、それらは初版の付録をすべて割愛している。[20]

初版本付録の「文献略記」では、一一頁にわたって参考文献を一つひとつ解説しており、これらが当時日本で入手できた代表的な敦煌関連本であると見なすことができる。冒頭に挙げられ、特に参考になったものとされているのは、石田幹之助「中央亜細亜探検の経過とその成果」（『東洋史講座』第一四巻所収、雄山閣、一九三〇年）と、石濱純太郎『敦煌石室の遺書』（大阪懐徳堂夏期講演、一九二五年、非売品）である。旧制一高時代の同級生だった石田幹之助には、特に依頼して地名の漢字表記・欧文表記の対照表を作成してもらったといい（「あとがき」より）、それが付録の「西域重要地名国名要釈」に反映されていると見られる。

松岡が参照した文献には、日本の学者が書いたものだけでなく、スタインやペリオの調査報告記などの欧文資料もある。中にはスタインの『セリンディア』（Serindia、中央アジアの古称）のように、菊四倍判（A3判よりやや大きなサイズ）五巻組で当時一八〇〇円もしたという英語の原書も含まれている。現在の貨幣価値に換算するとおよそ五〇〇万円くらいだろうか。[21]東大の図書館にも所蔵されていなかったこの本を、松岡は伝手《つて》をたどって慶應義塾大学の図書館から借り出し、まだ誰も開いていないページにペンナイフを入れながら読んだという。[22]

『敦煌物語』は、従来専門家や知識人の関心事だった敦煌をめぐる学問の成果を、著者自身が言うところの「文化史的小説」という形で一般読者に届けたものである。より多くの人が理解しやすい冒険譚的な趣と、付録に見られる学問的な厳密さが同居する、稀有な作品であった。中国大陸をめぐる国家的な利害から戦争に突き進んだ時代において、「ほとんど閑却された」（「あとがき」より）日本と中国との文化的なつながりや、長い交流の歴史を文字に留めたいという、松岡の文人としての矜持《きょうじ》が表れていると言ってよいだろう。

井上靖は、一九七〇年代後半になってから書いたエッセイで『敦煌物語』を取り上げ、執筆当時の松岡の心情を思いやって次のように書いている。

明治末から大正、昭和にかけて、日本には優れた敦煌学者や西域学者がたくさん出ている。そうした学者たちの研究や論文には、今でもふしぎに思うほど一種独特の魅力があった。彼等にとっては、敦煌も西域も、足を踏み入れることのできる所ではなかった。行くことのできない聖地であったに違いない。一生行くことはできない、そういう覚悟の上に立っての研究であったればこそ、一種言い難い熱っぽい魅力が、その難しい論文の中に醸成されたのであろう。

おそらく『敦煌物語』の著者にとっても、敦煌は足を踏み入れることのできない聖地であり、それなればこそ驚くべき情熱を以て、ひろく西域関係の歴史を調べ、内外の専門家の研究書や論文の林の中に分け入り、そしてそれに具体的イメージを与えるために、スタイン、ペリオ、ヘディンはもちろん、可能な限りの西域紀行の類を座右に置いたことであろう。(23)

「足を踏み入れることのできない聖地」、それが敦煌であり、行くことができないからこそますます人々の情熱をかきたてた。交通の不便、戦争という制約、情報通信技術の未発達など、今日とは比べものにならない高い壁で国と国が隔てられていた時代である。あこがれや想像力のみが、その人をその場所に連れて行ってくれる、そうした場所の典型として敦煌は成立していたのである。

二、歴史学と文学の出会い

井上靖は、大阪毎日新聞社に就職した翌年の一九三七（昭和十二）年九月に応召、輜重《しちょう》兵として華北に出征した経験を持つ。生前はそれについて語ることはほとんどなかったというが、没後の二〇〇九年になって従軍中の日記が発見・公開され話題となった[24]。旧制四高時代に柔道に明け暮れ体力には自信があった井上も、三〇歳での出征はきつかったらしく、発熱・下痢等で歩けなくなり、最終的には脚気の診断を受け三か月余りで内地に送還された。日記には妻や子の名前が繰り返し記され、家を想う一兵士の姿が哀切である。また極度の疲労から、羊羹《ようかん》や汁粉などの甘い物に常に飢えており、何とか入手しようと試みる様子に戦場のリアルを感じる。輜重兵という身分から実戦に参加したことはないと見られるが、死臭ただよう中、砲声を耳にしながらの行軍は、井上の精神の奥底に深い傷となって残ったようだ。自分の意志とは無関係に戦争の駒にされる理不尽は、小説『敦煌』の主人公にも通じるように思われる。

井上靖（昭和30年頃）

　井上の次男である井上卓也の回想によれば、「父は大切なことは大体活字にしている筈」で、戦争体験を含む青年期についての自伝小説を書く予定があったが、死によって果たされなかったのだという。[25] 結局、戦地で見聞きしたことはいくつかの詩やエッセイの中で断片的に語られるのみだった。

井上は現代の風俗や恋愛心理などを巧みに描いて芥川賞を受賞し、流行作家となったにもかかわらず、ある時点で意識的に作風を変え歴史に向き合うようになった。一九五七年に発表した『天平の甍』がその嚆矢であり、遣唐使の時代、鑑真《がんじん》招来に関わった人々を描いている。この作品を発表した直後、井上は作家代表団の一員として、戦後初めて中国の地を踏む機会を得た。従軍から二〇年の歳月が流れていたが、その感慨を知る手がかりは乏しい。中国に対して兵士として関わった過去を、自らの中でどのように考えていたのかはよくわからない。一九五〇年代半ばに始まる日中両国の民間人による文化交流に、井上は深く関わっていくことになるが、これについては次節で詳しく述べることにする。

小説『敦煌』の執筆

井上が小説『敦煌』の執筆を意識し始めたのは一九五三年頃で、『宋史』『宋史紀事本末』などの史書や、敦煌・西域に関わる文献を読み漁り、準備期間は五年に及んだ。[26] 敦煌には学生時代から関心を持っていたが、小説に書けるという確信が持てたのは、当時京都大学人文科学研究所の助教授だった藤枝晃（一九一一～九八）との出会いがきっかけであるという。藤枝は一九三七年から東方文化研究所（人文科学研究所の前身）に勤務しており、京大東洋史学の本流に位置する学者である。

古写本を用いた敦煌学および西域研究で多くの業績を挙げ、小説『敦煌』が発表されたのと同じ一九五九年には日本学士院賞を受賞した。

井上は敦煌の歴史的背景について理解する上で、藤枝の論文「沙州《さしゅう》帰義軍節度使《せつどし》始末」に学ぶところが多く、藤枝本人にも会い、小説執筆中はしばしば電話して質問した。藤枝は井上とは同年代、「沙州帰義軍節度使始末」は京大史学科の卒業論文（一九四一年から四三年にかけて『東方学報』に連載(27)）とあって、親しみがわきやすかったのかもしれない。

藤枝の論文は、唐末以来約二〇〇年にわたり沙州（敦煌）を支配した節度使について書いたもので、「帰義軍節度使」とは、いったん異民族吐蕃に支配された敦煌を、再び唐朝の版図に戻した沙州の土豪、張議潮《ちょうぎちょう》（その姿は莫高窟の壁画にも描かれている）を称えて唐朝が授けた称号である。この論文では、小説『敦煌』の舞台である宋代に「帰義軍節度使」を受け継いだ曹氏について言及している。

歴史学者としての藤枝と、小説家としての井上の交流は、歴史の謎を解明するために立場を超えて協力したという点で興味深い。莫高窟に宝物が隠された時期を想定できるかと尋ねた井上に、藤枝はこう答えたという。「そりゃできるでしょう。私は学者だから、私ひとりでは割り出す勇気はないが、小説家としてのあなたが一枚加われば、犯人を追い詰めるように追い詰めることができそうな気がする(28)」。つまり藤枝は歴史の謎を、井上が小説家として推理小説のように推理することに期待したのである。そのために藤枝は、研究室を訪れた井上に貴重な資料を見せ、レクチャーし、質問の電話にも丁寧に答えたのだった。井上は当時を振り返ってこう述べている。「いま考えると、『敦煌』を書いている時期は、ちょっと他に較べようもないほど楽しいものであった。人文科学研究所という大変な資料室を持ち、そこに直通電話を引いているようなもので、ひどく贅沢な気持ちであった」[29]。井上が歴史小説を書く醍醐味を味わったのは、まさにこの時だったのかもしれない。

周霞の研究によれば[30]、小説『敦煌』には、異民族に囲まれ漢民族の飛び地となった沙州（敦煌）の歴史的な位置づけなどについて、藤枝の論文（「沙州帰義軍節度使始末」）と同じ表現が用いられているという。一方、瓜州《かしゅう》（安西）の太守（沙州の支配者曹氏の弟）が、西夏の脅威を前に自ら西夏に降る天聖《てんせい》八（一〇三〇）年を、小説では史実より遅らせ天聖九年にする操作がなされていると指摘する。これは周霞によれば、「歴史的事実とは別に作り出された主人公趙行徳の行動に、整合性を持たせるために生じたずれ[31]」である。

どういうことなのか詳しく見てみよう。趙行徳は、瓜州より先に西夏に占領された甘州《かんしゅう》（張《ちょう》掖《えき》）の城内でウイグル（原文では回鶻）の王族の女と結ばれる。しかしその直後、命令によって西夏の都・興慶に赴き、念願だった西夏文字を学ぶことになった。さらに西夏文字と漢字の対照表を作るという新たな仕事に着手したことから、一年以内に帰るという女との約束を破り、一年遅れて天聖八年に甘州に戻ってきた。その間に女の運命は漢人部隊の隊長朱王礼と、西夏王の長子李元昊《りげんこう》の間で転変し、趙行徳とのはかない愛は砂漠の沙と消える。この虚構のストーリー（＝一年の遅れ）のために、小説の次の展開である、瓜州が西夏に降る年を、史実より一年遅らせなければならなかった、と周霞は推測するのである。

ウイグルの王族の女（小説中では名前が与えられていない）は、その死によって主人公が仏教へ傾倒する契機となり、仏典を莫高窟へ隠すクライマックスへとつながる重要な存在である。女のセリフや人物に関する描写は必ずしも多くなく、趙行徳と結ばれるにあたってもやや唐突な印象を免れないが、全体を通して見れば、趙行徳の人生を左右する「運命の女（ファム・ファタル）」である。[32]小説家の井上にとっては、史実を曲げてでも書き込まなければならない人物であり、こうした人物こそが作者のロマンの表出であると言える。

藤枝晃との友情

史実と違えた描写をすることの是非について、井上は意識的であったが、意外にも学者である藤枝の方は気にとめなかった。むしろ、井上の生み出すロマンを楽しんでいたふしがある。井上による以下の回想は、ウイグルの王族の女に関することと特定されるわけではなく、史実の「料理」のしかた一般に関わるものであるが、二人にしかわからないやりとりがおもしろい。


『敦煌』の載っている「群像」が発売になった日の夜、氏に電話をかけると、氏は大抵、

「やりましたな」

と言われた。やったということは私と氏だけに通ずる言葉であった。

「いけませんか」

「いいですよ、小説家だから」

氏は寛容であった。氏が提出して下さった資料を、私は勝手に料理する場合が多く、私の方はそのことにかなり神経質になっていたが、それに対して、

「やりましたな」

という言葉で包んで下さった。いかにも学者に小説家が包まれたといった思いであった。[33]

井上の藤枝に対する感謝の気持ちがあふれた文章である。藤枝の方もまた、学問的な厳密さはさておき、敦煌文書の謎という大きなテーマに取り組む井上の志をよしとしたのかもしれない。こうして見ると、『敦煌』は歴史学と文学の幸福な出会いの中に生まれた小説であった。

『敦煌』発表当時、作品に対しては賛否両論があり、それはいずれも井上の歴史小説の特徴とされる叙事詩的性格をどう評価するかという問題と関わっていた。[34] すなわち、人物造形が描き込まれていないとか、行動に至る心理の描写が不十分だとかいうもので、歴史の大きな流れの中でともすれば人物が没個性的になってしまう点を指摘している。ただその一方で、亀井勝一郎のように作品の「すさまじい音響と色彩感」を評価し、「カラー映画などにつくったら、すばらしいものが出来るだろう」と、のちの映画化を予見するような批評があったことも注目される。[35]

井上靖の歴史小説の中では、『敦煌』の前に書かれた中編小説『楼蘭』の方が発表当時の文壇の

評価が高かった。とはいえ、主人公の数奇な運命・女への愛・歴史の謎をダイナミックに交差させた『敦煌』は、より幅広い読者の支持を集め、今日まで読み継がれていると言えるだろう。

三、戦後日中文化交流のなかで

二〇世紀前半の日本では、敦煌は人々のあこがれを集めながら、戦争などの時代の制約により、「足を踏み入れることのできない聖地」として心の中にあるのみだった。日中戦争のあと、日本と中国（中華人民共和国）の間で長く国交が結ばれなかったことは、敦煌へのあこがれをさらに高める働きをした。ここではまず、時代の状況を理解するために、戦後から一九五〇年代の日中関係を概観し、国交がない中で民間人による文化交流がどのように進められてきたかについて述べる。そして、一般人による自由な渡航が認められなかったこの時期、選ばれて中国へ行き、敦煌を訪問した人々が、そこで何を見たのかを跡づけていく。

民間交流の始まり

第二次世界大戦後の日中関係は、複雑な国際情勢の中で翻弄されてきた。日中戦争が終結すると、中国では国民党と共産党の対立が激化し、内戦を経て一九四九年に中華人民共和国が建国される。アジア初の社会主義政権の誕生は、戦争に対する反省もあいまって、「新中国」に対する期待を一部の日本人に与えた。しかし東西冷戦が深刻になる中、アメリカは台湾に逃れた国民党政権を正統としたため、日本もその圧力下で台湾を選択せざるを得ず、一九五二年四月に台湾と日華平和条約を結んだ。その結果、共産党政権の激しい反発を招き、以後日本と中国大陸の間は自由な往来ができないという「不正常」な状態に陥るのである。

アメリカを代表とする「西側」資本主義陣営と、ソ連を代表とする「東側」社会主義陣営が対立する時代は、一九八九年十一月にベルリンの壁が崩壊するまで続くことになる。太平洋戦争で敗北しアメリカ占領下で「西側」に組み入れられた日本は、イデオロギー的に中国とは異なる立場にあった。しかし日本の歴代政権は、日米関係を重視しながらも、隣国として歴史上長い関係を持つ中国とどのように新たな関係を打ち立てるかを模索していた。

一九五四年十二月に鳩山一郎内閣が成立し、対米自主外交を掲げて中国・ソ連との国交正常化を目標にすると、中国側もそれに期待を持ち、段階的に国交正常化を実現させる意向を示した。その思想的背景として、「日本軍国主義と日本人民は区別する」(二分論)という対日基本原則がある。そのち一九七二年に国交正常化が実現した時、中国側が賠償請求を放棄したのも、「日本人民もまた戦争の被害者である」という同じ考えに基づいていた。

日本国民の間に国交正常化に対する好意的な世論を形成させるため、貿易の拡大や、漁業問題の解決、そして文化交流も中国側の重点課題となった。国交がまだ回復されていない時代、実質的な交流を進めるために日本側で動いたのは、親中国派の政治家・経済人・民間人である。一九五〇年代には日中友好協会（一九五〇年）、日本国際貿易促進協会（一九五四年）、日本中国文化交流協会（一九五六年）などの民間組織が相次いで設立され、代表団などの形で中国を訪問し、交流のパイプ作りを行なった。

作家・文化人の訪中

日本中国文化交流協会（以下、日中文化交流協会）は、文化交流を重視する周恩来首相の意向を受けて、日本の進歩的知識人を中心に設立された組織である。中国側の対日関係の窓口として活躍した廖《りょう》承《しょう》志《し》と、俳優で演出家の千《せん》田《だ》是《これ》也《や》（一九〇四～九四）が、戦前に留学したドイツで友人だったことが機縁になったという(36)。一九五五年十一月に片山哲・元首相と千田が北京を訪問し、「日中文化交流に関する申し合わせ」に調印したことで、協会創立の運びとなった。

「日中文化交流に関する申し合わせ」に署名する千田是也（日本中国文化交流協会提供）

　千田の呼びかけで幅広い分野から約八〇名の会員が集まり、片山元首相を会長、仏文学者・評論家の中島健蔵を理事長として一九五六年三月二十三日に創立総会が開かれた。活動の趣旨として「文学・芸術、学術、報道、スポーツなど、広い分野にわたる交流を推進し、両国人民の友好と文化交流を促進する」ことをうたっている。創立直後の五六年四月には中国卓球代表団、五月には梅《メイ》蘭芳《ランファン》を団長とする京劇代表団を迎えるなど、両国文化人の交流の端緒を開いた。日本からも、同年九月に日本文化人中国訪問団（田邊尚雄団長ら二一名）、十一月に日本作家代表団（青野季吉《すえきち》ら一一名）を派遣している。[37]

井上靖は協会設立初期からの中心メンバーであり、一九五七年十月、二度目の作家代表団に参加し、約一か月にわたって北京、上海、広州などを訪問した。メンバーは井上のほか山本健吉、多田裕計《ゆうけい》、十返肇《とがえりはじめ》、中野重治、堀田善衛、本多秋五である。この時すでに鑑真招来を描いた『天平の甍』を発表し、人気作家だった井上は、中国側に大いに歓迎された。[38] 井上は揚州など鑑真ゆかりの地も訪れることができ、帰国後改めて作品に手を入れたという。当時小説『敦煌』を構想していた井上は、敦煌訪問も希望していたが、すでに現地は冬へと向かっており、果たすことができなかった。

この訪中を皮切りに、井上は一九九一年に亡くなるまで合計二六回も中国を訪問し、交流活動に参加したほか、作品執筆のための取材を行なった。新疆ウイグル自治区を訪問したのは一九七七年八月が初めてであり、念願の敦煌（甘粛省）を訪れたのは翌七八年五月のことだった。一九八〇年には前年亡くなった中島健蔵のあとをついで日中文化交流協会の会長に就任し、会長としての訪中も数次に及ぶ。

井上の敦煌訪問については次章で詳しく述べるが、その前に、一九五〇年代に敦煌を訪れた日本人の姿を追ってみよう。まず日本画家で、日中文化交流協会設立当初の役員も務めた福田豊四郎（一九〇四〜七〇）である。福田は武蔵野美術大学の日本画講師だった一九五六（昭和三十一）年四月から、アジア連帯文化芸術代表団のメンバーとして約三か月にわたりインド、エジプト、ソ連、中国などを訪問した。これは前年インドネシアのバンドンで開かれたアジア・アフリカ会議の決定により、各国で結成されたアジア連帯委員会の招請によるものだった。ちなみにこの時のアジア・アフリカ会議は、中国から周恩来が出席し、社会主義中国が第三世界の代表であることを国際社会にアピールしたことで知られる。

各国歴訪の最後（五六年七月）に、強く希望して敦煌を訪れた福田は、戦後に敦煌を訪れた最初の日本人とされる。莫高窟を実際に見た福田が、鮮やかな色彩や生き生きとした線に感銘を受け、次のように書き残していることは、一人の画家として自然であろう。戦前は松岡譲『敦煌物語』のような豪華本でも、図版の大半は白黒で、壁画の色合いをそのまま見ることは難しかったからである。

日本中国文化交流協会の創立式典
（1956年３月23日、同協会提供）

暗い窟院内にしばらく目をならすと、天井

の左右の壁の隅々まで鮮やかな色彩でぎっしり描き込まれた壁画が浮き上がるように現われてくる。初め慣れるまでに、唯あきれるばかりだったが、やがて各時代の様式や色調の特色にもなれて、重点的に見ることができた。（中略）

なんといっても唐代の作品は優艶で完全に中国独自の様式の完成が感じられ、赤い朱の描線が美しく、恍惚たるものがあった。

黒変しているのは赤系統の色だというが、丹ではないかと思う。唐美人の顔の薄黒いくまどりは、洋式デッサンと違った独特な表現で面白い立体感を出している。線が消えてくまどりだけの絵をみていると、なかなか近代感があって興味深かった。(39)

福田の敦煌訪問は井上靖の『敦煌』執筆にも影響を与えた。井上は、大阪毎日新聞の記者だった一九四八年、福田を中心とする美術団体「創造美術」の旗揚げをスクープしたという縁がある。五七年に『天平の甍』が『中央公論』に連載された際は、福田が挿絵を描いた。井上自身、新聞記者時代に学芸部で宗教欄と美術欄を担当しており、仏典や仏教美術に対してかなりの知識を持っていた。福田から敦煌のみやげ話を聞き、大量の仏教壁画が現存する莫高窟への関心が再燃したようである。小説『敦煌』を書くにあたっては、福田が描いた敦煌の絵や、「カラーのフィルム」を参考にしたという。(40)

美術史家のルポルタージュ

福田のすぐあとに敦煌を訪れたのは、共立女子大学教授で美術史家の北川桃雄（一八九九〜一九六九）である。北川は一九五六年八月から九月にかけ、日本美術代表団の一員として訪中し、北京で開かれた雪舟《せっしゅう》四百五十年祭に参加した。この式典が開かれた背景には、第二次世界大戦後に世界平和を願う科学者・芸術家などが参集した世界平和会議の活動がある。一九五五年、ユネスコにおける国際会議で「世界十大文化人」を選出した際、レンブラント、モーツァルト、ハイネなどと共に東洋人として唯一雪舟が選ばれた。雪舟は岡山生まれの画僧で、中国・寧波《ニンポー》に渡って水墨画の修行をしたこともあり、日中の文化交流を体現する存在である。そこで中国側で式典や展覧会を開くにあたり、日本の美術界の人々が招待されたのだった。この時の代表団には日本画の山口蓬春画伯夫妻、橋本明治画伯夫妻も参加していた。

この代表団の行程には大同の雲崗《うんこう》石窟の見学が含まれていたが、もともと敦煌に行く予定はなく、同じ時期に北京に来ていた哲学者の谷川徹三が希望したため、中国側が手配を進めてくれたのだという。谷川は、福田豊四郎が参加したアジア連帯文化芸術代表団の団長として欧州を訪問したが、途中で病気になって離脱し、遅れて中国にやってきた。敦煌に行くことを北川ら美術代表団のメンバーに呼びかけたが、谷川自身は体調が優れず断念し、結局北川一人が行くことになった。北川にとっては思わぬ僥倖《ぎょうこう》となったが、敦煌には松岡譲の『敦煌物語』などを通じて以前から関心を持っており、美術史家として莫高窟の壁画をいつかは見たいと思っていた。

美術代表団が日本を出発する前の四月には、東京で著名な国画家の張大千《ちょうだいせん》の展覧会があり、彼の筆による敦煌壁画の模写が紹介されたことも刺激となっていた。張大千（一八九九〜一九八三）はあとで詳しく述べるように、敦煌芸術研究所が開設される前から自発的に莫高窟に赴き模写を行なっていた。その作品が一九四四年に初めて四川省成都で展覧されたことが、中国国内に敦煌美術を知らしめる契機になったとされる。一九五六年当時、張大千はすでに中国を離れブラジルで生活していたが、日本の風景を愛してたびたび来日していた縁で、銀座松坂屋で敦煌壁画模写展を開くことになった。当時東京国立博物館考古室長だった中国美術研究者の杉村勇造は、この展覧会を見た印象をこう書いている。

驚いたことには、今まで白黒の写真で想像した敦煌の壁画とは全く異なり、色彩も現地で研究して復原しただけに、かつて私が鴨緑江の上流にある通溝の高句麗（コウクリ）古墳の新出壁画に接したときのような、なまなましい美しさであった。(41)

後述する「中国敦煌芸術展」の大々的な開催以前に、張大千による模写が日本の専門家や愛好家の注目を集めていたことは特筆すべきである。福田豊四郎が莫高窟を見てその色彩に驚いたように、白黒写真では伝わらない生き生きした美しさを、張大千の模写は伝えていたのだった。

ところで、一人で敦煌に行くことになり心細かった北川に同行する日本人が現れた。北京在住の労働運動家、亀田東伍《とうご》（一九一〇〜九七）である。一九四九年以降レッドパージが進み、日本共産党内部での路線対立も激しくなる中で、一部の人々は中国に活路を見出していた。亀田は全日本産業別労働組合会議副議長だった一九五二年に、北京で開かれるアジア太平洋地域平和会議に参加しようとしたところ、日本政府に旅券の発行を拒否されたため、やむなく密航して北京に渡った。[42] この時亀田と共に密航した人物に、前進座歌舞伎俳優中村翫右衛門がいる。

アジア太平洋地域平和会議は、宋慶齢や郭沫若《かくまつじゃく》が呼びかけ人となった中華人民共和国建国後初の国際会議で、一九五二年十月の本会議には世界各国から四〇〇名余の代表が参加し、朝鮮戦争の平和的解決や日本の再軍備反対などが決議された。日本からも左翼活動家・知識人を中心とする約六〇名の代表団が参加する予定だったが、日本政府の阻止に遭い実現しなかった。[43] 密航した亀田はその後北京に滞在する中で、アジア太平洋地域平和会議副秘書長や平和擁護日本委員会常任委員の肩書きで国際会議等に出席するほか、訪中した日本人の接待などを行なっていた。北川桃雄らの美術代表団が訪中した時には、大同の雲崗石窟まで同行し、いったん北京に戻ってから再び敦煌行きに参加した。[44]

北川桃雄は敦煌行きで得た見聞を「ゴビタンの旅——敦煌まで」と題して『世界』一九五六年十二月号と翌五七年二月号に連載した。これに関して井上靖は、「北川氏は福田豊四郎氏に次いで戦後二人目の敦煌訪問者。たくさんの写真入りで、敦煌への道程から詳細を極めて居り、単なる旅行記とは言えぬ興味深いものがある」[45] と書いている。しかし『世界』連載時でなく、内容を加筆し

『敦煌紀行』として一九五九年に単行本化されてから手に取ったため、小説『敦煌』を執筆した時にはまだ見ていなかった。

井上も評価した北川の見聞記は、美術史家として敦煌莫高窟をメインとしているものの、道中で接した「新中国」の風景が丁寧に描かれていることに特徴がある。北川は大谷探検隊以来、日本人が直接見ることがかなわなかった敦煌の、今現在の状況を確かめたいという思いを持っていた。そこで敦煌への道のりを、交通手段から途中の風景、人々の衣食住まで細かに記し、平易でテンポのいい文章にのせて、上質のルポルタージュに仕上げている。

例えば敦煌の町に到着した時の描写はこのようである。

やがてポプラがみえ、粟畑、棉畑、放牛、土の家が見え出し、人間の生活の匂がし出して、敦煌の土壁がみるみる近づいてきた。城門を入ると、今までの曠野《こうや》が嘘だつたように、傍の乾燥しきつて砂埃りにまみれた古い町に、大勢の人々が群れていて、急に人間臭くなつた。「敦煌県人民政府」と大書された、赤い星のついた土門内に着いたのは、安西から約四時間後だつた。構内には幾棟かの塼造の建物があつて、さつそくその奥の一棟の一室に通され、熱い茉莉《モリ》茶《ツァ》にまず乾いた喉をうるおした。

昼食の後、私たちは此辺の名産といわれる、匂がないだけで大きさも味もメロンそつくりの、まくわ瓜をご馳走になりつつ、署長の裕福生さんと話した。この人は六年前に解放軍の兵士として天津から何ヵ月も行進してきて、ここで除隊になり、そのまま解放運動にしたがい、人民政府ができると、地方幹部となつたという。人民服に鳥打帽をかぶつた、丈の高い、話好きの好人物らしかつた。

敦煌県内は人口六万、この町内だけで九千、県の住民の大部分は漢人種だが、他に蒙古族、ウイグル族、チベット族などの少数民族がいる。町は県内の四〇%を占める棉や小麦の集散地であるが、近来、中央部からの移民や、この奥のツァイダム盆地（青海省）の油田地帯開発隊などが出入りするので、将来はますます発展するだろうという。「この奥」というから、距離をきいたら、自動車で五日かかるでしようと云つた。[46]

北川は「古美術とは無関係に、探検隊のロマンスの重要な一舞台を見たいという、好奇心から[47]」敦煌の町を見たいと思っており、かつて探検家たちの物語に胸を熱くし、自分もそれを追体験したいという願望を持っていたことがわかる。しかも時代が変わった今、「新中国」の様子をレポートすることが彼の新たな使命感となり、地方幹部と熱心に会話を交わすのはその表れである。自ら撮影した敦煌の町の写真には、以下のような解説を加えることも忘れない。「五十年前、探検隊がこの附近の石窟寺の宝物を発表してから世界的になつた。現在ではゆたかな天然資源を埋蔵する奥地への門戸として、新中国の建設にも一役担つている[48]」。

北川のこうした興味関心の持ちようは、進歩的知識人ならではと思われるし、おそらく同行の亀田東伍が左翼人士であったこととも関係があるだろう。ただし当の亀田の方は、初めて見た石窟や仏教壁画の数々に、より大きな感銘を受けたらしい。「おかげさまで勉強になりましたヨ、これまで僕のあまり注意しなかつた中国を知らされました」(49)という亀田の言葉は、左翼理論から中国に入った活動家の本音として、読む者の微笑を誘う。

考古学者の感慨

福田豊四郎や北川桃雄が敦煌を訪れたのより一年遅れ、一九五七年四月には日本考古学視察団(団長:原田淑人)が訪中した。これは中国科学院の招聘《しょうへい》、日中文化交流協会の派遣により、五〇日かけて中国の一七都市を訪問する一大事業だった。(50)途中、効率よく回るためにメンバーを二手に分け、安陽(殷墟《いんきょ》)・洛陽に行く組と敦煌を目指す組に分かれた。当時京都大学講師で、のちに京都大学教授や奈良県立橿原《かしはら》考古学研究所所長などを歴任する樋口隆康《ひぐちたかやす》(一九一九〜二〇一五)は、もともと安陽行きを考えていたところ、足を痛めた水野清一(京都大学人文科学研究所教授)と交代する形で急遽《きゅうきょ》敦煌行きに加わった。(51)水野は戦前から中国の石窟寺院の研究で知られており、長広敏雄との共著『雲崗石窟』で一九五二年に学士院賞・恩賜賞を受賞した第一人者である。当然敦煌に行くと思われた水野が行けなくなったため、まだ京大講師だった樋口が参加する幸運に恵まれたのだ。一行にはほかに駒井和愛《かずちか》(東京大学教授)、岡崎敬《たかし》(一九二三〜九〇、当時京都大学人文科学研究所助手、のち九州大学教授)がおり、毎日新聞社写真部長安保久武と杉本要吉記者が同行した。

団長の原田淑人（日本学士院会員、日本考古学会会長）や水野清一、そして駒井和愛は、一九二三（大正十二）年に始まる「対支文化事業」に関わった戦前世代である。当時の日本は国策として中国の文化・教育を支援していく方針であり、その中に日中共同で考古学研究を進めるプランがあった。水野と駒井は当時の北平（北京）に留学した経験もあるが、日本の大陸進出に反発する中国ナショナリズムの高まりを背景に、殷墟などの遺跡を中国側と共同調査する夢は潰えた。[52] 彼ら戦前世代にとって、戦後初めての中国訪問は、若き日の夢が甦《よみがえ》る千載一遇のチャンスだったに違いない。一方、戦後になって学界に登場し、中国訪問当時まだ三〇代の若さだった樋口や岡崎にとっては、思いがけず転がり込んだ幸運だった。二人が約二〇年後に斯界の第一人者としてシルクロードブームを担うことになるのは、歴史の巡り合わせというほかない。

樋口の記録によって、当時の敦煌への道程をたどると以下のようになる。北京を午前六時に出発、空路で二時間かけて包頭《パオトウ》へ。小休止のあと、再び空路で酒泉《しゅせん》へ（一一時五〇分着）。天候が悪く、そのまま空港の招待所に一泊。翌朝六時三五分ジープで出発、予想外に立派な「蘭新公路」（蘭州《らんしゅう》と新疆をつなぐ道路）を走り、午後一時二〇分安西着。車のメーターから二八二キロ踏破したことが知れる。遅めの昼食後、午後四時に再びジープで出発、敦煌を目指す。夕刻六時半に到着、招待所を出発してからちょうど一二時間経っていた。[53] 北京を出発してから丸々二日かかったことになるが、現在では例えば北京から西安まで空路で約二時間、西安から敦煌へ約二時間半で行けるから、隔世の感がある。

樋口は現地の案内人の話などに基づき、「最近は、観光客の数もふえ、昨年は五万人が来た。外国人もこれまで八十人ほど訪れており、外人客用の宿舎が四室用意されている」[54]と書いており、「日本人で、敦煌を訪れた人は、十指をもって数えられるしかいない」[55]と誇りに思う。莫高窟では大谷探検隊の橘瑞超と吉川小一郎が残した落書き（名前と日付を記したもの）を見て感動に浸る。ただし、樋口が訪れた一九五七年四月といえば反右派闘争の前夜であり、建国以来ずっと政治運動に明け暮れた中国のことだから、交通も不便な敦煌に一年で五万人もの「観光客」が来たというのはとうてい信じがたい。

実は樋口はこの時、「敦煌の偉大さは私にはよく分からなかった」[56]という。帰国してから、「京都には敦煌学者といわれる偉い先生達がおられたが、その先生達から、「敦煌へ行ったそうだね。どんな所かね」と聞かれて、敦煌を見たということの重みがズシリと感じられた」。敦煌へ行きたくても行けない学者が多い中で、若い自分に与えられた幸運をあとになって噛みしめたのだろう。ただし現地では若さを発揮し、二日間の滞在で主要な窟を次から次へと見て回り、メモや写真をとりまくった。敦煌文物研究所の常書鴻《じょうしょこう》所長が自ら案内してくれ、本来は許されない写真撮影も黙認してくれた。樋口はのちにインドのアジャンタやエローラ、アフガニスタンのバーミヤンなどの石窟寺院の調査にも携わったが、「再び敦煌に戻ってみると、成程、敦煌の偉大さが納得できるように思われた」[57]と書いている。敦煌行きは研究生活の原点とも言うべきものなのだろう。

「中国敦煌芸術展」の開催

この考古学視察団の訪中は、翌一九五八年一月に東京で開催された「中国敦煌芸術展」へとつながるものだった。これは日中文化交流協会が一九五六年の創立以来準備を進めていたもので、毎日新聞社と共催した展覧会である。会期に合わせて、敦煌文物研究所から常書鴻所長夫妻を招待していた。

敦煌莫高窟の名が世界に知られるようになるまでに、常書鴻（一九〇四～九四）が果たした役割は大きい。本人の著書や、王家達によるノンフィクション『敦煌の夢』（徳田隆訳）などによれば、常書鴻は杭州に生まれ、一九二七年フランスに渡って働きながら洋画を学んだ。当時アジア出身で洋画を学ぶ者はまだ少なく、のちに名を成す日本人画家・藤田嗣治とも親交があったという。常書鴻はパリのサロン展で入賞し、作品が買い取られてフランス国立博物館に収蔵されるという栄誉を受けるまでになった。ところがある日、セーヌ左岸の古書店でたまたまペリオの『敦煌図録』（写真集）六冊組を見て大きな衝撃を受けた。祖国中国の奥深い地に、こんなに優れた美術が隠れていることを知らなかったのである。その驚きは、洋画一辺倒だった自分の生き方を見直すことにつながり、約十年過ごしたフランスに別れを告げて一九三六年に帰国した。すぐにも敦煌へ向かいたかったが、請われて国立北平芸術専門学校（北平は中華民国時代の北京の呼称）で西洋画科主任などを務めた。一九三七年日中戦争開戦により高等教育機関が地方への移転を余儀なくされ、常書鴻も重慶に移った。その後、国民党政府高官で書道家としても知られる于右任《うゆうじん》が敦煌を訪問したことを契機に、莫高窟の保存が話題に上るようになり、常書鴻は留学帰りの実績と敦煌への情熱を買われて、敦煌芸術研究所準備委員会副主任に任命された。

一九四三年二月（日本で言えば、松岡譲の『敦煌物語』がちょうど刊行された頃である）、常書鴻が最初に目にした莫高窟は、外側の岩石の崩落が進み、内側は住み着いた人が火をたき炊事をしたりするせいで汚れきっていた。そこで常は自らの妻子や学生、現地の職人らと共に、まず塀を立てて人為的な破壊を防ぎ、測量をして窟の全貌を明らかにすることに努めた。壁画の修復・保存には金がかかるが、戦争の影響もあり政府からの資金は滞りがちである。そこで常は自身や娘の沙娜《さな》が壁画の一部を模写したものを見学客に与え、かわりに寄付金を募って少しずつ窟の修理などを進めた。しかし風が強く毎日のように砂の舞う西部の暮らしは厳しく、フランス留学時代に結婚した妻が生活に耐えかねて出奔するという憂き目に見舞われた。

日中戦争が終わると、国民政府の財政難により敦煌芸術研究所はいったん閉鎖されたが、常書鴻の嘆願により中央の理解を得、人員を拡充する形で再開することができた。一九四八年八月には、南京国立中央研究院で「敦煌芸術展」を開催し、五〇〇枚に及ぶ壁画の模写を初めて展示した。蔣介石も観覧して賞賛を惜しまず、同展はついで上海でも開催され大きな反響を得た。中華人民共和国建国後、敦煌芸術研究所は敦煌文物研究所と改称され、一九五一年には北京で「敦煌文物展」を開催した。この時、周恩来が会場を訪れ、案内した常書鴻と親しく言葉を交わしたという。

莫高窟の壁画を模写することは、常書鴻が敦煌に来る以前から、国画家の張大千が始めていた。

中国の伝統的な水墨画では、古人の名作を模写することによってその筆づかいや、対象の把握の仕方を学ぶ。若くして天才の名をほしいままにした張大千もまた、自ら名作を収集し、名画の作風をまねることから独自の画風を築き上げていった。その張大千が周囲の反対を押し切って敦煌に赴いたのは一九四一年夏のことだった。彼は常書鴻ら敦煌芸術研究所のスタッフが着任する以前から、石窟に通し番号をつけ代表的な絵の模写をするという作業に取り組み、三年近い年月を過ごしたのである。張大千は常書鴻らの仕事が軌道に乗るのを見届け、莫高窟をあとにした。

来日した常書鴻夫妻（写真は離日時、右から２人目が常、日本中国文化交流協会提供）

模写と言っても、暗い窟内で、さまざまな位置にある絵を見ながら描くことは容易ではない。莫高窟に初めて電気が通ったのは一九五四年十月のことであり、それ以前は小さな灯りに頼って不自然な姿勢で描き続けなければならなかった。模写事業に従事する所員たちの身体的な負担は大きかったが、写真や照明の技術が低かった当時において、絵の大小や筆遣い、とりわけ色彩をより忠実に伝えるために、模写は欠かせない手段だったのである。常書鴻の娘である常沙娜と、常の二番目の妻・李承仙《りしょうせん》は、模写事業の重要な担い手であった。常が初めての来日の時伴っていたのは李承仙である。

　かつて日本留学を考えたこともあるという常書鴻を、日本の学者や知識人らは温かく迎えた。考古学視察団で敦煌に行き損なった水野清一や、団長だった原田淑人、『敦煌画の研究』の松本栄一、そして北川桃雄らと、常書鴻は「心から話し合える友人となった」と述べている。[58] 研究対象を等しくする人々と、国境を越えて話し合えることの喜びを、日中双方が味わったに違いない。また訪問団一行が学士会館に招かれた時、常書鴻が座らされた席が、かつてペリオも座ったことのある席だと聞き、常は「胸に万感あふれる思い」だったとも述べている。常書鴻がフランス留学中、最初に敦煌のことを知ったのは、ペリオの写真集を通じてだった。ちなみにペリオは中国語をはじめ多くの言語に堪能で、日本の学者とは著書や論文を贈り合うなど学術上の交流が深く、一九三五年六月に来日している。

「中国敦煌芸術展」に詰めかけた人々（日本中国文化交流協会提供）

　さて日本で行なわれた「中国敦煌芸術展」は、会場となった日本橋髙島屋が「連日、8階の会場から建物の外まで入場者の列が続くほど」[59] の大盛況だった。展覧会の図録（A5判の小冊子）によれば、壁画の模写と塑像の写真など三〇〇点近くが石窟の時代ごとに分けて出品されている。常書鴻によると、この展覧会の目玉は、一九五一年から本格化した原寸大・原色による模写事業の成果で、第二八五窟の西魏時代の壁画を五メートル×一二メートルのサイズで複製したものであった[60]。図録に掲載された写真を見ると、実物大の模型と言った方がわかりやすい。図録では常書鴻が莫高窟の歴史や各時代の特徴を解説しているほか、代表的作品の図版の解説を北川桃雄が書いている。北川はさらに「敦煌風景」というエッセイを書き下ろし、敦煌の地理や自然、自分が訪問した敦煌文物研究所の様子をおなじみの筆致で紹介している。

　この展覧会は、一九五五年に初めて北京で開催した時にはのべ五〇万人の観衆を集め、その後東欧諸国やインドを巡回して絶賛されたという。日本では東京に引き続き京都でも開催され、二か所合わせて一か月余りの会期にのべ一〇万人の来場者があったとされる[61]。会場の壁いっぱいに展示された絵を、見上げるように取り巻く人々の姿が当時の写真に残っている[62]。

「中国敦煌芸術展」（1958年）の図録　表紙は第257窟の「鹿王本生図（部分）」、北魏、常書鴻模写

　前述の日本画家福田豊四郎は、「中国敦煌芸術展」を見た感想を『読売新聞』に寄稿した。

私は一昨年の夏初めて敦煌を訪れたが、今この壁画模写展がはるばる東京でみられるとは全く感慨無量である。（中略）

殊に初期の北魏時代のものは西欧の初期宗教画のロマネスクやビザンチン様式がみられ、またインド・アジャンタ窟院の影響や、イスラムのアラベスク模様や陶画、ギリシャのレキトスの絵、ペルシャの細密画など色々な要素があり、それが古代中国の漢や周時代の様式と混こうし、唐代に至って中国独自の美術に完成して行く過程が実によくわかるのである。また日本に仏教の伝来と共にこれらの美術様式がもたらされ日本美術が形成されて行くわけで、日本古美術のほとんどの様式が敦煌芸術の中に含まれているといっても過言ではない。（中略）

まことに美術に国境はなく日本と中国の文化交流の古く長い歴史を改めて考えさ《ママ》させられるのである。[63]

福田豊四郎や北川桃雄のような美術関係者を嚆矢として、敦煌の芸術を日本美術の源流と見なす考えが、この時期に広まったことがわかる。戦前は莫高窟の壁画や塑像を直接目にしたことのある日本人がほとんどおらず、一部の学者の知識として知られるのみだったが、展覧会という形で大々的に公開されたことで、福田が言う「日本古美術のほとんどの様式が敦煌芸術の中に含まれている」という新しい発見を多くの一般市民が共有したのだった。

中国との戦争終結から十余年しか経っていない当時、中国各地や満洲などでの生々しい記憶は、まだ多くの日本人の胸に残っていた。民間による文化交流を目指す時、政治やイデオロギーに触れずに幅広い人々の共感を呼ぶ内容として、敦煌の仏教美術は、古代中国との歴史的な紐帯を日本人に感じさせてくれる、格好の題材だったと考えられる。また美術というジャンルが言葉を必要とせず、見れば一目瞭然であるところも、一般市民にアピールするのにちょうどよかった。

日中文化交流協会の理事を務めた佐藤純子は、当時を振り返りながら、「視覚に訴える敦煌のものを初めて見た井上靖は大変勉強になったと後年よく言っていました」と語っている。(64) この展覧会から一年後の一九五九年一月、小説『敦煌』が『群像』に連載され始め（同年五月完）、読者は仏教美術の殿堂たる莫高窟がいかなる歴史を持ち、いかなる謎を秘めているのかを改めて知ることになる。

次章以降で述べるように、NHK「シルクロード」のスタッフの中にも「中国敦煌芸術展」を見てあこがれを募らせた者がいる。また画家の平山郁夫もこの展覧会を見、常書鴻と交流したあと、出世作となる『仏教伝来』を描いている。つまり日本人が敦煌の具体的なイメージを作る上で、「中国敦煌芸術展」は決定的な役割を果たしており、日中両国の文化交流の成果が、一九六〇年代以降の広義のシルクロードブームにつながっていると言える。こうして敦煌は、中国の奥深くにありながら日本人の格別な関心を集め、歴史のロマンを体現する場所として燦然と輝くようになったのである。

註

（1）井上靖「「敦煌」作品の背景」『井上靖全集』別巻、新潮社、二〇〇〇年、二〇二頁。

（2）田中慶太郎の履歴については李慶国「郭沫若と文求堂主人田中慶太郎――重ねて『郭沫若致文求堂書簡』の誤りを訂正する」（『アジア文化学科年報』第八巻、追手門学院大学文学部アジア文化学科、二〇〇五年十一月）を参照した。

（3）求堂生「敦煌石室中の典籍」『燕塵』第二巻第一一号、一九〇九年十一月。ここでは神田喜一郎『敦煌学五十年』（筑摩叢書、一九七〇年）一二～一五頁に収録されたものに依った。

（4）敦煌文書が日本に紹介された経緯や、日本における敦煌学の発展については神田喜一郎『敦煌学五十年』を参照した。

（5）京都大学大学院文学研究科・文学部公式ホームページ「沿革」より。https://www.bun.kyoto-u.ac.jp/about/history/

（6）神田喜一郎『敦煌学五十年』二二頁。

（7）大谷光瑞の生涯については、柴田幹夫「大谷光瑞小伝」（柴田編『大谷光瑞とアジア――知られざるアジア主義者の軌跡』勉誠出版、二〇一〇年所収）を参照した。

（8）大谷探検隊の活動については、前掲「大谷光瑞小伝」のほか、本多隆成『シルクロードに仏跡を訪ねて――大谷探検隊紀行』（吉川弘文館、二〇一六年）を参照した。著者の本多隆成は、第一次探検隊のメンバー本多恵隆の孫にあたる。

（9）ヘディンの来日をめぐる事情などについては、白須淨眞編『大谷光瑞とスヴェン・ヘディン――内陸アジア探検と国際政治社会』（勉誠出版、二〇一四年）を参照した。

(10) 吉川小一郎の後年の証言としては、「大谷探検隊秘話　隊員　吉川小一郎さんに聞く」(聞き手：粕渕宏昭、『月刊シルクロード』一九七九年十一月号所収)のほか、松本龍見「敦煌を売った男」(『芸術新潮』特集「ドラマ敦煌」、一九八八年五月号所収)などがある。
(11) 白須淨眞「大谷光瑞と羅振玉――京都における敦煌学の興隆と第3次大谷探検隊」高田時雄編『草創期の敦煌学』知泉書館、二〇〇二年、二三～二四頁。
(12) 同右、二八頁。
(13) 井上靖「小説「敦煌」の舞台に立ちて」前掲『井上靖全集』別巻、二〇六頁。
(14) 関口安義『評伝 松岡譲』小沢書店、一九九一年、二七三頁。
(15) 松岡譲『敦煌物語』日下部書店、一九四三年、七七頁。
(16) 同右、二三一頁。
(17) 松平美和子編『シルクロード美術展カタログ内容総覧』芙蓉書房出版、二〇〇九年、一六頁。
(18) 前掲『敦煌物語』二三三頁。
(19) 同右、二三五頁。
(20)『敦煌物語』は一九六一年に平凡社『世界教養全集』第一八巻に収録されており、著者自身が改訂を施して漢字表記を仮名に書き換えたり、エピローグ部分に戦後の視点から見た敦煌の「その後」を書き加えたりしている。著者没後の一九八一年に出た講談社学術文庫版は、平凡社版を底本にしているが、著作権者の許諾を得て漢字を仮名に変え、仮名を漢字に変えるなどの改訂を施し、全体に多くのルビを振るなど、表記上の異同が多くなっている。
(21) 週刊朝日編『値段史年表：明治・大正・昭和』朝日新聞社、一九八八年によれば、一九三七年の公務員（高等官）初任給は七五円であり、当時の一八〇〇円は約二四か月分の給料に等しいことになる。現在の大卒初任給を約二〇万円とすると、二四か月分で四八〇万円になる。

(22) 前掲『評伝 松岡讓』二五七～二五八頁。

(23) 井上靖「行けぬ聖地ゆえの情熱 松岡讓著『敦煌物語』」『朝日新聞』一九七九年三月四日朝刊一〇面。『井上靖全集』第二七巻、新潮社、一九九七年、五二二頁。

(24) 手帳に細かい文字で記された日記は翻刻され、「中国行軍日記」として『新潮』二〇〇九年十二月号に掲載された。

(25) 井上卓也『グッドバイ、マイ・ゴッドファーザー――父・井上靖へのレクイエム』文藝春秋、一九九一年、九五頁。

(26) 井上靖「小説「敦煌」ノート」前掲『井上靖全集』別巻、二一〇～二一一頁。

(27) 藤枝晃「沙州帰義軍節度使始末」は（一）（二）（三）（四）と分けられ、それぞれ以下の号に掲載された。（一）『東方学報』第一二冊第三分、一九四一年十二月、（二）同第一二冊第四分、一九四二年三月、（三）同第一三冊第一分、一九四二年六月、（四）同第一三冊第二分、一九四三年一月。

(28) 前掲「「敦煌」作品の背景」『井上靖全集』別巻、二〇二頁。

(29) 同右。

(30) 周霞「井上靖「敦煌」と藤枝晃「沙州帰義軍節度使始末」――「節度使」の描写をめぐって」『岡山大学大学院社会文化科学研究科紀要』第四七号、二〇一九年三月所収。

(31) 同右、一〇頁。

(32) 山本健吉は『読売新聞』に寄せた書評（一九五九年十一月十九日夕刊三面）の中で、ウイグルの王族の女が『イーリヤス』のヘレネ同様「小説的人物」でなく「叙事詩的人物」であると指摘している。男の運命を破滅させる美しい女のイメージは、「現代小説では、ともすれば薄手な、現実感の希薄な女性像となりやすいのだが、『敦煌』では、不思議に成功している」「(女の死の)イメージが、この歴史的叙事詩全体を支えている」と評価している。

(33) 前掲「「敦煌」作品の背景」『井上靖全集』別巻、二〇二～二〇三頁。

(34) 井上靖の歴史小説の叙事詩的性格については、例えば註32に引用した山本健吉の批評を参照されたい。

(35) 亀井勝一郎の批評は『週刊読書人』一九五九年十一月二十三日号に掲載された。ここでは福田宏年『井上靖評伝覚』(増補版、集英社、一九九一年、二二一頁)での引用に依った。

(36) 「冷戦時代の映画人交流　佐藤純子(日本中国文化交流協会常任理事)インタビュー」劉文兵『映画がつなぐ中国と日本　日中映画人インタビュー』東方書店、二〇一八年、三一～三二頁。

(37) 日中文化交流協会の設立趣旨や設立当時の活動については、『日中文化交流』日本中国文化交流協会編集、第八四〇号(臨時増刊)、二〇一六年三月二十六日の「創立六十周年記念特集」を参照した。

(38) 何志勇「井上靖の中国旅行(佐藤純子氏インタビュー)」『城西国際大学日本研究センター紀要』第七号、二〇一二年、四〇頁。

(39) 福田豊四郎「敦煌スケッチ旅行」『敦煌の美術――莫高窟の壁画・塑像』大日本絵画巧芸美術、一九八〇年、一七〇～一七一頁。「敦煌スケッチ旅行」の末尾には「昭和三十一年執筆より」という編集部の但し書きがあるが、初出は明記されていない。敦煌訪問直後に当時の美術雑誌等に寄稿したものか。

（40）福田豊四郎と井上靖の関係については、井上靖文学館のホームページによる。http://inoue-yasushi-museum.jp/kikaku/1504.html　なお井上靖「「敦煌」について」（『井上靖全集』別巻、四八〜五〇頁）にも、福田から「カラーのフィルム」を見せてもらったとの記述がある。

（41）「美しい模写の色彩　張大千氏の「敦煌壁画」」『朝日新聞』一九五六年三月三十一日朝刊五面。

（42）亀田東伍の密航の事情等に関しては、「亀田、金子両氏帰る　密出国で亀田氏は逮捕」『朝日新聞』一九五六年十二月十五日朝刊一一面による。なお亀田東伍の履歴については吉田健二「全日化の結成と産別会議の運動　亀田東伍氏に聞く（上）」（『大原社会問題研究所雑誌』第六三四号、二〇一一年八月）に詳しいが、「事情があって」密航や北京時代に関する事柄は紹介されていない。

（43）亀田東伍はじめ、アジア太平洋地域平和会議に関わる日本人の動向については、当時日本代表団団長を務める予定だった松本治一郎（元部落解放同盟中央本部委員長・参議院副議長）の事績を紹介するウェブページ（一般社団法人部落解放・人権研究所ホームページ）に詳しい。https://blhrri.org/old/nyumon/jiitiro/nyumon_jiitiro3.htm

（44）亀田東伍には、一九五六年十二月に日本に帰国するまでの体験を書いた『望郷――北京にありて、一日本人の想える』光文社カッパブックス、一九五六年があり、その中に「中国美術の宝庫――大同と敦煌」という一文が集録されている。北川桃雄が書いたものとはまた異なる味わいがあり、その経歴から受ける印象とは裏腹に、美に対する感性も細やかであることがうかがえる。見学の道中、折々に短歌を詠んでいることも注目される。「人訪うも人訪わざるもみ仏は　千年あまりをほほえみていし」（「雲岡石窟にて九首」のうちの一首。同書八九頁）。

（45）井上靖「作家のノート」『井上靖全集』第二四巻、一九九七年、五三九頁。

(46)北川桃雄「ゴビタンの旅——敦煌まで」『世界』一九五六年十二月号、一二五頁。井上靖が言及しているのは、北川が一九五九年に小山書店から単行本として出した『敦煌紀行』である。その後北川は、改訂版にあたる『敦煌美術の旅』(雪華社、一九六三年)を刊行し、北川の没後さらに改訂新版にあたる『美術紀行 敦煌』(東出版、一九七七年)が刊行されている。筆者は『美術紀行 敦煌』を見たが、『世界』掲載時の文章と比べると、字句にかなり手を入れている様子が見て取れ、北川にとって思い入れのある作品であったことがわかる。

(47)前掲「ゴビタンの旅——敦煌まで」『世界』一九五六年十二月号、一二七頁。

(48)同右、一一九頁。

(49)北川桃雄「敦煌の石窟——ゴビタンの旅」『世界』一九五七年二月号、二六九頁。

(50)考古学視察団の報告記として原田淑人編『中国考古学の旅』毎日新聞社、一九五七年がある。視察団のメンバーは、同書四頁の紹介に基づくと以下のとおり。原田淑人(日本学士院会員)、杉村勇造(東京国立博物館士俗室長)、駒井和愛(東京大学文学部教授)、水野清一(京都大学人文科学研究所教授)、杉原荘介(明治大学文学部教授)、関野雄(東京大学東洋文化研究所助教授)、樋口隆康(京都大学文学部講師)、岡崎敬(京都大学人文科学研究所助手)、安保久武(毎日新聞社〔東京〕写真部長)、杉本要吉(毎日新聞社〔東京〕学芸部員)。同書における敦煌に関する記述としては、岡崎敬による「杭州・敦煌・蘭州」の章がある。

(51)樋口隆康「砂の鳴る遺跡(敦煌への旅)」。初出は『文藝春秋デラックス』一九七五年八月。ここでは樋口隆康『敦煌から日本へ』(「シルクロード考古学」第三巻、法藏館、一九八六年所収)のものに依った。

(52) 戦前日中両国の考古学界については吉開将人「東亜考古学と近代中国」（岸本美緒責任編集『東洋学の磁場』「「帝国」日本の学知」第三巻、岩波書店、二〇〇六年所収）を参考にした。
(53) 樋口隆康『敦煌から日本へ』八三～八九頁。
(54) 同右、九一頁。
(55) 同右、八四頁。
(56) 同右、「はしがき」。
(57) 同右。
(58) 常書鴻『敦煌と私』何子嵐・鈴木久訳、サイマル出版会、一九八六年、二～三頁。
(59) 前掲『日中文化交流』第八四〇号、八頁。
(60) 常書鴻『敦煌の芸術』土居淑子訳、同朋舎、一九八〇年、六三頁。
(61) 同右、七七頁。
(62) 前掲『日中文化交流』第八四〇号、八頁。
(63) 福田豊四郎「古代文化交流の足跡　中国敦煌芸術展をみる」『読売新聞』一九五八年一月九日夕刊三面。
(64) 前掲「井上靖の中国旅行（佐藤純子氏インタビュー）」四〇頁。

第二章　日中国交正常化とNHK「シルクロード」

敦煌・鳴沙山上における井上靖とＮＨＫ「シルクロード」取材班（撮影：大塚清吾）

井上靖の小説『敦煌』が発表された一九五九（昭和三十四）年は、皇太子（明仁、現在の上皇）の成婚パレードを契機にテレビを購入する人が急増したことで知られる。(1)テレビという新たなメディアの登場により、人々は同じ映像を通して興味関心を共有し、ブームに参加できるようになっていく。

また一九六四年に東京オリンピックが開催されたことは、日本人が戦後と決別し、自らを世界の中で位置づけなおすきっかけとなった。同じ年の海外旅行自由化によって、一般市民が世界を体験することも可能になり、日本人の国際化が急激に進む。その中で、古代シルクロードは、日本の歴史と文化を世界に接続するものとして改めて注目を集めるようになるが、中国との国交がないことで、日本人の心の世界地図には大きな空白が残っていた。一九七二年の日中国交正常化はその状況を劇的に変え、日中共同取材のドキュメンタリー「シルクロード」が新しい中国の姿を人々に知らしめるのである。

一、日本の国際化とブームの始まり

井上靖の『敦煌』は、その後の日本におけるシルクロードブームに先鞭をつけたものと見なされるが、そもそも「シルクロード」という用語はどのように日本に定着したのだろうか。

「シルクロード」とは、ドイツの地理学者リヒトホーフェンが、著書『ヒーナ』（China, 一八七七年）の中で用いた「絹街道」（Seidenstrassen, ザイデンシュトラーセン）という言葉に基づく。漢代以来、中国特産の絹がタリム盆地周辺のオアシス都市を経由し、パミール高原を越えて西方へと運ばれた交易路を指している。その後リヒトホーフェンの弟子であるヘディンがこの地域を探検し、探検記の一冊を『絹街道』と題して出版したことで広く知られるようになった。

日本では英訳の **silk road** が定着し、戦前に刊行された書籍や論文では漢字の「絹街道」に「シルク・ロード」とルビを振った例がいくつか見られる。本書第一章で紹介した松岡譲の『敦煌物語』でも、ヘディン著・岩村忍訳『絹街道』が参考文献として挙げられており、「あとがき」にも「天山南北路の所謂《いわゆる》『絹街道《シルク・ロード》』を通つて」との記述がある。つまり松岡が『敦煌物語』の初稿を書いた一九三〇年代後半には、「シルクロード」という言葉は日本の学者や知識人の間で知られていたのだろう。

聖火リレーのプラン

ところで戦後、シルクロードの概念が一般市民の間に広まったのは、一九六四年の東京オリンピック聖火リレーをきっかけとしていた。オリンピックの準備段階において聖火リレーのルートを決める際、ギリシャから古代シルクロードに沿って陸路で日本まで聖火を運ぶことが一案となり、組織委員会から相談を受けた学者らが検討にあたったという。一九六一年三月の『読売新聞』の記事によれば[2]、京都大学人文科学研究所所長の桑原武夫らをメンバーとする「シルク・ロード(絹の道)研究会」がそれで、井上靖と交流のあった藤枝晃(「沙州帰義軍節度使始末」の著者)も含まれていた。ギリシャのアテネからトルコのイスタンブール、アンカラを経て、ブハラ、サマルカンド、カシュガル、敦煌、蘭州、西安、洛陽、北京、ソウルをつなぐルートが想定された。しかし当時中国が台湾の扱いをめぐって国際オリンピック委員会を脱退していたため、協力を求めることが困難な状況にあった。

夫馬信一《ふましんいち》『1964東京五輪聖火空輸作戦』(二〇一八年)によれば、聖火リレーは第二次世界大戦のため幻となった一九四〇年東京オリンピックの準備段階でも検討されており、いくつかの案の中にヘディンが提案したプランが存在したという。『東京朝日新聞』で報じられたその方法は、「馬でリレー式に聖火を運び、三キロ毎に交代、道順はソ聯邦の南に沿つて東に走り、中央アジアの高原を通らうといふもの[3]」で、ヘディンがかつて探検したルートであることが読み取れる。夫馬によれば、その詳細は「全行程一万キロのうち七千キロを馬で、三千キロを人が走って進み、合計三〇日で東京に達する計画」であり、ヘディンが大谷光瑞との交流を背景に提案した可能性を示唆している[4]。

スヴェン・ヘディン

ただ『東京朝日新聞』の記事の中で、「(ヘディンが=引用者註)専門の立場から最近名案(?)を東京オリンピック組織委員会に申送つた」と疑問符付きで書かれているように、日本側であまり真剣に検討された様子はない。夫馬によればこのほかにも「中央アジア横断案」があったというが、『東京朝日新聞』の報道からわずか四か月後の一九三七年七月に日中全面戦争が始まることを考えると、実現性の高いプランであったとは言いがたい。しかし一九三〇年代の日本人にヨーロッパとアジアをつなぐ道が意識されていたことは、前章で述べた「西域ブーム」からも明らかであり、戦争によって潰えたコンセプトが、一九六四年の東京オリンピックの時に復活したと見ることができる。

しかし一九六〇年代前半の中国は、五〇年代末からの大躍進運動の破綻と自然災害による大飢饉で疲弊し、加えてソ連との関係が悪化して国際的に孤立していた。中国共産党内部での路線対立も深まり、一九六六年の文化大革命発動に至る時期である。問題が国内外に山積し、とうていオリンピックどころではなかった。中国が国際オリンピック委員会に復帰するのは、文革が終了し改革開放政策を開始したあとの一九七九年である。

中国領を通過することが難しい現状を前に、聖火リレー「シルク・ロード」プランは挫折し、一時はアフガニスタンのカブールからインドに入り東南アジアへと抜ける「スパイス・ロード」が有望とされた。一九六一年六月には、朝日新聞社が組織委員会の協力を得て、自動車でユーラシア大陸を横断する「聖火リレーコース踏査隊」を派遣した。各地で歓迎を受ける様子が『朝日新聞』に連載され、半年に及ぶ踏査終了後には記録映像がテレビ放送されたものの、気候条件や治安などの面に不安を残し、陸路での輸送は困難と判断された。結局聖火は空輸されることになり、特別機シティ・オブ・トウキョウ号によってアテネからイスタンブール、ベイルート、テヘラン、ラホール、ニューデリー、ラングーン（現・ヤンゴン）、バンコク、クアラルンプール、マニラ、香港、台北を経由してアメリカ施政下の沖縄に到着した。聖火は走者によって沖縄本島を縦断したあと、鹿児島、宮崎、北海道に空輸され、四つのコースに分かれて全国の都道府県を回った(5)。

アジア初のオリンピックの熱狂の中に中国が存在しなかったことからもわかるように、中国は国際化に取り残され、固く扉を閉じていた。一九六〇年代の日本では、歴史学、考古学、美術史学などの分野で、少しずつ海外での学術調査が行なわれるようになっていたが、中国にだけはどうしても入ることができなかった。当時のもどかしさを、ガンダーラ史の研究で知られる富山大学教授（当時）の小谷仲男（一九四〇〜）は、次のように述べている。

そのころの国際情勢では、中国大陸の門戸はかたく閉ざされ、私たち一般の研究者が中国を訪れ、歴史の舞台や遺跡を自分の目で確かめうる日はいつくるのか、見当すらつかなかった。まして内陸の西域まで足をふみいれるのは、一生のあいだにはかなうまいとあきらめていた。一九六〇年代、アフガニスタンで玄奘三蔵の帰路をたどってワハン回廊まで行きついたときも、パキスタンでスワート河をさかのぼったときも、最後は雪山のかなたに中国領を夢みてひきかえした(6)。

実証的な研究を重んじる学者にとっては、現地の土を踏むこと、実物を見ることは欠かせない。中国国内で刊行された文献などは、香港を経由して輸入することが可能だったが、文化大革命が発動された一九六六年以降は中国人による学術研究活動そのものがストップしてしまった。高名な学者は「反動的学術権威」として紅衛兵の迫害の対象になったが、情報が遮断されているため日本側はそうした事実すら把握できず、中国国内にある貴重な史料や遺跡がどうなっているのかもわからなかった。古来東西の文化が行き来したシルクロードは、一九六〇年代の政治状況により、中国国境を前にしてぷつりと途絶えていたのである。

海外旅行自由化の影響

東京オリンピック開催半年前の一九六四年四月には、一般人の海外旅行が自由化された。以前は主として外貨の持ち出しを制限する必要から、限られた条件の人にしかパスポートが発給されなかったが、これ以降、観光目的の海外渡航ができるようになったのである。

もちろん当初海外旅行の費用は、日本人の平均的な月収の数倍から一〇倍以上もしたため、よほど金に余裕のある人しか行くことができなかった（当時の旅行費用については本書第四章、平山美知子の初めての海外旅行を参照されたい）。しかし一九七〇年にジャンボジェット機が導入され、団体ツアー料金が大幅に安くなったことから、海外旅行は少しずつ庶民の手にも届くものになっていった。一九六九年の日本人出国者数は約四九万人だったが、一九七一年には二倍近い約九六万人と急増し、一九七六年にはそのまた三倍近い約二八五万人と、右肩上がりに増えていく。一九七九年には四〇四万人近い数字となっており、一〇年前の一〇倍に迫る勢いだった[7]。

観光旅行の行く先としては、自由化初年の一九六四年の統計でアジアが全体の四四%を占めており、北米二八%、欧州二一%となっている[8]。ここでは「アジア」とひとくくりにされるのみだが、具体的な国別データとして最も古い一九六九年の統計を見ると、観光目的の渡航者が多いのは台湾、香港、マカオ、韓国、フィリピンの順となっている[9]。日本から地理的に近く、日数や費用があまりかからないアジアは、最も行きやすいところだったのだろう。

海外旅行が一般市民の手に届くようになった一九六〇年代後半から一九七〇年代にかけて、シルクロードというコンセプトはますます注目を集めるようになっていく。そのきっかけの一つに、一九六六年の「シルク・ロード踏査隊」の活動がある。これは『日本百名山』で知られる作家の深田久弥《きゅうや》（一九〇三〜七一）を隊長とし、当時東海大学講師の長澤和俊（一九二八〜二〇一九、のち早稲田大学教授）を副隊長として、イスタンブールから中印国境まで自動車で踏破することを目指したものであった。

この踏査隊の計画を初めて報じた『朝日新聞』の記事は、次のように解説している。

シルク・ロードという言葉はすでになじみ深いが、その位置や形は、時代とともにしばしば変り、その文化遺跡もトルコからインドまでの各国と、中国、ソ連領トルキスタンなど、各地に散在し、数多くの未知の世界が秘められている。これまで、部分的な旅行や探検はなされたことはあるが、昔のままのシルク・ロードをたどりながら、これを一貫してとらえようとする試みは、現地の変化の激しい気候や、複雑な国際情勢の下で不可能とされて来た。シルク・ロードのうち、パミール高原以東、東の起点の西安までの部分は中国領で、現在入国がむずかしいため、深田氏の踏査隊は同地区の調査を将来の計画として、こんどは西の起点のイスタンブールからできるだけ東へはいることを計画している。(10)

この記事が出た一九六五年当時において、シルクロードという言葉がすでに「なじみ深い」ものとされていることに目を引かれる。東京オリンピックの成功を経て、世界が一般の日本人の身近に感じられるようになってきたことが想像される。

踏査隊は一九六六年一月二十三日に日本を出発し、約四か月かけて各地を調査した。その様子は、同行した『朝日新聞』記者によって紙面で随時報告されたほか、朝日テレビニュース記者のカメラによって記録され、帰国後に「シルク・ロードをゆく」と題するドキュメンタリー番組としてNET（現・テレビ朝日）で放送された（一九六六年七月放送開始、三〇分番組五回分）。一九八〇年放送のNHK「シルクロード」より一〇年以上前に、早くもこうした番組が制作されていたことは注目される。

深田久弥と中島敦

ところで深田久弥は、踏査隊の活動に先立つ一九五八年に、ジュガール・ヒマール（ヒマラヤ山脈の七〇〇〇メートル級高峰）に登頂した経験を持っている。もともと深田は若い頃から中央アジアにあこがれを持っており、探検記や旅行記など多くの本を読んできた。それらの記述をもとに、一九六二年には『シルク・ロード』という本を刊行しており、未踏の地をあたかも見てきたようにわかりやすい文章で描写した。

深田久弥

深田は「私と同じジェネレーション、つまり明治の末に生れた、夢想好きな人々の間には、一つの共通な憧れがあった。中央アジアである。ゴビ沙漠とかコンロン山脈とか聞いただけで、少年の夢がどんなに掻き立てられたことか」[11]と書いている。一九〇三年生まれの深田は、一九〇八年生まれの井上靖と同世代である。そしてまた深田が、早世した作家中島敦を見出した人物として、文学史に名を残していることも指摘しなければならない。

中島敦は東京帝国大学在学中から小説を書いていたが、生来の虚弱体質と強すぎる自意識が妨げとなり、他人に作品を見せることがなかなかできなかった。その痛切な心情は代表作の一つ「山月記」に反映されている。その中島が、意を決して「山月記」を含む短編六編を託した先輩作家が深田であった。深田はそれらを『文学界』編集部に推薦し、そのうち「山月記」と「文字禍」が「古譚」という標題でまとめられ『文学界』一九四二年二月号に掲載された。これが好評を博したため、『文学界』同年五月号には「光と風と夢」が掲載され、同年上半期の芥川賞候補となる。しかし中島は持病の喘息をこじらせ、同年十二月に三三歳の若さで死去した。

中島敦

翌年の『文学界』七月号に遺作として掲載されたのが「李陵」だった。漢と匈奴《きょうど》との戦いのさなか捕虜となり、胡地で長い年月を過ごさなければならなかった武人・李陵の物語である。李陵に同情し武帝に諫言した結果、宮刑の恥辱を受けた史官・司馬遷の苦悩をからめることにより、運命にあらがうことのできない人間の葛藤を描き出している。漢文調の重厚な冒頭部が印象的なこの作品は、一方で近代人にも共感できる細やかな心理描写が特徴である。「李陵」は中島敦の文名を不動にした作品として、今もなお読み継がれている。

『シルク・ロード』を書きながら、深田は自分がかつて親しんださまざまな作品について言及しているが、中島について追想することも忘れなかった。

中島敦の小説『李陵』を私は昭和文学で最も傑出した作品の一つに数えているが、漢の武帝の天漢二年秋九月、騎都尉《きとい》・李陵が歩率《ママ》五千を率い、酒泉を出発して漢北へ向かったのは、このエツィン・ゴルに沿ってであった。当時居延には路博徳がいた。その博徳の武帝への意地悪い上奏文によって、李陵が不運な戦争をしなければならなくなった詳細は、小説『李陵』に詳しい[12]。

深田がこう書く時、その脳裏には中島の「李陵」の冒頭がこだましている。「漢の武帝の天漢二年秋九月、騎都尉・李陵は歩卒五千を率ゐ、辺塞遮虜鄣《へんさいしゃりょしょう》を発して北へ向つた。阿爾泰《アルタイ》山脈の東南端が戈壁《ゴビ》沙漠に没せんとする辺の磽确《こうかく》たる丘陵地帯を縫つて北行すること三十日。朔風は戎衣《じゅうい》を吹いて寒く、如何にも万里孤軍来るの感が深い[13]。……」この作品が発表された一九四三年は、松岡譲の『敦煌物語』が刊行されたのと同じ年である。「足を踏み入れることのできない聖地」としての西域に魅惑された作家は松岡だけではなかった。中島もまた、病弱な身体を養いながら、ゴビ砂漠の荒涼たる風景に孤独な魂を飛ばしていたのである。

早世した中島敦は戦前（昭和前期）の作家と見なされており、戦後作家の代表たる井上靖と同年代であることは見過ごされている。古代中国を題材に優れた作品を書くことのできた中島は、もし生きていれば戦後のシルクロードブームに最も近いところにいた作家だったのかもしれない。

「自分探し」の旅

日本の高度経済成長を背景とし、シルクロードに対する関心は高まる一方だった。一九七〇年代に入るとブームを示す現象はあちこちに見られ、旅行業界・出版業界は活況を呈するに至った。一九七六年四月の『朝日新聞』には、その様子を伝える以下のような記事が載っている。

旅行会社のシルクロード・ツアーが、いつも満員だという。「ノーモア・アメリカ」「ノーモア・ヨーロッパ」と、旅行業者のいう二度、三度の海外旅行者――リピーターに、シルクロードの旅を求めるケースが多い。

金がなければ、せめて本で夢をというわけか、出版の方がよりブームで、シルクロードの新しい本や写真集の刊行もつづいている。「友の会」「歩く会」「研究会」などのシルクロード・グループが、日本に千以上も生まれているといわれ、『シルクロード』という専門誌を出していた出版社は、より手堅く、よりまじめにと、このほど、これらのグループを対象とする会員誌に〝衣替え〟した。(中略)

シルクロードの歴史と風物が呼ぶ、幻想とロマン。そして最近の古代史ブームと同じく、どこから来て、どこへ行くのかという、日本人と日本の文化への再検討が、シルクロードへの関心を高めているとみる人が多い。(14)

別の新聞記事によれば、この時期シルクロードの旅に出かける日本人旅行者は毎年三〇〇〇人を超えたという。[15] 外務省が毎年発行する『わが外交の近況』（一九八七年以降は『外交青書』）で、日本人の渡航先が国別に掲載されている一九七二年のデータによると、「観光・訪問・その他の個人的目的」でインド、パキスタン、モンゴルを訪れた人が合計約三八〇〇名、イラン、イラク、シリア、アフガニスタンを訪れた人が合計約三〇〇名になるため、[16] 信憑性のある数字である。ちなみに同じ年、アジア地域の中で一番渡航者の多い香港は約一九万六〇〇〇人である。

当時の旅行会社の広告で、具体的なシルクロードツアーの内容を見てみると、行く先は北アジア、中央アジア、西アジア、南アジアの国々にまたがっており、「モンゴル（ゴビ砂漠とカラコルム）」「歴史と文明の十字路　トルコの総て」「パキスタンとアフガニスタンの総て」「ガンダーラ仏教美術と中央アジアの旅」「インド仏蹟巡拝の旅」などバリエーション豊かだ。[17]

試みに、先に引用した新聞記事で紹介されている『月刊シルクロード』という雑誌を調べてみると、一九七五年六月の創刊当時のうたい文句は「新しいロマンの時代を拓《ひら》く人間雑誌」である。はじめはA5判の「コミュニケーション・プラザ誌」として出発し、次に「同人誌的色彩」を持つようになったといい、これが記事でいう「会員誌に〝衣替え〟」したことを指すようだ。この間ほぼ月一回のペースで刊行されているので、会員らの熱心さがうかがえる。その後一九七七年四月からB5判と大きめの体裁になり、全国一六〇余の書店で販売されるようになった。著名な歴史学者の寄稿も目立つようになり、海外での調査報告記や「研究の手引き」「文献目録」など、内容が専門

雑誌『月刊シルクロード』（手前左が創刊号）

化していることが見て取れる。講演会や研究会、語学講座などの開催情報も次第に充実していき、まるで学会誌のような読み応えである。(18)

　一九六六年に深田久弥の「シルク・ロード踏査隊」に参加した長澤和俊は、シルクロード研究の第一人者としてブームを支え、のちにＮＨＫ「シルクロード」取材班にも同行した。『月刊シルクロード』に寄稿した「シルクロードと日本人」において、長澤は、シルクロードは単なる歴史学上のテーマではなく、「日本人の主観による一つの文化観の代名詞」であると述べている。(19)これは一九六〇年代に始まるシルクロードの「大衆化」や七〇年代のブームを踏まえ、さまざまな分野、職業、手法によるアプローチが展開されている日本の現状を肯定的に評価し、意味づけをしたものだった。すなわち、日本人はシルクロードの遺跡や遺物に触れることにより、日本文化の淵源を理解し、文化の交流・接触・変容について知る。その体験から世界の歴史や文化の再検討を行なうことで、日本人独自の文化史観を生み出している、というのである。

　シルクロードは一九七〇年代の日本において、リヒトホーフェンが学術用語として使った「絹街道」から大きく変化した。つまり、西アジアからローマに至る道や、草原の道（ステップ・ロード）、海の道なども含め、東西交通路全般を指す用語に転化したのである。日本人がシルクロードに親しみを持つのは、それがモンゴル、ペルシャ、トルコ、インドなど、歴史上世界に覇を唱えたさまざまな民族の文化に、日本文化を接続するための思考回路として機能するからだろう。シルクロードはエキゾチックな響きを持ちながら、日本人にも開かれた、ある種の懐かしさを喚起する。だからこそ年齢や性別を問わず幅広い日本人を引きつけ、広いユーラシア大陸に対するロマンの象徴となったのである。

長澤は一九七〇年代に陸続と現れたシルクロード関連の出版物の中に、「同好グループや勇ましい女性たち」の紀行があることを指摘しているが、この時期のブームが歴史や冒険の好きな男性だけでなく、主婦層にも浸透していたことを示す例がある。一九七一年から七二年にかけて、松下電器産業株式会社が読売新聞広告局とタイアップした企画に、「奥さま登場」という大型連載広告があった。紙面の上半分が記事、下半分に家庭用電気製品の広告写真があり、記事は「平たんな日常生活の中で、ともすれば見失われがちな〝主婦の生きがい〟を皆さまとともに考えたいと願ってお贈り[20]」する内容となっている。連載中の一回が、タイトルもずばり「〝絹の道〟が呼んでいる[21]」だった。

夫と二人の子どもを持つ神戸在住の主婦四八歳が、ヘディンの『さまよえる湖』を読んでからシルクロードにとりつかれ、ロプノールを訪れる夢をしばしば見るようになる。「いつか行ってみたい。いつかこの目でたしかめたい」「シルクロードへの出発（たびだち）。そのために、彼女はいままでの人生を、そしてこれからの人生を設計した、といってもいいだろう。家事の暇を見つけては、古本屋をあさったり、大学の公開ゼミや講演会にもせっせと足を運んでいる」。夫や子どもたちの協力的な姿にも触れながら、長文の記事は「シルクロードが、私を呼んでいる」という一文で結ばれる。執筆したのは女性記者である。

この大型広告から四か月余り経った頃、『読売新聞』の婦人欄に、くだんの記事に触発され新聞投稿を通じてつながった主婦らが「シルクロードの会」を結成した、という報告記事が載った[22]。紹介されている主婦たちは三〇代から四〇代だが、そのうち四五歳の女性は、会に参加した動機を以下のように述べている。「私は〝失ったものを求めて〟という意識が強いですね。だって、私が女学校にいたのは戦争中。まともな教育を受けてませんものね。戦後の混乱をくぐり抜け、経済的ピンチを脱して、ハッと気がついたら、何もかも失っていた。若さも、学問も。いまは、あれもしたい、これもしたいと欲ばりなんですの」。

この記事が掲載された一九七二年は、終戦から二七年が経過していたが、終戦当時一八歳だったと推定される女性は、おそらくその後も結婚生活や子育てに精一杯で、自分のための時間を持つことなど不可能だったのだろう。シルクロードへのあこがれは、単に見たこともない外国に対する興味関心というよりは、「失われた自分」「あったはずの美しい自分」を探したいという願望と重ね合わされていたのかもしれない。一九七〇年代のシルクロードブームとは、ようやく平穏な時代を迎え、経済的にも安定を迎えた人々の、自分探しの旅を象徴していた。それは大きく言えば、「邪馬《やま》台国論争《たいこく》」を中心とする古代史ブームがそうであったように、「どこから来て、どこへ行くのかという、日本人と日本の文化への再検討」（先に引用した『朝日新聞』の記事による）の意味合いがあったのである。

二、閉ざされた扉が開く時

一九七〇年代のシルクロードブームにおいて、中国に関する情報は他のアジアの国に比べて不足しており、自由に渡航できないことから「最後の秘境」と見なされていた。一九七二年に日中両国の国交が回復したことで状況は大きく変わるが、その間日本人は中国に対してどのような感情を持っていたのだろうか。

終戦直後の時代は、戦前・戦中の中国との関わり方によって、個々の日本人の中国に対する感情にはかなり差があったことが想像される。例えば、満洲や中国各地における生活や従軍の体験から、戦争に対する反省や贖罪《しょくざい》の気持ちを持っていた人もいただろう。占領下の日本で貧しく惨めな生活を送るようになった時、中国人に対するかつての自分の振る舞いを、苦い思いで見つめ直した人も少なくなかったと思われる。しかしその一方で、空襲や原爆などの体験から、負けた相手はアメリカであって、中国ではないとの感覚を持っていた人が一定数存在したことも指摘される。[23] 戦後から日中国交回復の直前まで、日本人の中国観を問う大規模な世論調査は存在しないため、客観的なデータを示すことは難しいが、いずれにしてもこの時期の日本人にとって、中国といえば戦争の経験と切り離して語ることはできない存在だったことは確かである。

戦後、東西冷戦が進むなか西側陣営に組み込まれた日本としては、国共内戦の結果一九四九年に中華人民共和国が建国されたのを横目で見つつも、アメリカ占領下で独自の対中政策を打ち出すことは難しかった。中国共産党がどんな存在でどんな国家建設を目指しているのかさえ、まだ当時の世界には十分知られていなかったのである。敗戦により日本の報道機関や情報機関は中国から引き揚げていたため、以後は中国での取材活動が許された外国の通信社や、中国系の通信社の情報・記事を通して中国の動向を知るのみになった。

国交正常化への道のり

戦後日米安保体制のもとで復興を遂げた日本は、第一章で述べたように、アメリカの対中政策を見据えつつ、日中国交正常化に向けて模索を続けていた。一九五〇年代半ば以降は、民間による文化交流を進めて友好的な雰囲気作りに努め、一九六〇年代に入ると、経済分野における関係構築を目指し、親中国派の政治家や経済人が中心となって中国側との交渉を繰り返した。その結果、半官半民の「LT貿易」（中国側責任者の廖承志、日本側責任者の高碕《たかさき》達之助の姓の頭文字を取って呼ぶ）や、友好商社を通じた民間貿易が推進されるようになった。ソ連との関係が悪化し国際的に孤立していた中国にとって、経済発展のめざましい日本との関係改善はメリットがあったのである。

しかし一九六六年に文化大革命が始まり極左勢力が主導権を握ると、中国側の態度は硬化し、台湾・韓国と関係の深い日本の商社やメーカーが取引を拒否される事態が発生した。「政経分離」を唱えてはいても、やはり政治的な要因によって経済が左右される現状の厳しさが痛感されるようになり、日本人の間に中国との国交正常化を望む声が大きくなっていった。一九七〇年に毎日新聞が行なった世論調査では、国交正常化を是認する人は、「すぐ」「できるだけ早く」「だんだんに」を合わせて回答者の八六％を占めたという。またその理由を複数回答で選んでもらったところ、最も多かったのが「同文同種で隣国」五〇％であり、二番目が「大市場を逃がさないため」四七％、三番目が「世界の大勢におくれないため」三一％、四番目が「戦争のケリをつけるため」一五％だった。[24]「同文同種」という、戦前から中国との一体感を強調する時によく使われた言葉が、一九七〇年当時なお人々の心情にアピールしていることに目を引かれる。そのほか、やはり中国を大きな市場と見なす経済的要因が大きな割合を占めていることに注目すべきであろう。

また、「世界の大勢」は日本にとって重要な要因であった。ソ連を敵視する中国と、ベトナム戦争に疲弊したアメリカの利害が一致し、それまでの敵対的関係を解消したことが決定打となった。一九七一年十月、中国は国連総会における議席を回復し、翌七二年二月にはニクソン米大統領の訪中が実現した。こうした大きな転換を背景に、同年九月二十五日、田中角栄首相が日本の総理大臣として戦後初めて訪中し、連続四日間におよぶ交渉の結果、同月二十九日に日中共同声明に調印して戦争状態の終結を宣言、ついに国交を正常化した。中華人民共和国との国交回復は、台湾（中華民国）との断交という大きな決断とセットになっていたが、田中は首相就任直後の高い支持率を背景に、政府・自民党内の親台湾派を抑えて実行した。
　田中首相の訪中と国交回復がテレビを通じて大々的に伝えられたことは、日本の一般市民に強いインパクトを与えた。それまで中国人の市民生活などについての情報はほとんどなく、街の様子を映像で知る機会もない。田中首相の訪中は日本のメディア界にとっても中国取材のチャンスであり、テレビは羽田空港を出発する風景から中継で伝えた。当時の北京の様子をテレビの画面を通して恐る恐るのぞいた日本人の姿が、『朝日新聞』のコラム「天声人語」から見て取れる。

日中国交正常化　北京空港に到着し、出迎えの周恩来首相（中央）と握手を交わす田中角栄首相
（朝日新聞社提供）

　北京からのテレビ中継は、ショーとしては、二月のニクソン訪中の時の焼直しの感があった。しかし、登場人物が田中首相に変ったせいか、あの時よりずっと北京が近くなったように見えた。テレビの色調も前より良い▼北京の秋空が美しかった。空気が澄んで、空港の風物や市内の大通

りが青ずんで見えたほどだ。朝の羽田出発のときのテレビには、この北京の空と東京の空とが交互に繰返して映った。東京の空は曇りなのかスモッグなのか、よく区別がつかない例の濁り空で、対比が実にあざやかだった▼羽田は各国航空会社のマークをつけた飛行機で混雑していた。一方の北京空港は、ほとんどからっぽといってよい。市内の目抜き通りも閑散としている。車が少ない。広告がない。たまにあるのは政治スローガンの赤い看板だけである。過密と閑散、広告とスローガンの対比もまた見事だ▼同じ人間が営む社会で、同じ首都をテレビが写して、なぜこうなるのかと考えた。たとえば東京の濁り空と北京の澄んだ空とは、むろん気象条件の違いによる。同時に、日本の三十倍近い国土と八倍の人口を持つ中国が、国民総生産では日本の約半分しかないという、経済の違いも関連するだろう▼世界一の過密と汚染に苦しむ私たち日本人には、北京の町や空がうらやましく見える。しかし、だからといって中国の経済に悩みがないわけではない。こんど中国が対日交渉をいそいだ理由のひとつは、経済建設の立遅れを早く取戻す必要から、経済交流の拡大を求めたのだ、といわれる▼テレビ中継を見ながら、北京が近くなったと思えば思うほど、半面で、日本と中国との距離を一段と強く印象づけられた。(25)

田中首相訪中時の北京の夕空（朝日新聞社提供）

高度経済成長の結果、都市の過密や大気汚染に苦しむ日本と、経済的に立ち後れ首都すら「からっぽ」の中国の姿がありありと映し出される。二一世紀の今日、両国の現状を知る立場から見れば、まさに隔世の感がある。また国交正常化にあたり、進歩的な『朝日新聞』すら手放しで喜ぶというよりは、ある種のとまどいをにじませているのが興味深い。すでに戦後三〇年近く経過した当時において、「日本と中国との距離」がそれほど隔たってしまったことの証であろう。

先に紹介した一九七〇年の『毎日新聞』の世論調査によれば、中華人民共和国のイメージとして「暗い」と答えた人が六四%だったのに対し、「明るい」は二八%だった。また「強い」六九%に対し「弱い」二二%、「冷たい」六二%に対し「暖かい」二五%と、仲良くしたいようなイメージとはほど遠いことがわかる。東西冷戦が激しかった時代、政治体制が異なり、自由な往来が不可能であることは、中国への親しみを妨げる要因になっていた。その証拠に、国交正常化の記念に上野動物園にパンダが贈られ、社会全体に「中国ブーム」がわき起こったあとですら、一般市民の中国への姿勢は相当慎重であった。一九七五年の「外交に関する世論調査」では、中国へ「是非行ってみたい」「できれば行ってみたい」を合わせても四四・二%にとどまり、「行ってみたいとは思わない」「あまり行ってみたいと思わない」を合わせた方が五二・一%と上回っていたのである。(26)

文化人たちの活躍

国交正常化により、文化大革命の影響で停滞していた両国の民間交流が再び盛んになり、作家や文化人などの訪中団が派遣されるようになった。その中で、井上靖、陳舜臣《ちんしゅんしん》、司馬遼太郎《しばりょうたろう》の三人は繰り返し中国各地を訪れ、見聞録や紀行文を精力的に発表して今の中国の姿を伝えることに貢献した。

とりわけ陳舜臣（一九二四〜二〇一五）は、のちにＮＨＫ「シルクロード」の放送初回に登場したように、中国の歴史と現在をわかりやすく書いた数々の本で時代をリードする存在となった。台湾を本籍とし、神戸の貿易商の家に生まれた陳は、戦後に推理小説でデビューして直木賞作家となるが、『阿片戦争』（一九六七年）を端緒に中国の歴史を題材にした作品を多く手がけるようになっていた。対象は古代から近現代まで幅広く、小説もあれば解説書もあり、該博な知識を平易な日本語で綴る独特のスタイルを確立した。陳の作品を通じて中国の歴史に関心を持った読者は少なくなく、「シルクロード」関連のテレビ番組の出演などで、陳はさらに広く知られるようになった。

陳舜臣

陳は一九七五年八月末から九月にかけて、家族とともに敦煌を訪問し、翌年『敦煌の旅』を刊行している。井上靖の『敦煌』は宋の時代を舞台とした歴史小説だったが、陳の『敦煌の旅』は歴史を紹介しつつ現代の敦煌の様子を伝える紀行文である。日本から敦煌を訪れた団体としては、一九五七年の考古学視察団以来一八年ぶりであった(27)。

『敦煌の旅』の記述によれば、敦煌文物研究所の常書鴻所長は病気のため蘭州で療養中であり、研究所の女性主任らがまる二日をかけて、主要な窟を案内してくれた。莫高窟の前に流れていたという大泉河のあとを見て、二年前にやはり家族で訪れたトルファンのベゼクリク石窟寺院を思い出す。ベゼクリクの石窟寺群も、ムルトゥク河という川沿いの崖につくられていた。敦煌の石窟群は防風のためポプラの並木に守られており、環境の厳しさを思いながら歩みを進める。

さて、胸をときめかせながら、ほぼ中央部にある、北魏の石窟を訪ねることになりました。（中略）足を踏みいれると同時に、私は息をのみました。二年ぶりの石窟寺ですが、独特の雰囲気が、記憶によみがえってきました。二年前、はじめて石窟へはいって、胸をしめつけられるような、名状しがたい感動をおぼえたものです。そこには歴史が封じ込められています。そして、その歴史がにおうのです(28)。

ひんやりした石窟の中、土の匂いや湿気、それを「歴史がにおう」と書くのである。こうした臨場感のある表現に接して、読者はますます今の敦煌へのあこがれをかきたてられたであろう。『敦煌の旅』は一九七六年度の大佛次郎賞を受賞している。

テレビマンの奮闘

陳舜臣ら先駆者の紀行文が、欠落していた現代中国に関する情報を補っていく一方で、放送界でも新しいプロジェクトが動き出していた。ＮＨＫのディレクター鈴木肇《はじめ》（一九三八〜）は、一九七二年九月、国交正常化交渉のために訪中した田中角栄首相の取材で北京に赴いた。田中首相は中国の周恩来首相との会談の合間を縫って、故宮博物院や万里の長城などを見学し、日中共同声明を発表した後は上海を経由して帰国したので、同行した取材陣も一緒に中国の風景を見て回った。のちに鈴木が記すところによれば、北京市郊外にある明代の皇帝の陵墓「明十三陵」を撮影した時、シルクロードのインスピレーションがわいたというのである。

中継車を走らせて十三陵に向かうと、道路の両側に大きな石像がいくつも並んでいるのが見えた。私は、「これも撮りましょう」と言って、中継車を止めた。高さ三メートルに近い文官や武官の立像、馬、象、そしてラクダの石刻。

ラクダを前にして、私は俄然興味がわいてきた。——ラクダは中国にはいなかったはず、とすればペルシアあるいはアフリカから、はるばると歩いてきたのであろうか。その道は、きっと中学校の教科書で習ったシルクロードにちがいない。砂漠、パミールの雪山、オアシス、キャラバン、月光、熱沙、さまよえる湖ロプノール、敦煌千仏洞、西遊記、マルコ・ポーロ、絹……。シルクロードのことを想うと、私は胸が熱くなってきた。(29)

日中国交回復、そして中国での取材経験は、鈴木の人生に決定的な影響を与えた。「シルクロードへ思いを馳せている心が、募り募っていつしかこのシルクロードを歩いてみようという決意に変っていった[30]」。つまりシルクロードを自ら取材し、番組として形にしたいと心に決めたのである。帰国後、鈴木は「マルコポーロの冒険」と題する特集番組の企画を書いて提出し、局内で評判となった。これがのちの大型ドキュメンタリー番組「シルクロード」の原型となる。その経緯を紹介する「NHKアーカイブス」のホームページによると、「企画は局内で大きな支持を得て、放送総局長の堀四志雄が先頭に立って中国政府や中国中央電視台（CCTV）を相手に取材許可を取ろうと交渉を重ねた。しかし、当初は文化大革命の時代。それまでシルクロードに外国のテレビカメラが入ったことはなく、許可は下りなかった[31]」。

一九六六年に始まった文化大革命はこの時まだ継続中で、外国との往来が極端に制限されていた時代である。一九五〇年代から活動を始めた日本の民間団体も、文革中は交流の機会が少なくなり苦境に陥っていた。鈴木は番組の企画を温めていたある日、日中文化交流協会の理事長中島健蔵を訪ねて相談してみたという。

これまでにもたびたびお目にかかり、そのお年を感じさせぬ気力と見通しの確かさに、常々心服していた私は、「先生、シルクロード取材の見通しはありそうでしょうか」と率直にたずねてみた。
「今は、だめだろうね。しかし根気よく何回でも取材申請をすることだよ。いずれ熱意の通ずる時が来るさ。僕のこの日中文化交流の仕事だって、はじめは絹糸の一本より細かったものだよ」[32]
シルクロード取材にかける鈴木に一縷《いちる》の望みを与えるため、「絹糸の一本」で答えた中島は、さすがに仏文学者だけあってウィットに富んでいる。それに励まされてか、鈴木はじめNHKのスタッフたちは「シルクロード」に向けて粘り強い交渉と制作準備を重ねていった。

番組作りの試行錯誤

のちに「シルクロード」のチーフ・プロデューサーを務めた玉井勇夫によれば、中国側に最初にシルクロードの取材を申し入れたのは、一九七四年春から放送した「未来への遺産」（放送開始五〇周年記念番組）の企画段階であったという。[33]「未来への遺産」は「文明はなぜ栄え、なぜ滅びたか」をテーマとする大型シリーズ番組で、毎月一回一時間の放送はのちの「シルクロード」と似ている。

タイトルバックで、女優の佐藤友美が現代の旅行者風に遺跡を見学するうち、いつの間にか衣装も顔付きも古代ギリシャの女性のように変身する不思議な映像を記憶する人も少なくないだろう。

「NHKアーカイブス」のホームページによれば、この番組は七つの取材班が四四か国一五〇か所の文化遺産を取材するというスケールの大きさで、「奈良の正倉院を起点に、中央アジア、東ヨーロッパ、アフリカに至る文明の交流の道をたどった」[34]。中でも「第一〇集の「壮大な交流　シルクロード」は、学術的にも価値が高いとされた」といい、のちの「シルクロード」とコンセプトを共有する番組であったことがわかる。

中国側から取材許可が得られない間、NHKは別の形で試行錯誤を繰り返していた。その一つが一九七九年四月から一年間にわたって放送された「アニメーション紀行　マルコ・ポーロの冒険」である。NHKアーカイブスのホームページによれば、この作品は「ドキュメンタリーとアニメーションの組み合わせによる新形式の番組」で、「17歳の少年マルコポーロの24年間にわたる史上空前の大冒険を、彼の著「東方見聞録」に基づいて制作したもので、全行程6万キロの壮大な旅と多彩な民族との出会いの中で感じたであろう人間への限りない愛、美しいものへのあこがれ、自然の驚異へのおそれ、歴史の悠久さといったものを〝20世紀のマルコポーロの道〟をたどりながら描いたもの」[35]であった。土曜日夜七時半からの三〇分番組で、基本的には少年マルコを主人公とした子ども向けアニメーションであるが、ところどころに現代（番組制作当時）の世界の風景が実写でまじる。「ドキュメンタリーでは描ききれないドラマ性とアニメーションだけでは稀薄になりがちな現実感を二つの手法をあわせ用いることによって描き出した画期的な番組」であった、とNHKは自画自賛している。シルクロードに関心を寄せる大人の視線を意識した意欲作であったと推察される。当時「シクラメンのかほり」（歌：布施明）が大ヒットしたシンガーソングライター小椋佳が、主題歌・挿入歌を手がけていることも話題であった。

「アニメーション紀行　マルコ・ポーロの冒険」と、前述の鈴木肇ディレクターが提出した企画「マルコポーロの冒険」との関連性は、NHKアーカイブスのホームページ上には明記されていない。しかし題名や内容の類似から言って、中国領での撮影が実現しない「シルクロード」のかわりに、ローマを起点として東に向かう「冒険」に先に着手したものと考えられる。全四三回のうち、NHKには初回と最終回しか保存されておらず、現在ホームページ上で視聴者に呼びかけて、個人所蔵のビデオテープを収集しているという。作品において、中国を描いた部分がどのようであったかを知ることは難しいが、結果から言えば「マルコ・ポーロの冒険」の放送期間は「シルクロード」の直前一年間ということになり、「シルクロード」に向けて期待を高める効果を持ったのではないだろうか。

NHK「シルクロード」以前に中国ないし西域を舞台にした映像作品として、日本テレビが制作したドラマ「西遊記」がある。一九七八年十月から翌年四月まで半年にわたり放送されたこの番組は、中国の古典小説『西遊記』に基づくオリジナルドラマで、三蔵法師と従者たちの天竺《てんじく》への旅を描いたものである。三蔵法師を女優夏目雅子が演じたことで話題になり、孫悟空役の堺正章、猪八戒役の西田敏行、沙悟浄役の岸部シローがそれぞれ生き生きと演じて人気を集めた。日本テレビ開局二五年を記念し一〇億円の予算を投じて企画・制作された大型番組で、特殊メイクの技術がまだ進んでいなかった当時において、サルやブタらしく見せることに工夫をこらす一方、龍や妖怪などを模型と特撮を駆使して見せる演出にこだわった。特撮は『ウルトラマン』の円谷《つぶらや》プロ出身のス

タッフが担当している。(36)

この作品は、一九七八年の日中平和友好条約締結を受けて中国ロケを敢行したことでも知られるが、実際には北京の風景がタイトルバックに登場するのみで、三蔵法師の道のりを現地で撮影したわけではなかった。しかし、ゴダイゴによるエンディング・テーマ「ガンダーラ」が大ヒットしたことからもわかるように、作品としては一九七〇年代のシルクロードブームを反映し、未知の世界の探求・冒険のイメージを前面に押し出すものだったと言える。日曜夜八時という、NHK大河ドラマと同時間帯であったにもかかわらず、視聴者の反響が大きかったため、引き続きパート2も制作された。パート2は一九七九年十一月から翌年五月の放送という、時期的にはこれもNHK「シルクロード」の直前から同時期(「シルクロード」は一九八〇年四月放送開始)にあたり、テレビ界でも中国や西域に対する注目が高まっていったことがうかがえる。

鄧小平への直訴

シルクロード取材に関して、NHKとの交渉にあたった中国側の人物は張香山《ちょうこうざん》・中央放送事業局長だった。前出のNHK放送総局長の堀四志雄は、「日本と日本文化をよく知る張香山氏が交渉相手だったことが、シルクロードにこだわる日本人の気持ちを理解してもらう上で、大変幸いした」と語っている。(37)張香山(一九一四~二〇〇九)は、戦前に日本人が設立した天津中日学院で学び、東京高等師範に留学した経歴を持つ。中日友好協会の副会長という肩書きで日本側には知られていたが、実際のところ中国共産党対外連絡部秘書長、同部副部長を長く務めた対日外交の大物で、国交正常化交渉でも活躍した。困難の多かった国交正常化交渉において、戦前の日本留学組が「知日派」として大きな役割を果たしたことはしばしば指摘されるが、張香山は廖承志や孫平化とならび、その中心的存在であった。一九八〇年代に中曽根康弘首相の下でスタートした、両国の有識者からなる日中友好二一世紀委員会（第四章参照）では、中国側の委員（のちに首席委員）を務めている。国交正常化以来、NHKが「シルクロード」の制作を模索する中で、張香山が橋渡し役として尽力したことは疑いがない。

さてその「シルクロード」であるが、行き詰まっていた撮影交渉が大きく転換する日がやってきた。一九七八年十月、日中平和友好条約の批准書交換のため、当時の副首相鄧小平《とうしょうへい》が来日したのである。同年五月にNHKの坂本朝一《ともかず》会長が訪中して中国側に重ねてシルクロードの取材希望を伝えていたといい、すでに鄧小平の耳にも入っていた可能性がある。中国では七六年九月の毛沢東の死去から、四人組逮捕や華国鋒体制を経て、鄧小平が事実上の最高指導者として改革開放路線に転じようとしていた。東京での行事を終え新幹線で京都に向かう鄧小平の特別車両に、企画の原案を出した鈴木肇ディレクターが同乗し、秘書を通じてシルクロードの取材撮影許可を頼み込んだ。そしてその年の大晦日、ついにNHKに撮影を許可する連絡が入ったという[38]。

新幹線の車中で一介のディレクターが最高指導者鄧小平に直訴するという、究極の手段を経て勝ち取った取材であった。新幹線と言えば、鄧小平はその速さに驚嘆し、「後ろからムチで打たれて追いかけられているような感じだ」と言ったとされる[39]。日本滞在中、鄧小平は先進的な工場や製鉄所などを精力的に見学し、改革開放政策の必要性を確信する重要な契機となった。また日本滞在中の鄧小平の行動は、同行した中国中央電視台のスタッフによってフィルム撮影されていたが、ＮＨＫの取材協力班がさらにビデオ撮影し、衛星中継で中国側に送り即日放送を可能にした。その手厚い協力ぶりについて、のちに「シルクロード」取材班の責任者となる玉井勇夫は、「（来日時の協力は＝引用者註）『シルクロード』が頭になかった、と言えばウソになる……」と証言している[40]。結果から言えば、ＮＨＫの技術力を見せつけることによって、中国側の信頼を勝ち得たことになるだろう。

新幹線車中の鄧小平（朝日新聞社提供）

ＮＨＫは中央電視台と共同取材協定を結び、ＮＨＫ初の大型国際共同制作が開始されることになった。このニュースを伝える『朝日新聞』は、「中国奥地の部分は約五十年前にスウェーデンの学者（ヘディン＝引用者註）が探検して以来、外国人で立ち入ったものはなく、現代の秘境とされている。取材の申し入れは世界二十余の放送機関からあったといわれるが、その中からＮＨＫが独占的な取材権を獲得した」と、誇らしげに伝えている[41]。なおＮＨＫの玉井によれば「中国への取材申請は日本の民放だけでも二十数局、世界各国からの申請は七十局を越えていた」[42]ということだ。同じ『朝日新聞』の記事によれば、「取材協定は（一九七九年＝引用者註）五月一日から八年間。日中双方から約十人ずつの共同スタッフで、中国の西安（旧長安）から敦煌、中国西端のカシュガルを経てローマに至る全行程をフィルムで取材」するという内容だった。すなわち当初から、中国領内だけでなく、その先を見据えていたことになる。「シルクロード」（第一部）の取材は、NHKスタッフ九人を三人ずつ三班に分け、西安からパキスタンとの国境パミール高原までの行程を三つに区切り、一つの班がそれぞれ五、六か月かけて取材するという方法で行なわれた。すべての撮影が終わるのに一年半、フィルム四五万フィートを要したという[43]。

「シルクロード」放送開始

ガチャリ！
新しい時代だけが持つ大きい鍵が
シルクロードの錠前をはずした
世界にただ一つ遺されている
神秘な地帯に

いま、一條の光が入った。

天山、崑崙、パミール
タクラマカン沙漠
タリム河
三十五の少数民族が興亡をくり返し
武帝の遠征隊が通過し
玄奘三蔵の経巻隊が進み
何世紀かに亘《わた》って
駱駝《らくだ》の群れが絹を運んだところだ。

NHK「シルクロード」の放送開始にあたり、井上靖が書いた詩である。放送と並行して出版された「シルクロード　絲綢之路《しちゅうのみち》」シリーズの第一巻『長安から河西回廊へ』の冒頭に掲げられた。題名もなく、ただこの一四行だけで唐突に終わる不思議な詩だが、長く閉ざされていた西安以西のシルクロードが初めて姿を現した時のドキリとするような気持ちや、これから眼前に広がるであろう光景への期待を見事に表現している。

NHK特集「シルクロード――絲綢之路」は、一九八〇年四月から翌年三月まで、月一回のペースで一二回にわたり放送された。喜多郎のシンセサイザーによる独特の前奏から始まり、砂漠をゆくラクダの姿にかぶせて「シルクロード」というタイトルが徐々に大きくなる冒頭画面を記憶する人は多いだろう。「シルクロード」は毎回二〇%前後の視聴率を記録する大ヒットとなり、当時の新聞には「巨人戦を見るか、シルクロードを見るか」という記事が載るほどお茶の間に浸透した。(44)関連本や現地ツアーなどが続々と発売されて一大ブームを引き起こし、その後ローマを目指す「シルクロード・第二部」(一九八三年放送開始)や「海のシルクロード」(一九八八年放送開始)も制作された。「シルクロード」は第二部も含めて、アジアやヨーロッパなどの三八か国で放送されたという。(45)

「シルクロード」は、井上靖や陳舜臣、司馬遼太郎が取材に同行し、画面にも登場することや、慶應義塾大学卒業の知的な俳優として人気を集めた石坂浩二がナレーションを務めることなど、それまでのNHK特集と比べて相当贅沢な作りであった。「シルクロード」第一集「遥かなり長安」(一九八〇年四月七日放送)は、西安の街並みや今も残る城門を空撮で捉え、城門の上から陳舜臣がレポートするところから始まっている。陳舜臣らの作品に親しんだ読者にとっては、画面に展開される中国の風景は、かつて文字を通して想像した場面が形となって出現したに等しかった。そこに、作家本人がレポーターとなって、解説とも感想ともつかない言葉をとつとつと話してみせると、ますます彼らの作品と画面が重なって見える二重の効果があった。今日いうところのメディアミックスの働きで、陳舜臣らの作品の売り上げもさらに伸びたと推測できる。

三、「シルクロード」の舞台裏

西安の街から西へ向けて出発した「シルクロード」は、第三集（一九八〇年六月二日放送）でいよいよ敦煌に到り、井上靖が登場する。井上はNHK取材班に同行する前年、一九七八年五月に初の敦煌訪問を果たしていた。井上にとって最初の敦煌がどのようなものだったかについて、先に述べておくことにしよう。

井上の敦煌への道程は、まず北京から空路蘭州に飛んで一泊。蘭州から夜行列車に一八時間揺られて酒泉で一泊。酒泉からジープで走って安西で一泊。安西からようやく敦煌の町に入ったのは、北京を発って五日目のことである。小説『敦煌』の執筆から約二〇年の歳月を埋めるように、七一歳の作家はゆっくりと歩みを進めた。

敦煌の土を踏んだ井上の最初の感慨は「やはり敦煌は都から遠いということであった」[46]（「敦煌を訪ねて」）。しかも小説で描いた風景と、現在とでは目にする風景は大きく変わってしまっていた。

小説『敦煌』で取り扱った粛州、沙州といった城市は、今は跡形もなくなってしまっていた。瓜州は半壊の城壁だけになり、沙州は十数個の城壁の欠片だけになっていて、いずれも田野の中に打ち棄てられてあった。（中略）

小説『敦煌』の時代、つまり宋、西夏の十一世紀の頃と同じものは、陽の光と、風の音と、そしてその町々を取り巻くゴビや沙漠であろうか。これ以外はみな変わっている。大体そこに住んでいる人たちが変わっている。(47)

小説『敦煌』の中で、沙州（敦煌）や瓜州（安西）は城壁で囲まれた「城市」であり、主人公や彼の属する部隊は城門をくぐって戦に出、勝てば城門をくぐって帰ってきた。そんな町の造りはすでに砂に埋もれて見る影もない。井上は、実際の敦煌を目にしても小説を書き直す必要は感じなかった、という趣旨のことを複数の文章で繰り返し述べている。(48)ただ、車窓から見た万里の長城や烽火台、ゴビの彼方に見える蜃気楼については、執筆当時参照した文献に記載がなかったため書き込むことができなかった、と気づく。さらに、安西から敦煌へ向かう途中で見たヤルダン地帯、すなわち風蝕によって砂と土が折り重なる波のように盛り上がっている風景を、もし小説中の夜戦のシーンに描き入れることができれば、「それはこの世ならぬ凄絶なものになったろう(49)」と思う。

瓜州城趾を訪問する井上靖（1978年5月、日本中国文化交流協会提供）

淡々と歩みを進める井上であるが、初めて莫高窟に足を踏み入れた時の感慨は格別であった。

古文書、経典の類が匿《かく》された石窟は、現在蔵経洞という呼び方をされている。小説の中で、せっせとここに運び込んだ古文書、経典の類は、当然なことながらすっかりなくなり、いまはひどくさっぱりしたものになっている。運び込んだのは小説の中に於てのことであり、それがなくなったのは、物語ではなくて、スタインやペリオが登場する儼《げん》とした歴史的事実である。私はこの蔵経洞の中に立って、多少の感慨なきを得なかった。小説の世界と、現実とが入り混じり、錯綜し、それを解きほぐすのに、多少の時間を要した。[50]

敦煌文書の「いつ、誰が、なぜ」という謎に取り組んだ作家が、その地に立ってあたかも自分が「せっせとここに運び込んだ」かのような気分になり、目にした空洞とのギャップに戸惑っている。抑制された叙述だが、心中の抑えられぬ波立ちが伝わってくるようだ。

作家に感化されるスタッフたち

ＮＨＫ「シルクロード」の「敦煌」の回は、案内人たる井上の存在が大きく、壁画や仏像をたたえる井上の詩の朗読（声は宇野重吉）も独特の効果を挙げている。これには井上の作品の愛読者を含む、視聴者に対するサービスの意味合いもあっただろうが、そもそも「シルクロード」の制作スタッフが小説『敦煌』や作家本人から多大な影響を受けていた。
「敦煌」取材の様子は、番組放送後に出版された『敦煌――砂漠の大画廊』（「シルクロード　絲綢之路」第二巻）に詳しい。日本放送出版協会から刊行されたシリーズ全六巻は、NHK「シルクロード」の公式本であり、取材班が「取材をして帰ってきては放送を出し、本の原稿を書いてまた取材に出かけるというあわただしい自転車操業[51]」の中で書いたものだった。『敦煌』は一九八〇年六月一日初版であるが、筆者が手に取った一冊は、奥付によれば同年十月で早くも第一〇刷である。驚異的な売れ行きだ。

本の冒頭には井上靖による「敦煌と私」「玉門関、陽関を訪ねる」「河西回廊の旅」「敦煌詩篇」「小説「敦煌」ノート」が掲載されており、本全体の四分の一は井上の文章である。「敦煌と私」は敦煌の歴史的な位置づけを概説するものであり、「玉門関、陽関を訪ねる」「河西回廊の旅」「敦煌詩篇」は取材旅行の記録にあたる。そして本書第一章でもしばしば引用している「小説「敦煌」ノート」は、作品が書かれた背景や現地を訪れた心情を述べた貴重な一文である。

「シルクロード」の撮影より前に一度敦煌を訪ねた井上靖は、取材班にとって重要な情報源であり、番組の企画にあたっても頼りにするところが大きかったようである。「シルクロード」制作の日本側責任者である玉井勇夫チーフ・プロデューサーは、井上靖からの影響の大きさを次のように述べている。

敦煌を語るときの、シルクロードを語るときの、井上靖先生の表情はいつもきわめて印象が深い。先生の語り口は、言葉をよく吟味して話されるので、むしろとつとつとしているが、内に秘めた情熱が目に表れる。彼地への憧憬や畏敬の念が、言葉とともに目で語られるのである。

そして語り続けられるほどに、その眼光は若々しく純粋になる。現地を踏まずして小説「敦煌」を書かれた先生が、後に初めて敦煌の地を踏んだ感激を話されるときなど、その瞳は、この世の不思議を見つけて母親に駆け寄って訴えかける、あの子どものそれのように弾んでいる。

試みにお好きな敦煌石窟初期の傑作、二百七十五窟の交脚弥勒菩薩の話をされる先生の様子を再現してみると、

「美しいですねェ。立派ですねェ」

(と、遠くに菩薩の幻を見るような目付になって)

「……私には何かこう……」

(絶句して小さく唾をのみこんで)

「天の星座にでもおすわりになっているように見えるんです……」

(と、若い求道者のようなすがすがしい眼差で一座を見まわす)

私たちスタッフは、ときどき世田谷のお宅を訪問してお話をうかがうが、こうした先生の情熱に魅了されて、いつのまにか皆が口々に喋りはじめ、座は深更におよび、ときに夜明けを迎えるに至ったりする。そしてその間に、スタッフのシルクロードを見る眼が自然に養われていくので

ある。[52]

井上靖は壮年期は執筆第一で娯楽も少なく、世間の流行にも疎かったというが、晩年に近づくほど人付き合いがよくなり、自宅に編集者やメディア関係者を呼んで酒を酌み交わしながら談笑するのを好んだ。正月になれば百人を超える客が集まることが恒例だったと、次男の井上卓也は回想している。[53] NHKのスタッフも日頃から座に連なっていたようだが、玉井勇夫の描写は、敦煌やシルクロードを語る時の作家の様子を克明に写し取っている。まさに作家の情熱がスタッフを感化したのであり、敦煌を目指す気持ちが盛り上がっていったのである。

『敦煌――砂漠の大画廊』は、NHKのスタッフ三人が取材記録を書いており、最初の「一路、敦煌へ」を書いた和崎信哉・NHKスペシャル番組班ディレクターは、蘭州から酒泉へ向かう列車の中での感慨を次のように綴っている。

河西回廊――敦煌を目指す旅人は、いや、西域を目指す人びとは、この回廊を通らなければ西へは出られない。武威・張掖・酒泉、そして敦煌へと河西回廊は続く。

荒涼としたゴビ、白く輝く祁連《きれん》の嶺々。車窓を流れる坦々とした光景を見ていると、いつしかこの回廊を舞台にドラマチックに生きた趙行徳や、一徹な部将、朱王礼《ママ》、隊商を組んで活躍した西域的な人物、尉遅光《うっちこう》のことが頭に浮かぶ。井上先生の小説『敦煌』の主人公たちである。今、眼の前に広がる茫々とした光景が、あの『敦煌』の舞台なのである。しかも井上先生は実際にこの地を踏まずして小説『敦煌』を書かれた。そう考えると、冷たく荒涼とした大地からも、何か暖かいものが伝わってくる。(54)

慣れない長距離列車での旅、車窓に映る茫漠とした辺境の風景も、「あの『敦煌』の舞台」と思えばこそぬくもりを感じられる。つまり作家のみならず、NHKのスタッフたちにとっても、この旅は小説『敦煌』の主人公の足取りを追体験する意味合いがあったのである。

次に田川純三・教養番組班チーフ・プロデューサーが、取材記録の中心である「敦煌莫高窟」を書いている。蘭州から列車で一八時間かけて酒泉へ、一日はさんで三日目にジープで敦煌を目指し、ようやく敦煌文物研究所に到着して旅装を解いた時の心情は以下のようであった。

部屋のなかの整理を一段落させると、私は外へ出た。疲れてはいたが、敦煌莫高窟第一夜をこのまま眠ってしまってはもったいない、という気持であった。(中略)

想えば敦煌への憧憬は、学生時代に胚胎していた。ひと口に敦煌学五十年というが、幾多の泰斗や碩学の敦煌にたいする学識や想念の蓄積が私たちの前にはあった。血湧き肉躍る探検記もある。そのいくつかに接してはいた。だが、敦煌への憧憬が決定的になったのは、一九五八年一月、東京で開かれた「敦煌芸術展」を見たことによってだったと思う。そこには敦煌文物研究所の人びとの筆になる壁画模写二百点余りが展示されていた。それまで見た敦煌壁画の写真集などは、ほとんどすべてがモノクロームであり、彩色の模写の質感に眼の鱗を落とされる思いであった。「どこでもいい、一度は踏みたいと思う広大な中国。その奥地の砂漠のなかの石窟の鮮やかな色彩……」と、展覧会を見た時のメモに、私はそう記している。（中略）

こんどは模写ではなく、ほんものが、今、眼の前にある。百メートルもない、文字通り指呼の間にある。(55)

田川純三は慶應義塾大学で中国文学を学んでおり、「シルクロード」のあとNHK特集「大黄河」（一九八六～八七年放送）を企画した人物である。その後も豊富な中国取材経験を活かし、個人でも『杜甫の旅』など多くの著作を発表した。その田川が莫高窟への興味をかきたてられ、中国を訪問したいと切望したきっかけが「中国敦煌芸術展」だったのである。この展覧会が多くの日本人を引きつけたことは第一章で述べたが、会場に足を運んだ一〇万人のうちの一人が、「敦煌」の取材を果たしたことに歴史の巡り合わせを感じずにはいられない。

スタッフがそれぞれ敦煌に深い思い入れを持っていたことで、NHK「シルクロード」の中でも「敦煌」の回は独特な雰囲気を醸し出していた。取材班は敦煌の町にある宿舎でなく、莫高窟のすぐ傍らにある敦煌文物研究所の招待所に逗留することを特別に許可されていた。しかも一か月という、普通の旅行者には望むべくもない贅沢な時間を与えられたのである。

番組は、莫高窟の代表的な壁画の紹介がメインではあるものの、最初と最後の二度にわたって古文書が発見された第一七窟に焦点をあて、小説『敦煌』発表以後に判明した窟の由来（もとは僧・洪辯の塑像を飾る場所であったこと）が紹介される。第一七窟をのぞきこむ井上靖の姿も見られるので、小説のファンにとっては満足感がある。しかし小説を読んでいない者や、莫高窟について初めて知る視聴者にとってはわかりにくいきらいがあり、番組放送当時、「遺跡をじっくり見たい人にはもの足りないだろうし、紀行ものとして気楽に見るには専門家的すぎる」(56)と手厳しい批評も寄せられた。ただし厳しい批評もまた、「敦煌」の回に対する評者（ひいては視聴者）の期待が高かったことの裏返しであろう。

「何を撮るか」をめぐるズレ

ＮＨＫは中央電視台と共同取材協定を結び、両局がスタッフを出し合って共にシルクロードの取材にあたり、番組はそれぞれが制作して放送することを取り決めていた。国際共同制作という方式自体、ＮＨＫにとっては初めてであったが、中国しかも自然環境の厳しい内陸部での長期取材は想像以上に苦労が多かったようだ。

企画の発案者で、「シルクロード」取材班の一員であった鈴木肇ディレクターは、取材中のエピソードを「中国電視台事情――テレビ、シルクロードを行く」(57)という体験記にまとめている。それによれば、ＮＨＫのスタッフと中央電視台のスタッフとでは、何を、どのように撮るかについてかなり大きな認識のズレがあった。ドキュメンタリーとしてありのままの中国の姿を撮りたいとするNHK側に対し、中国側はカメラの前をさえぎってまで「見せたい」中国を撮らせようとするのである。一例として挙げられているのは、西安から二〇〇〇キロ離れた哈密《ハミ》という町で、特産のハミウリを収穫する風景を撮影しようとした時のことである。

宿舎を出発しようとすると、十人ほどの娘さんが私たちのマイクロバスに乗り込んできた。彼女たちの顔をみると、ゆうべ私たちのためにウィグルの民族舞踊を見せてくれた文工隊の面々である。「撮影の見物にでも来るのだろう」、私はてっきりそう思っていた。

ところが、ウリの収穫を写しはじめようとすると、彼女たちが一斉にウリ畑に散らばって、ウリを集めるのであった。本当の農民はというと、彼らは私たちのカメラのそばに立って、撮影風景を見物している。[58]

NHK側はさっそく「不自然だ」と申し入れたが、中国側は女優の方が美しく写る、と聞き入れない。議論したが物別れとなり、結局NHK側は農民を、中国側は女優を別々に撮影した。この種の対立は撮影の間中少なくなく、鈴木ディレクターは考えられる理由として、この番組が中国にとってドキュメンタリーではなく「教育映画」であることを指摘している。近代化や国際化に乗り出そうとしている中国は、国家としての意気込みを国民に見せつける必要があるため、画面に登場する人々は普通の人間ではなく「スター」でなければならないのだろう、と推測した。

文化大革命（一九六六～七六年）の時代には、文学・芸術（映像作品を含む）はイデオロギー宣伝のための手段とされ、社会の「光明」と「暗黒」の描き方や、人物の「善玉」と「悪玉」の描き方などにはきまりがあった。労働者・農民の貧しさや後れた生活環境などをことさらに描くことは許されなかったのである。そうした教条主義的な観念が変わったのは、文革終了後にいち早く中国で紹介された日本映画の影響が大きいという。中国で最も早く紹介され、かつ広範な影響を与えた映画は高倉健主演『君よ憤怒《ふんど》の河を渉《わた》れ』（佐藤純彌《じゅんや》監督、一九七六年日本公開）であり、内容と技術の両面で従来の映画観を打ち砕くインパクトがあった。これが中国で上映された経緯などについては次章で詳述するが、一九七九年に「シルクロード」の撮影を開始した時、中央電視台のスタッフもすでに『君よ憤怒の河を渉れ』をはじめとする日本映画に注目していたと思われ、NHKとの合作で新しい撮影技術を学べるという期待があったはずである。しかし、何を、どのように撮るかについて、観念の隔たりは大きく、文革中に染みついたセオリーをなかなか捨て去ることができなかった。映像制作においてはまさに過渡期であり、日中両サイドの衝突が少なくなかったのも仕方がない。逆に言えば、こうした衝突を通して互いを発見し、理解していくプロセスだったと見ることができる。

日中共同取材の実態

「シルクロード」の「敦煌」の回の撮影は、狭い窟の中に機材を入れること自体が難しく、電源の確保や照明効果など、多くの点を考慮しなければならなかった。中央電視台のスタッフは蘭州からずっとNHK取材班に同行しており、中国側の団長屠国璧はカメラマンでもあった。両国の知恵を絞った撮影の様子を、田川純三は具体的に綴っている。例えば、唐代の七尊像が飾られた第四五窟の撮影についてである。

四十五窟は、四メートル四方ほどの、どちらかといえば小窟に属する。だが、私たちは、ここでの撮影に、午後いっぱいと、さらに夕食後夜十時に至るまでの時間を費やした。宝の山に入って宝をとってこないというわけにはいかない。撮影にさまざまな工夫を凝らした。

たとえば、暗闇のなかから、菩薩像だけが浮き上がるようにしたい。その妖艶といえるほどの美しさが強調できるにちがいない。こうした場合、まず菩薩像にだけ当てるべき照明の位置を決め、照明のコードをス

第45窟の脇侍菩薩　盛唐期のもので、莫高窟全塑像の白眉とされる
（撮影：大塚清吾）

ライダックスと呼ぶ装置につなぐ。それは、ゼロから所定の光量まで、スライドするように、滑らかに上げることができるようになっている。そうすれば、像は暗闇から浮き上がるのだ。だが、この時、日本から携行したその装置はこわれていた。どうしても修理は不可能だし、中国にはない。

ここで、ひとつのアイディアを提案してくれたのが、中国側の照明マン孫永福さん（今回の照明は、すべて中国側が担当）であった。電源車は、ガソリンを燃料として稼働している。ならば、給油回路を閉じておいて、それを次第に開けていけば、同じ効果が期待できるのではないかというのである。

私たちは、さっそく孫さんの提案を試みてみた。だが、もともとそのために滑らかに光量が上がるようにつくられたスライダックスとちがって、頑丈を旨とした固い給油レバーである。はじめは、スムースにライト・アップするというわけにはいかなかった。しかし、孫さんや解放軍の兵士たちが何度も試みることによって、次第に所期の効果があがるようになった。窮すれば通ず――これも辺境のシルクロードでの日中共同取材のひとコマなのである。(59)

NHKのスタッフが持ち込んだ最新鋭の機材は、長い道中車に揺られたせいなのか、壊れて肝心の時に役に立たない。日本人ならすぐあきらめてしまいそうなところ、中国側が原始的ではあるが確実な方法を思いつく。外国の取材班が長期滞在するとあって、物資の搬送などに人民解放軍が動員されており、力のある兵士たちのおかげで、固い給油レバーの操作に成功した。実際に放送された「敦煌」では、第四五窟の七尊像が「日本の仏たちの源流」として紹介されており、菩薩の白いふくよかな顔が暗闇に浮かび上がる場面がある。また、二体の菩薩だけ先にライトがあたっており、そのあと窟全体の照明が明るくなり全貌が現れる場面もある。これらが日中合作の照明効果であり、スタッフの工夫のあとなのであろう。

日本人の中国イメージ

ＮＨＫ「シルクロード」の放送は、一九七〇年代までの広義のシルクロードブームに欠けていた最後のピースをはめこんだ。それが「中国」だった。閉ざされていた中国との地道な交流を続けていた人々の努力と、世界情勢の変化が後押しして、「最後の秘境」の扉が開いたのである。こうして、東洋と西洋をつなぐものとしてのシルクロードが、現代において初めて開通したと言える。

ＮＨＫ「シルクロード」は「日中共同取材」というタイトルを大きく掲げていたため、シルクロードが本来の東西交通路ではなく、取材対象となった地域（主として新疆ウイグル自治区）を指す用語として視聴者に受け取られた可能性もある。[60] また、番組に登場した中国人の多くがウイグル族などのいわゆる少数民族であり、彼らの牧歌的な生活風景が紹介されたため、視聴者の中国理解を偏ったものにしたことも否定できない。

しかし、ここまでの検証を通じて、一九七〇年代末までの日本人のシルクロードに対するイメージは、そもそも中国を除外する形で形成されたことを指摘しなければならない。戦後中国との国交がなかった時代に日本の国際化は否応なく進み、日本は中国を飛び越して中東やヨーロッパなどの西方世界と関係を深めていった。東西冷戦下で日本が「西側」の一員だったことも、心理的に日本人を西方世界と同化させたかもしれない。また広義のシルクロードブームの中で、中央アジア（当時ソ連領）やインドに先に親しんだ結果、漢民族が居住する中国中心部（中原）より、多くの民族が交錯する周辺部の方が、世界への接点として魅力的に映ったのではないだろうか。

歴史を振り返ってみれば、遣唐使の時代から、日本人は唐の都長安に集まる世界の文化に接しており、「唐《から》」は中国であると同時に世界を意味していたのである。とすれば、日本人にとって本来の中国イメージは、漢民族だけから成るのではなく、さまざまな民族や文化が共存し、自らもそれに連なることができる場所だったのではないだろうか。

一九八〇年代以降の中国では、改革開放政策の進展に伴い、沿海部の開発が先に進んで内陸部は相対的に立ち後れていく。ビジネスや観光で中国を訪れる日本人は、都市部の急速な現代化や、人口の九割を占める多数派の漢民族の暮らしを新たに発見することになる。古代の歴史と密接につながったシルクロードのイメージと、隣国としての存在感を徐々に発揮していく社会主義中国のイメージが、コインの裏表のように共存する時代が始まる。

註

（1）「NHKの放送受信契約数の推移」（総務省情報通信統計データベース）によれば、NHKの受信契約数は一九五五年の段階で約一六万にとどまっていたが、成婚パレード翌年の一九六〇年には約六八六万と爆発的に増えており、一九六五年にはさらに伸びて一八二二万を記録した。http://www.soumu.go.jp/johotsusintokei/field/housou01.html

（2）『読売新聞』一九六一年三月九日朝刊六面の東京オリンピックを特集する連載記事「あと三年」⑥による。桑原武夫と藤枝晃以外のメンバーは、山下孝介（生物学）、今西錦司（社会人類学）、羽田明（東洋史）、織田武雄（史学地理学）、小野三正（史学）の五名（各人の専門分野は記事のとおり）。

（3）「聖火リレーに名案を伝授　探検家のヘヂン博士」『東京朝日新聞』一九三七年三月十七日朝刊八面。

（4）夫馬信一『1964東京五輪聖火空輸作戦』原書房、二〇一八年、五二頁。ヘディン案の詳細は川本信正「オリンピック物語（四）聖火リレー」（『東京都オリンピック時報』四号、東京都オリンピック準備局、一九六一年二月）によるという（筆者未見）。

（5）「東京オリンピック聖火リレー　大陸コース踏査隊を派遣」（社告）『朝日新聞』一九六一年六月十二日朝刊一面。これを皮切りに連載された記事を参照した。聖火リレーが陸路案から空輸案へと傾いていく経緯や、空輸の実態などは前掲『1964東京五輪聖火空輸作戦』に詳しい。また、NHKの特設ホームページ「東京2020オリンピック」より、「1964東京オリンピックの聖火リレー」も参照した。https://sports.nhk.or.jp/olympic/torch1964/

（6）「交流の跡　絹の道にたどる　ユネスコの総合調査「砂漠ルート」」『朝日新聞』一九九〇年七月二十六日朝刊一五面。

（7）「年別　出国日本人数の推移」日本政府観光局ホームページより。https://statistics.jnto.go.jp/graph/#graph-outbound-outgoing-transition

（8）外務省「わが外交の近況（第九号）」一九六五年七月（記述の対象は一九六四年四月一日から一九六五年三月三十一日）より「邦人の海外渡航」。https://www.mofa.go.jp/mofaj/gaiko/bluebook/1965/s40-contents.htm　なお、海外旅行自由化の状況全般については、小牟田哲彦『旅行ガイドブックから読み解く明治・大正・昭和――日本人のアジア観光』（草思社、二〇一九年）を参照した。

（9）外務省「わが外交の近況　昭和四四年度（第一四号）」一九七〇年六月（記述の対象は一九六九年四月一日から一九七〇年三月三十一日）より「一九六九年（暦年）の一般旅券の目的別・渡航先国別（延数）統計表」。https://www.mofa.go.jp/mofaj/gaiko/bluebook/1970/s44-fuhyou-8.htm

（10）「シルク・ロードへ踏査隊　「三蔵法師の道」手引に」『朝日新聞』一九六五年十一月二十九日朝刊一四面。

（11）深田久弥『シルク・ロード』角川新書、一九六二年初版、五頁。

（12）同右、七五〜七六頁。

（13）『中島敦全集』第一巻、筑摩書房、一九七六年、五〇三頁。

（14）「深く静か　シルクロード・ブーム」『朝日新聞』一九七六年四月十九日夕刊三面。

（15）「シルクロードと日本人」（森本哲郎の寄稿文）『朝日新聞』一九七七年八月五日夕刊三面。

（16）外務省「わが外交の近況　昭和四八年版（第一七号）」一九七三年八月（記述の対象は一九七二年四月一日から一九七三年三月三十一日）。https://www.mofa.go.jp/mofaj/gaiko/bluebook/1973/s48-fuhyou-10.htm#m560

(17)『月刊シルクロード』一九七七年七月号および八・九月合併号所載の広告による。

(18)『月刊シルクロード』のうち、筆者が直接見ることができたのは一九七七年六月号（第三巻第五号）以降で、それ以前の号については「オアシス」と題する編集後記（一九七九年七月号）や「バックナンバーのご紹介」（一九七八年十二月号）および CiNii 所載の書誌情報に基づく。

(19)長澤和俊「シルクロードと日本人」（『月刊シルクロード』一九七七年十一月号）四〇頁。

(20)「奥さま登場　第二部　8」『読売新聞』一九七二年十一月三日朝刊二〇面。

(21)同右。

(22)「シルクロードの夢果てなく」『読売新聞』一九七三年三月二十日朝刊一七面。

(23)馬場公彦『戦後日本人の中国像――日本敗戦から文化大革命・日中復交まで』新曜社、二〇一〇年、一〇〇頁。

(24)『毎日新聞』一九七〇年四月三十日朝刊一三面。

(25)『朝日新聞』「天声人語」一九七二年九月二十六日朝刊一面。

(26)内閣府「外交に関する世論調査」（調査時期：一九七五年七月二十六日から八月一日）。https://survey.gov-online.go.jp/s50/S50-07-50-11.html

(27)一九五七年には美術史家で現在成城大学名誉教授の東山健吾（鄧健吾、一九三一～）も敦煌を訪れている。東山は台湾にルーツを持ち、東京に生まれた。一九五三年に東京藝術大学を中退し北京の中央美術学院に留学、同学院美術史美術理論系の兼任講師を務めていた五七年に初めて敦煌を訪れた。以来、敦煌莫高窟のほか雲崗石窟、龍門石窟、麦積山石窟、炳霊寺石窟などの調査研究を重ねたが、文化大革命で迫害され調査資料の大部分を失った。一九七三年に日本に帰国、七七年から敦煌莫高窟の調査を再開し、『敦煌への道』（写真：石嘉福、日本放送出版協会、一九七八年）や『敦煌の美術――莫高窟の壁画・塑像』（大日本絵画巧芸美術、一九八〇年）などで豊富な写真と共に莫高窟を紹介した。敦煌研究院院長段文傑の『美しき敦煌』（潮出版社、一九八六年）の翻訳もしている。東山は早い時期に中国留学をしたため、「往来が難しい日本から敦煌を目指した人物」という本書の文脈に当てはまらないが、一九八〇年代のシルクロードブーム以前から、学術的見地に基づく知識を普及させたことや、七七年以来成城大学文芸学部で教鞭を執り中国仏教美術史研究で多くの人材を育てるなど、日本人の敦煌理解に多大な貢献をした。

（28）陳舜臣『敦煌の旅』（「西域シルクロード全紀行」1）読売新聞社、一九九五年、一三七頁。

（29）陳舜臣・NHK取材班『長安から河西回廊へ』（「シルクロード　絲綢之路」第一巻）日本放送出版協会、一九八〇年、七七頁。

（30）同右、七八頁。

（31）「NHKアーカイブス」ホームページより番組エピソード「NHK特集「シルクロード――絲綢之路」から、NHKスペシャル「新シルクロード」へ」。https://www2.nhk.or.jp/archives/search/special/detail/?d=special002

（32）前掲『長安から河西回廊へ』七八頁。

（33）同右、二四四頁。同じ趣旨のことは玉井勇夫「「シルクロード」の取材を終えて」『毎日新聞』一九八〇年十月二十七日付夕刊六面にも書かれている。

（34）「NHKアーカイブス」ホームページより番組紹介「未来への遺産」。https://www2.nhk.or.jp/archives/tv60bin/detail/index.cgi?das_id=D0009010183_00000

(35)「ＮＨＫアーカイブス」ホームページより番組紹介「マルコ・ポーロの冒険」。https://www2.nhk.or.jp/archives/tv60bin/detail/index.cgi?das_id=D0009040506_00000

(36)日本テレビ編『日テレドラマ半世紀』日本テレビ放送網、二〇〇五年、一五七頁。

(37)「ＮＨＫアーカイブス」ホームページより番組エピソード「１９８０（昭和55）年度　テレビが発掘したシルクロード文明」。https://www2.nhk.or.jp/archives/search/special/detail/?d=special013

(38)前掲「ＮＨＫ特集「シルクロード――絲綢之路」から、ＮＨＫスペシャル「新シルクロード」へ」。シルクロードの取材許可が下りた日付について、『読売新聞』一九八一年十月九日夕刊三面の連載「ＮＨＫの24時」第一四三回では、一九七九年一月二十日だったとしており、約一か月の差がある。

(39)『朝日新聞』一九七八年十月二十七日朝刊三面。

(40)「ＮＨＫの24時」第一四二回『読売新聞』一九八一年十月六日夕刊三面。

(41)「シルクロードを日中で取材」『朝日新聞』一九七九年四月十九日朝刊二三面。

(42)前掲『長安から河西回廊へ』二四四頁。なお『読売新聞』一九七九年五月十二日夕刊五面の記事「シルクロードを日中合作」によれば、シルクロードの取材を申請していたのは日本の民放約二〇社、外国の放送局約五〇社であるという。また『読売新聞』一九八一年十月九日夕刊三面「ＮＨＫの24時」第一四三回には「七十余の映画、テレビ局からの入域申請」とあり、日本を含む世界各国からの申請七〇余というのが妥当な数字であるようだ。註41の記事は数字を少なく書いていることになる。

(43)前掲「ＮＨＫ特集「シルクロード――絲綢之路」から、ＮＨＫスペシャル「新シルクロード」へ」。

(44)同右。

(45)記事が書かれた二〇〇五年までの統計による。前掲「１９８０（昭和55）年度　テレビが発掘したシルクロード文明」。
(46) 井上靖「敦煌を訪ねて」『井上靖全集』別巻、二〇三頁。
(47) 井上靖「小説「敦煌」の舞台に立ちて」前掲書、二〇七頁。
(48) 例えば「敦煌　砂に埋まった小説の舞台」『井上靖全集』別巻、二一三頁で、井上は敦煌をその目で見た時の感想をこのように綴っている。
「各地で同行者から、

――実際に小説の舞台に立ってみて、感想はどうか。書き改めなければならぬ所はないか。という質問を受けたが、その度に、

――残念ながら、小説の舞台になっている所は、どこも砂の中に埋まってしまっている。掘り出してみたら、小説の中の町と同じ町が出て来るだろう。

私はいつも、そう答えた。実際にどこも古い町は砂の中に埋まり、その上か、その附近に、現在の町は造られていた。」
(49) 前掲「小説「敦煌」の舞台に立ちて」『井上靖全集』別巻、二一〇九頁。
(50) 同右、二〇九頁。
(51) 井上靖・NHK取材班著『敦煌――砂漠の大画廊』(「シルクロード　絲綢之路」第二巻) 日本放送出版協会、一九八〇年、二四三頁。
(52) 同右、二四二頁。
(53) 井上卓也『グッドバイ、マイ・ゴッドファーザー――父・井上靖へのレクイエム』文藝春秋、一九九一年、一〇四頁。

(54) 前掲『敦煌――砂漠の大画廊』七八～七九頁。
(55) 同右、一〇八～一一〇頁。
(56)『朝日新聞』一九八〇年六月二日朝刊二四面（テレビ欄）「試写室」より。
(57) 鈴木肇「中国電視台事情――テレビ、シルクロードを行く」『中央公論』一九八一年六月号、一八二～一八八頁。
(58) 同右、一八五頁。
(59) 前掲『敦煌――砂漠の大画廊』一六六～一六七頁。
(60) 例えば京都外国語大学元教授で西南アジア史専門の堀川徹は、『日本大百科全書』（小学館、参照したのはデジタル版）の「シルク・ロード」の項で以下のように書いている。「シルク・ロード史観は、中央アジア史研究の分野においては、もはや主流ではないものの、ＮＨＫの報道番組「シルクロード」の放映（１９８０～８１年、１９８３～８５年）を機に爆発的な高まりをみせたシルク・ロード・ブームを支え、東西交通路のみならず、それが通過していた地域をも「シルク・ロード」とよぶ、独特の呼称を生み出すなど、わが国における中央アジア観の形成に大きな影響を与えている」。

第三章　改革開放と映画『敦煌』

映画『敦煌』の一場面（東宝、一九八八年公開）

井上靖の『敦煌』が長く読み継がれたのは、NHK「シルクロード」の大ブームに沸く一九八〇年代に映画化されたことも理由の一つである。この章では日中合作映画『敦煌』（佐藤純彌監督、一九八八年公開）の製作の背景を検証する。改革開放政策が始まった中国では、外国からの資本や技術の導入に伴い、外国の文化・風俗の影響が広まっていった。それ以前の文化大革命の時代（一九六六〜七六年）に禁欲的な生活を強いられた中国の人々は、日本映画を通じて現代的な都市生活にあこがれるようになる。一方日本人は、日中平和友好条約締結後、往来が可能になった中国に対して大きな関心を寄せ、ビジネスや旅行の機会を利用して直接中国を体験するようになる。一九八〇年代は、日本人が中国人と生身の人間として付き合い始めた時代であり、映画『敦煌』の製作スタッフにもそれぞれの体験や、それぞれの思いがあった。『敦煌』のストーリー自体は千年も昔のことであるが、映画の舞台裏には二〇世紀の人間模様があったのである。

一、日中映画界と徳間康快

『君よ憤怒の河を渉れ』

日本在住の映画史研究家・劉文兵（一九六七〜）は、日中の映画交流に関する優れた著作をいくつも発表しており、とりわけ自らの青少年期の体験に基づき、一九七〇年代後半以降に上映された日本映画が中国人の思想や生活に与えた衝撃を語っている。中でも高倉健主演『君よ憤怒の河を渉れ』（佐藤純彌監督、一九七六年日本公開）は、中国で最も早く紹介された日本映画であり、今日中国を代表する映画監督となった張芸謀《チャンイーモウ》にも強い影響を与えたことで知られる。高倉健の没後には、ジョン・ウー監督によってリメイクされ、『マンハント』として二〇一八年に公開された。

映画『君よ憤怒の河を渉れ』（松竹、1976年公開）ポスター

『君よ憤怒の河を渉れ』は、代議士の変死事件を捜査しようとした主人公の検事が、政界の黒幕にはめられて濡れ衣を着せられ、警察の追及をかわしながら逃亡するというストーリーである。重い内容でありながら、場面展開の速さやシンセサイザーによる音楽が現代的なリズムを醸し出す。一方、主人公が逃亡先の北海道で恋仲となるヒロインが牧場主の娘という設定であるため、その役柄を活かすために、新宿の繁華街を大量の馬が疾走するという驚愕《きょうがく》の見せ場もある。娯楽映画に徹したと言えばそれまでだが、今日的な視点からは違和感を覚える部分が少なくなく、映画史上も高い評価を得た作品であるとは言いがたい。

しかし劉文兵によれば、[1]一九七八年十月の第一回「日本映画祭」で上映されて以来、中国ではセンセーションを巻き起こし、高倉健とヒロイン中野良子のファッションやヘアスタイルをまねることが大流行した。その理由として劉は、中国では従来悪とされてきた資本主義や都会生活が、作品中ではポジティヴに示されたことで、抑圧されてきた物質的な欲望に火が付いた、と指摘する。のみならず、主人公が正義を貫き悪を暴き、自らの潔白を証明して名誉を回復するというストーリーが、文革における権力闘争や冤罪・迫害事件にうみ疲れた中国人にカタルシスを与えたことを挙げる。つまり『君よ憤怒の河を渉れ』は、一九七〇年代末の中国人が、物質・精神それぞれの面において渇望していたものを満たした作品だったのである。

一九七六年の毛沢東死去、四人組逮捕を経て文化大革命が終了し、中国は改革開放政策へ向けて転換していくが、一九七八年十月という早い時期に「日本映画祭」が開催されたのは、プロデューサーとしての徳間康快《やすよし》の役割が大きかった。『敦煌』の製作にも関わるため、まず徳間と中国の関わりについて述べておくことにする。

徳間康快と中国

徳間康快（一九二一〜二〇〇〇）は実業家・映画プロデューサーとして一九七〇年代から数々の作品を手がけた人物で、若い世代にはスタジオジブリの初代社長と言った方がわかりやすいかもしれない。徳間書店社長として出版業から始め、一九七四年に経営難の大映を傘下に収めて映画業界に進出。『君よ憤怒の河を渉れ』は、徳間書店から出版した西村寿行《じゅこう》の原作小説を大映が映画化したものであった。

徳間については映画ライターの金澤誠による伝記『徳間康快――夢を背負って、坂道をのぼり続けた男』（文化通信社、二〇一〇年）と、佐高信『飲水思源――メディアの仕掛人、徳間康快』（金曜日、二〇一二年）があり、中国との関わりについて断片的ではあるが多くの記述がある。また、前出の劉文兵が日中の映画交流という面から複数の著作で言及しており、中でも「日中映画交流のオーガナイザー――徳間康快の「中国」」(2)では、中国側の資料も参照しつつ、時代の要請により中国側から「起用された」徳間の実像について検討がなされている。ここではそれらの先行文献に依拠しながら、徳間と中国の関わりを跡づけていくが、それは日本の財界人が戦争に対する贖罪《しょくざい》意識を持ちながら、戦後の中国とどのように向き合ったかを示す一つのケースとして注目される。国交正常化以前の民間貿易（第二章参照）を推進した財界人の中に、戦争や引き揚げの体験を持っていた人が少なくなく、国交正常化実現のための大きな力になったことはよく指摘される。徳間が出版や映画の分野で成し遂げたこともまた、広い意味で日中関係への貢献と言うことができるだろう。

徳間は神奈川県横須賀市に生まれ、逗子開成中学で学んでいた頃から新聞記者を目指していたという。また、学生時代から「日本は中国と戦争してはいけない」という思いがあったといい(3)、直接的なきっかけは明らかでないものの、中国との戦争に突き進む日本に対する反発があったようである。一九四二年に早稲田大学専門部商科を卒業し、念願かなって読売新聞の記者となるが、戦後に会社首脳陣の戦争責任を追及する「読売争議」で指導的な役割を果たし、その結果会社を追い出されることになった。徳間は当時の妻で活動家の宮古みどりの影響で共産党に入党しており（のちに除名）、共産党の東大細胞の幹部だった渡邉恒雄（現・読売新聞グループ本社代表取締役主筆）と知り合い、その紹介で氏家齊一郎（元・日本テレビ放送網代表取締役会長）とも親交を結ぶことになった。

その後徳間はいくつかの新聞社や雑誌社を転々としたが、一九五四年に東西芸能出版社社長となり、『アサヒ芸能新聞』の発行を引き継いだことを契機に、映画界と関わるようになる。さらに、一九五六年には『アサヒ芸能新聞』をタブロイド新聞から雑誌『週刊アサヒ芸能』へ変身させ、折からの週刊誌ブームに乗って成功を収めた。一九五八年には社名をアサヒ芸能出版株式会社とし、週刊誌の連載小説で人気が出た大藪春彦の作品を単行本化するなど、出版業にも進出していく。一九六一年には新しく徳間書店を設立し、趣味や教養関連のジャンルを手がけるようになった。一九六七年にはアサヒ芸能出版の出版部門と合併して、株式会社徳間書店をスタートさせた。

出版業界に地歩を固めたことで、徳間の中国への思いは具現化されていく。一九六〇年代の日本は高度経済成長期に入っており、ビジネスマンや経営者がアメリカ式の経営法を導入する一方で、歴史や古典を通じて人材の用い方などを研究する風潮が起こっていた。例えば当時、山岡荘八の小説『徳川家康』が一〇〇〇万部を超えるベストセラーになったのは、それが経営者のバイブルとして読まれたからだという。アサヒ芸能出版は、古今の兵法書に関心が集まっていることに着目し、『孫子』の刊行を企画した。『徳間書店の35年』（一九八九年）によれば、企画のポイントは「ただの訳書」にはせず、原文、書き下し文のほかに「思いきった現代文の訳をつける」ことで、さらに「解説として、古今東西の史実を引用、紹介しながら、読物風に編集する」ことだった(4)。つまり現代に通じる中国古典というコンセプトであり、装丁も布クロス・函入りの「どっしりとしたもの」にしたということから、おそらく経営者の本棚に飾っても恥ずかしくない作りにしたのだろう。一九六二年に刊行された『孫子』(村山孚ほか共訳)は、初版四〇〇〇部がたちまち売り切れ、重版して一万部を超えるヒットとなり、翌年第二弾として『呉子』(村山孚ほか共訳)も同じスタイルで刊行された。現在でも「孫子の兵法」はビジネスマン向けの雑誌に繰り返し取り上げられる定番だが、徳間書店刊『孫子』はその先陣を切る本だったのである。

『孫子』『呉子』の成功を受けて企画されたのが、徳間書店刊行のシリーズ『中国の思想』(全一二巻、別巻一、一九六四年初版)である。春秋戦国時代の諸子百家の思想を一人一巻ずつにまとめ、平易な解説を加えたもので、「波乱の現代を生きぬく力をくみとる実践的人間学の書」(『中国の思想』巻末の広告)として一般向けに発売した。実用性を重視しているとはいえ、監修者として評論家・中国文学研究者の竹内好《よしみ》と、東京都立大学教授の松枝茂夫を迎えており、都立大中国文学科出身の若手研究者グループが執筆しているから、学問的水準を維持することも考慮されていた。

『中国の思想』刊行委員会による「『中国の思想』刊行にあたって」には、刊行当時の状況や、出版のコンセプトが以下のように説明されている。

ちかごろ各方面に東洋への還帰、または東洋古典の再興といったムードがあらわれている。ある意味でこれは、当然すぎるほど当然なことである。千数百年にわたって、われわれの教養の根幹になっているものを、百年そこそこで脱ぎ棄てるわけにはいかぬからだ。技術革新が進み、大衆社会状況が進めば進むほど、人間の内的充実がそれに見合って要求される。その要求を充たすものとして、キリスト教文明だけでは何としても片手落ちであって、他方に中国古典の支柱がバランスを保たなくてはならない。

それにしても、旧套のままでは、いかに深遠な内容でも、これを現代人の生活に適合させるのは困難である。古典への郷愁は一部ブーム化しており、注釈書は巷にあふれているが、それはみな専門家用であって、いそがしいビジネス世界の生活者にピタリとはいかぬうらみがある。要点だけを、現代的感覚に盛る試みは、まだほとんどなされていない。この欠を補うために、刻下の急務である新しい教養の体系づくりの一翼をになうものとして、ここに『中国の思想』全十二巻を提供する。(5)

本書でも先に述べたように、一九六〇年代は日本の経済発展と国際化が進んだ時代であり、海外旅行の自由化や、六四年十月の東京オリンピック開催という画期的な事柄があった。欧米式の生活やビジネススタイルが浸透してくる一方で、自らの足元を見直し、東洋人としての思想や教養を再確認しようという動きがあったことがうかがえる。シリーズ『中国の思想』は、一九六四年五月初版であるが、筆者の手元にあるものは八年後の一九七二年三月で一五刷となっている。増刷を繰り返し着実に売れたことが推察され、その後新装版、改訂版と版を重ね、文庫化もされているほか、現在は電子書籍としても提供されている。徳間書店を代表する刊行物になったと言えるだろう。

竹内好との交流

徳間康快が『中国の思想』の監修を務めた竹内好（一九一〇～七七）と親交を結んだことも、彼の中国観に影響を与えたかもしれない。竹内は戦前に魯迅の研究を始め、戦後まだ日中の国交がない時代に、中国を日本の文化や社会を映す鏡として論じる独特の評論で名を馳せた。一九五三年から東京都立大学で教鞭を執っていたが、日米安保改定問題で反対運動に加わり、岸信介政権による国会強行採決が行なわれると、公務員・教育者としての良心に反するとして一九六〇年五月に都立大を辞職した。アメリカとの同盟強化が、中国との国交回復を遅らせるとの懸念は、当時多くの日本人に共有されていたのである。その後竹内は講演・執筆や同志との研究活動に専念し、六〇年十一月に共同研究「日本のなかの中国」を始めた。この参加者を中心とした同人組織が「中国の会」で、六三年二月に月刊誌『中国』を創刊した。

徳間がシリーズ『中国の思想』の監修を依頼しようとした六三年の三月、竹内はちょうどスキーで足の骨を折り入院中だった。二人の社員に大きな果物籠を持たせて現れた徳間を、竹内は当初「ありがた迷惑」と思ったが、その竹内に対し、徳間は「畢生の念願である新聞経営について滔々《とうとう》と熱弁をふる」った。[6] 徳間の理想に共感した竹内は、『中国の思想』の話もそこそこに帰って行った徳間をおもしろがり、「快男子」と呼んでいる。こうした二人の共鳴が、『中国の思想』シリーズの成功につながったとも言えるだろう。

徳間との縁で、竹内らの雑誌『中国』にも新しい展開があった。『中国』は、創刊号から六号まで普通社の「中国新書」別冊付録として刊行され、第七号から第四八号までは自主刊行を行なっていた。その後、六七年十一月の第四九号より徳間書店が刊行することになり、国交正常化を受けて事実上停刊する七二年十二月の第一一〇号まで続いた。当初会員五〇〇人前後を対象とする同人誌だったのが、徳間書店という後ろ盾を得て市販が見込めるようになり、判型も新書版からA５判に改めた。雑誌『中国』新発足の披露パーティで、編集責任者の竹内は「わが生涯のもっとも晴れがましい日」とあいさつしたという。[7]

竹内好

馬場公彦『戦後日本人の中国像』によれば、一九四五年から日中の国交が正常化する一九七二年までに、『世界』『中央公論』など主要な総合雑誌に寄稿された中国関連記事の著者として、竹内は最多本数の六〇篇を誇る。しかし文化大革命が始まった直後（一九六六年）に竹内は評論家廃業宣言をし、『中国』という「自主的なミニコミ・メディア」に拠点を移して評論活動を続けた。[8] つまり、この時

月刊『中国』（徳間書店刊）

期の竹内にとって『中国』は執筆したものを発表するための重要な媒体であり、赤字続きの『中国』の刊行を引き受けてくれた徳間への感謝の念は格別だったと考えられる。

竹内が『中国』に連載していたエッセイ「中国を知るために」は、日本人の立場から中国を語る姿勢を貫き、ある時は日本人の日常の中に生きる中国文化を、またある時は時事的な問題を自由に組上《そじょう》に載せた。国交正常化への見通しがつきにくかった時代において、継続的に中国を語ること自体が関係回復への希望となり、読者に与えた影響は少なくない。「中国を知るために」は一九六七年から順次単行本化され（全三巻、勁草書房）、一九七〇年の毎日出版文化賞を受賞している。雑誌『中国』は国交正常化を見届け役割を終えた形で休刊し、「中国の会」も徳間書店との関係を解消したが、徳間書店は五年間にわたり『中国』の刊行を支えたことで、国交正常化に向けた世論形成に一定の役割を果たしたことになるだろう。

「中国映画祭」と「日本映画祭」

徳間康快は一九六六年九月に日本出版代表団の一員として訪中したのを皮切りに、一九七一年十月と一九七四年五月にも文革中の中国を訪れた。当時を知る日中文化交流協会常任理事の佐藤純子によれば、徳間は「中国に対する贖罪意識が強く、明確な歴史認識を持っている人」である一方、協会が主導する映画人の交流等には飽き足らず、商業的な上映を可能にすることで、「文学などよりも何十倍も大衆性がある」映画の特性を活かした日中交流を目指していた(9)。

徳間は六〇年代末から出版業以外にも貿易業や旅行業などさまざまな事業を手がけたが、そのうち映画やレコードなどのメディアを出版業と結びつけた総合的な情報産業を志向していった。一九七八年に徳間書店から日本初のアニメーション専門誌『アニメージュ』を刊行したことが、『風の谷のナウシカ』の製作やスタジオジブリの設立につながったように、時代が求めるものに対する嗅覚の鋭い人物だった。

おそらく徳間は、訪中団に加わり中国の現状を見聞きするにつけ、日本と中国の間には互いを知りたいという渇望があること、そしてそれが文化コンテンツを通じて可能であることを見抜いたのだろう。文革の終焉から改革開放に至る中国の歴史的転換期に巡り会ったことで、中国は彼の夢を実現する舞台としてにわかに大きな存在になったのではないだろうか。徳間は一九七六年十月に四人組が打倒された時も、ちょうど北京に滞在しており、「四人組粉砕」を祝う市民のデモを目にしたという。その直後に中国電影公司から日中の映画交流について打診を受け、とんとん拍子に日本で初めてとなる「中国映画祭」の開催が決まった。四人組逮捕からわずか五か月後の七七年三月のことである。

中国との映画交流事業を担当したのが、徳間書店の子会社である東光徳間だった。東光徳間には、

日本出版代表団の一員として訪中した徳間康快（右端、1966年５月、日本中国文化交流協会提供）

満洲からの引き揚げ者で、国共内戦期に人民解放軍の兵士として戦った経験もある森繁という人材がいた。劉文兵「日中映画交流のオーガナイザー――徳間康快の「中国」」によれば、一九五一年に帰国した森は、その経歴からなかなか定職に就くことができず困窮していたが、日中友好団体の助けで通訳などとして働くようになった[10]。森は、一九七二年の日中国交正常化以降、中国のニュース映画を輸入する仕事を始め、中国電影公司との信頼関係が築かれたことから、中国映画に本格的に関わることを志した。そして一九七六年頃、自らを徳間康快に売り込んだのだという。中国映画人の日本視察を、徳間の力を借りながら成功させたことで、森と徳間は中国に招待され、そこで「四人組粉砕」祝賀デモに出会ったということだ。中国語に堪能で、中国の事情にも詳しい森が徳間の片腕となったことで、東光徳間の事業も成り立ったということができよう。

一九七七年から一九九七年まで毎年日本で行なわれた「中国映画祭」について、東光徳間で働いていた田村祥子の証言がある。

映画祭も最初はチケットが売れなかったですし、収支はズッと赤字でした。でも80年代後半から徐々に映画祭だけではなくて、普通の映画館でも中国映画を上映していただけるようになって、90年代初頭には多少商業的になってきました。徳間社長が偉いと思うのは、国際的にもまったく中国映画が評価されていなかった時代から作品を買って、日本で一般の人に見せようとされたことです。社長としては、中国とは付き合っていきたかったのです。最初はおそらく商売的にも大きな構想があったと思います。でも当時、日本映画を中国に売るときには、大体1万ドル足らずの買取で日本側には歩合収入がなく、例えば『君よ憤怒の河を渉れ』が何億人の人が観ても、製作した日本側は潤わないんですよ。そういうこともあって儲けようという意識は、徳間社長にはそれほどなかったと思います。でもそうやって中国との人脈を作ったことが、後に『未完の対局』や『敦煌』を中国と製作する時に役立ったわけです。中国とほとんど無償で長く付き合った社長のような人物がいたからこそ、日本で中国映画が観られる土壌が築けたのだと思います。森繁氏も私も、日本における中国映画のことは自分がやっているんだという、自負を持って仕事をしていました。(11)

日本における「中国映画祭」はその当時、本書の筆者も含め、中国語を学ぶ学生や研究者であれば必ず一度は足を運んだ懐かしいイベントである。一九八五年に池袋・文芸座で行なわれた「中国

「中国映画新作フェスティバル」（1985年）のパンフレット（左）と『黄色い大地』の紹介

映画新作フェスティバル」で『黄色い大地』（陳凱歌《チェンカイコー》監督、一九八四年）が紹介され、「第五世代」（文革を体験し、文革後に映画学院などで学んだ世代）の監督たちの作品に注目が集まる契機となったことはよく知られている。『黄色い大地』は翌年、シネマスクエアとうきゅうでロードショーされたほか、『芙蓉鎮』（謝晋《シェチン》監督、一九八七年）や『紅いコーリャン』（張芸謀監督、一九八七年）など、徳間が買い付けた作品が次々に単館上映され、中国映画ブームを巻き起こした。つい十数年前に国交回復するまで、中国の庶民の暮らしなど知るすべもなかった日本の一般市民が、スクリーンを通じて彼の地の風俗や人情に接することができるようになったのは、画期的なことだった。

中国映画を日本に紹介するだけでなく、日本映画を中国に紹介することにも徳間は多大な資金と労力を費やした。一九七八年十月には、鄧小平の来日と日中平和友好条約批准を記念し、中国で第一回「日本映画祭」を開催した。先述した高倉健主演『君よ憤怒の河を渉れ』のほか、『サン

ダカン八番娼館 望郷』と『キタキツネ物語』という内容も作風も異なる三本を、北京・上海を含む八か所の主要都市で上映し、熱狂的な歓迎を受けた。その後、ほぼ毎年中国の主要都市で「日本映画祭」を開催し、そこで上映された七、八本の映画はその後中国の地方都市へ配給されるというシステムを作った。予算不足で通常のライセンス料(放映権料)が払えない中国側の事情をくんで、徳間自身が日本の映画会社を説得してまわり、採算度外視で出品してもらったという。[12]

日中の映画交流史における徳間について、劉文兵は、徳間が「親中派」でありかつ政治色が薄いことが中国側に気に入られたと推定している。その結果、東光徳間が日本側の唯一の窓口として、中国側の映画関連政策に関与することができたこと、それによって徳間個人が「ナルシシズム的な全能感(=日本での鬱屈するような閉塞感から解放された爽快感)」を味わうことができたことを指摘している。[13] 徳間率いる大映は、競争の激しい日本国内の映画界では必ずしも大きな力を持っていたわけではなかったからである。

しかし時代の変化、とりわけ中国の経済発展による中国と日本の関係性の変化に伴い、徳間のような「善意で身銭を切ってまで中国のために尽く」す人物の居場所がなくなったことを、劉文兵は示唆している。つまり、一九八〇年代という日中間ビジネスの創始期においては、ビジネスのノウハウが未熟である分、徳間のような個人に対する信頼で中国側が動く部分が大きかった。その人物が中国に対していかなる心情や信念を持っているかが、事業推進のための重要なファクターとなったのである。

二、映画『敦煌』の製作

小説『敦煌』の映画化に至るまでには、これまで述べたような国交正常化以降の日中映画界の交流、そして徳間康快の人脈が大きな影響を与えている。中国で熱狂的に受け入れられた映画『君よ憤怒の河を渉れ』の監督である佐藤純彌（一九三二〜二〇一九）が、まず戦後初の日中合作映画『未完の対局』（一九八二年公開）で共同監督（中国側は段吉順）を務め、その経験を買われて『敦煌』のメガホンを取ったことは、一連の流れの中にある。

日中合作映画『未完の対局』

『未完の対局』は、戦前に日本囲碁界で活躍した実在の棋士・呉清源をイメージした主人公と、日本人棋士との二世代にわたる交流を、日中戦争を挟む時代を背景に描いたものである。国交正常化十周年記念作品として、中国側が最初の脚本を作り、日本側に合作を申し入れた。しかし、佐藤純彌の証言によれば、その脚本が確定するまでには相当な苦労があった。時代状況の捉え方、描き方について、日中双方から出た脚本家の意見がなかなか一致せず、中国側担当者の入れ替わりも激しかった。特に日中戦争の描き方について中国側とかなりの議論になり、結局佐藤と段吉順監督が相談しながら、棋士とその家族が戦争によって翻弄されるストーリーを考えた(14)。

映画が日中両国で同時公開されたのは一九八二年九月のことで、折悪しく第一次歴史教科書検定問題が生じていた。日本の歴史教科書で中国「侵略」が「進出」という表現に変更されたことを受けて中国外務省が抗議したもので、劉文兵によれば、中国側では『未完の対局』をこの問題とからめて論じる批評が大半だったという。

（それらの批評では＝引用者註）「日本軍国主義者は、中国人民に災難をもたらしたばかりでなく、同時に日本人民にも災難をもたらした」という中国側の公式の見解を具現化したものとして作品をきわめて高く評価するとともに、製作に携わった日本側のスタッフ、とりわけ日本軍の残虐行為をフィルムに取り入れようと積極的に提案した佐藤純彌や徳間康快を、右翼化に反対する日本人民の代表として賞賛した。[15]

こうして佐藤は、『君よ憤怒の河を渉れ』に続き、『未完の対局』でも中国側の好感を勝ち得ることができ、それが『敦煌』の撮影において中国側の協力を得やすくすることにもつながった。『未完の対局』の合作に先立っては、井上靖原作の『天平の甍』が先に映画化されており、一九七九年に中国ロケが行なわれている。日本単独の出資で、熊井啓監督が指揮を執ったが、中国人スタッフも助監督や通訳として同行し、多数のエキストラも協力した。劉文兵の指摘によれば、作中で鑑真が日本へ渡る時の船も、中国の美術スタッフの協力を得て建造されたという。[16]こうした共同作業の経験を踏まえて、『未完の対局』の合作へとつながったのだろう。

『未完の対局』の製作中、徳間は二十数回も中国と往復し、徳間グループからロケ参観団を組織して訪中させたほか、井上靖らの文化人や政財界の代表などから成る上映協力委員会を発足させて封切りに向けたキャンペーンを行なった。完成試写会には当時の鈴木善幸首相や、三木武夫元首相も出席し、戦争のため未完となっていた対局が、紆余曲折を経て戦後再開されるという感動のストーリーを激賞したという。ちなみに『未完の対局』は南里征典によるノベライズ本が刊行されているが、今日では珍しくない映画シナリオの小説化という手法を、日本で初めて採用したケースとされる[17]。メディアの力を最大限に利用する徳間の面目躍如といったところだろう。

『敦煌』映画化の夢

さて徳間康快にとって、井上靖の歴史小説『敦煌』を映画化することは、一九七四年に大映社長に就任した当初からの夢であったという[18]。「倒産して劇場チェーンを失った大映が生きて行くためには海外マーケットを狙った大作を作らなければならないと思った。世画（「世界」の誤りか＝引用者註）に通じる大作、それは十一世紀の中国を、日本人作家井上先生が描いた『敦煌』を中国との合作で撮ることだと思った[19]」。ところがこの作品のスケールに魅せられて映画化を構想した者はほかにもいた。一九五九年に小説『敦煌』が発表されて間もない頃、井上靖はすでに、旧知のイベントプロデューサーである小谷正一《こたにまさかず》の求めに応じて映画化権を与えていたのである。小谷は井上とは大阪毎日新聞社時代の同期であり、井上の芥川賞受賞作「闘牛」の主人公は、当時毎日新聞事業部長を務めていた小谷をモデルとしていた。

小谷を通じ、映画化の希望を伝えていたのは小林正樹監督だった。小林監督といえば、五味川純平の反戦小説を原作とした大作『人間の條件』（一九五九〜六一年に六部作を順次公開）で知られる。小林は『人間の條件』第三部・第四部を撮影中の札幌で『敦煌』を読み、莫高窟をめぐるロマンに魅了された。早稲田大学在学中、會津八一《あいづやいち》に東洋美術を学んだ小林は、會津に連れられて奈良を訪れ、正倉院を見学したこともある。敦煌の歴史と美術を撮ることに対しては格別の思いを持っていた。

『敦煌』のメガホンを取ることについて、小林は一九六三年に井上の許諾を得、プロデューサーの小谷と組んで実現の可能性を探った。中国側に何度か撮影許可を申請したものの、文化大革命が始まり外国との交流を断絶した中国からは相手にされない状況が続いた[20]。その間、一九七五年に小林は井上靖の現代小説『化石』を映画化する機会を得た。パリでのロケなどを経て完成した作品の試写を見た井上は、小林に対して「『敦煌』はいつまでも待ちますよ」と言ったという。小林は感激して「ぼくの映画のつくり方や原作者に対する姿勢に好感を持ってくれた」と思った[21]。

しかしなかなか具体的な話が進まずにいたところ、登場したのが徳間康快だった。徳間は映画『敦煌』にとっては現地ロケ、とりわけ敦煌莫高窟での撮影が欠かせないことを確信し、中国側との交渉はすべて自分が請け負うとして、映画化権を小谷から得ることに成功した。その時徳間と小谷の間に入って説得したのは、両者共通の友人でもある東映社長の岡田茂だった。

徳間は前述のように、一九七八年から毎年中国で「日本映画祭」を開催し、出演俳優らを連れて訪中することが恒例となっていた。中国側が主催する歓迎レセプションなどで、機会があるごとに『敦煌』撮影の夢を語っていたが、ある時中国の文化大臣から直接「だめです」と言われたことがあった。その理由は日本人が書いた中国の歴史であることと、西夏をめぐる史実について中国国内でまだ統一的見解が出ていないことの二点であったという[22]。西夏はチベット系の民族であり、文化大革命期に少数民族の扱いは微妙な問題であったことから、タブー視されたのかもしれない。

北京の目抜き通りで人目を引く日中合作映画『未完の対局』の大看板（朝日新聞社提供）

転換点となったのは、初の日中合作映画『未完の対局』だった。当初中国側から合作の申し出があった時、徳間は「これをやらなくては『敦煌』への道は開かれない」と決意して取り組んだという[23]。徳間にとって、それほど『敦煌』は大きな目標だったのである。先述したような、日中戦争の描写をめぐる激しいやりとりを経てようやく完成した『未完の対局』は、一九八二年九月十五日に両国で同時公開された。日本では八〇館でロードショーを行ない、中国では七二八館で上映し、観客数は四億人に達するという成功を収めた[24]。翌八三年のモントリオール国際映画祭ではグランプリを受賞している。

『未完の対局』の上映が一段落し、徳間や佐藤純彌監督、出演者の紺野美沙子らは、北京の中南海で開かれた慰労会に招待された。そこに当時の趙《ちょう》紫陽《しよう》首相が出席しており、趙紫陽が徳間に「ご苦労様。今後、何かやりたい企画があったら遠慮なくおっしゃってください」と言ったという（同

趙紫陽首相　1982年６月の来日時、鈴木善幸首相と（時事通信社提供）

席した大映専務取締役の武田敦の証言による[25]）。そこで徳間は間髪を入れず、「『敦煌』をやらせてください」と申し出たのである。中国政府関係者や映画界の重要人物が居並ぶ中で、時の首相の了解を得た形になり、以後順調に話が進むことになった。

この「慰労会」の時期が正確にいつであるのかは書かれていないが、映画公開の時期から見て一九八二年末から八三年はじめくらいのことであろう。当時の中国は総書記に胡耀邦《こようほう》、首相に趙紫陽という体制で、対外開放が最も進んだ時期だった。特に胡耀邦は、本書第四章でも触れるように日本との交流を重視し、青年交流を推し進めたほか、文化芸術の自由化にも理解を示していた。例えば山崎豊子が残留孤児を主人公

とする小説『大地の子』を執筆するにあたり、未開放地区の農村での取材を特別に許可するなどの便宜を図ったことが知られている。胡耀邦は山崎と面談した際、「中国を美しく書かなくて結構、中国のたち遅れた面、欠点、暗い影の部分も書いてよろしい、ただし、それが真実ならば」と語ったという。[26] 一九八〇年代は日中関係の蜜月期と言われるが、熱意ある日本人の働きかけに応えてくれる指導者がいたからこそ、数々の成果が生まれたのである。

話を『敦煌』に戻せば、原作の小説は古代を舞台にしているため、歴史認識問題などの政治的懸案に触れることがない。また、作者の井上靖が一九八〇年に日中文化交流協会の会長に就任し、すでに何度も訪中していることも、中国側を前向きにさせた要因だと推測される。こうして種々のタイミングがぴったり合って、『敦煌』の製作が実現したのである。

徳間はまず、三五億円と見込まれた製作費を一般企業から集めることにし、中国との貿易に最も熱心だった丸紅や、電通、松下電器産業などと順次交渉の場を持って出資の合意を取り付けた。単なる日中友好ではなく、きちんと商業的な道筋を立てるところが徳間の特徴であったと言える。

ところがその後、芸術志向の小林監督と、見せ場の多いスペクタクル映画を目指した徳間の間に齟齬《そご》が生じ、結局徳間が監督の交代を決断したことでマスコミの大きな批判を受けることになった。小林の回想によれば、当初は小林と稲垣公一（筆名・俊）がまとめた脚本を元に検討を繰り返していたが、大映側が「娯楽性が足りない」との主張を譲らず、一九八三年末に交渉が決裂したという。小林は細かい経緯については口をつぐんだものの、「もしここで拒否すれば、井上さんが生きている間に『敦煌』はできない」との思いから、手を引くことを決意したと語っている。[27] 二〇年以上も企画として温め続け、「これが実現したら映画監督をやめてもいい」「死んでもいい」とまで公言していた『敦煌』を諦めたことについて、小林は晩年なお悔いており、この一件が残した傷の大きさがうかがえる。

徳間は後任として深作欣二《ふかさくきんじ》監督に白羽の矢を立て、一九八四年四月に最初の製作発表会を開いた。ただし、この時はまだ脚本も完成しておらず、キャスティングも行なわれていない。脚本は吉田剛に委ねられ、深作監督は原作の趣旨を踏まえながらも、戦闘シーンを中心に空撮を多用するスペクタクル映画を構想した。「敦煌の遺跡が近年になって発掘されたということは大変感動的だ。しかし、それを埋めたということを感動的には撮影出来ない」と深作監督は語ったという。[28] 一九七〇年代に「仁義なき戦い」シリーズで大ヒットを記録し、一九八〇年代には『蒲田行進曲』や『里見八犬伝』などの角川映画で人気を博した深作監督であるが、『敦煌』については中国側の準備の遅れやクランクインの度重なる延期などにより、悩んだ末一九八六年二月になって降板した。劉文兵は、『敦煌』のプロデューサーと、製作補を務めた人物に近年それぞれ行なったインタビューに基づき、深作が降板した理由の一つとして、戦闘シーンの撮影のために深作が要求していた軍馬五〇〇〇頭が、鄧小平の軍縮政策のあおりをくらって準備できなくなったことを挙げている。[29]

佐藤純彌監督の決意

深作監督の降板に伴って、それまでに内定していた出演者もすべて白紙に戻った。最終的には佐藤浩市が演じた主人公・趙行徳の役には、当初郷ひろみが内定しており、その降板を受けて中井貴一が演じる予定だった。また西田敏行が演じた漢人部隊の隊長朱王礼には千葉真一、原田大二郎が演じた隊商の隊長尉遅光《うっちこう》には真田広之が内定していたという。最も難航したキャスティングがウイグルの王族の女（映画ではウイグルの王女ツルピア）で、エキゾチックな雰囲気を求めて世界中から公募し、応募総数は一万二〇〇〇人を超えたという。[30] また、「ウイグルの舞い姫役」として、体操のナディア・コマネチが内定していたというのも驚きである。コマネチがモントリオールオリンピックで活躍したのは一九七六年のことであるが、一九八一年に現役引退し指導者となっていた。東西冷戦下のルーマニアで出国も厳しく制限されていた当時、日中合作映画に出演することが本当に可能だったのか疑問である。

最終的にツルピア役を射止めたのは新人の中川安奈だった。中川は当時桐朋学園短期大学部で演劇を専攻していた二一歳の学生で、父方の祖父が洋画家の中川一政、母方の祖父が演出家・俳優の千田是也である。千田は一九五六年に日中文化交流協会が設立された時の立役者であり、以後中国の演劇界と長く交流を続けてきた。桐朋学園短大に演劇専攻ができたのも千田の尽力による。そんな人物の孫が抜擢されたことで話題性もあり、ドイツ人の血が混じっていることや（千田の最初の妻がドイツ人）、身長一メートル六八センチという当時としては大柄な美女であったこともマスコミの注目を集めた。

深作欣二監督の降板により、一時は『敦煌』の完成自体が危ぶまれる状況にあったが、徳間は結局『未完の対局』で気心も知れた佐藤純彌監督に最後の望みを託すことにした。監督を引き受けたことについて佐藤はこう述べている。「『未完の対局』の時、資金、ロケ期間など、ずい分計算ちがいもあった。それでも徳間社長はボクのやりたいように最後までやらせてくれた。監督を引き受けるに当たってはそれに対する感謝の気持ちもあった」。(31)

映画『敦煌』クランクインを控え、北京での記者会見　左から西田敏行、佐藤浩市、佐藤純彌監督
（1987年5月、共同通信社提供）

佐藤は戦闘シーンが中心だった深作監督時代の脚本を見直すところから始め、「戦闘シーンはバックグラウンドであってテーマではない」との考えから、人物の考え方や生き方に重点を置くよう工夫した。それに合わせて原作にはないエピソードも追加し、ヒロインにもより存在感を持たせ、監督自身が二〇〇〇人以上の候補者に直接会った上で中川安奈を選んだという。

映画一本を完成させるためには、さまざまなプロセスに膨大な時間と労力がかかるが、日中合作となればさらに中国側との折衝が必要になる。徳間は当初窓口となっていた上海電影制片廠（映画撮影所）が改組したことを契機にそこから離れ、北京の中国人民解放軍八一電影制片廠および中国電影合作公司、中国電影進出口（輸出入）公司との共同製作とすることを選択し、一九八五年七月に北京の人民大会堂で調印式を行なった。人民解放軍の撮影所と組むことにしたのは、エキストラとして解放軍兵士の協力を期待していたからである。八七年四月には全キャストの発表を兼ねた「製作始動」記者会見を東京で行ない、五月の北京でのクランクインに向けて急速に準備が進んでいった。徳間が『敦煌』の製作を志してから、ここまでこぎつけるのに一〇年の歳月が過ぎていた。

三、現地ロケの困難

ここでは映画『敦煌』撮影の舞台裏について、主として『敦煌』公開前後に『キネマ旬報』に掲載された特集記事や、スタッフ・俳優らのインタビューに基づいて述べることにする。これらの記事は映画ファンや一般読者の間に、作品への関心を高めることを目的に書かれており、特に日中の文化交流が意識されているわけではない。しかし撮影直後の時期に取材されているため、スタッフらの記憶も新しく、中国ロケの現場について語る言葉も生々しい。たくまずして日中双方の思惑のズレや葛藤などが描き出されており、文化史的な価値があると思われる。

撮影前の苦労

さて日中合作といっても中国側が支出するのは製作費三五億円のうちの三億円であり、撮影に関連する物資の大半は日本側から持ち込まれた。船便で中国に送られた機材や物資の量は、「甲ちゅう三千七百着、民族衣装八百着。砂漠走行用の4WDを十台。撮影、照明、録音機材にスタッフ、キャストの生活用品が鉄道コンテナ二十三両分」だったという[32]。

北京の八一電影制片廠でのクランクインには中日友好協会会長をはじめ政府高官一〇人も駆けつけ、緊張の中、趙行徳が殿試に失敗するシーンが撮影された。当時北京の他の撮影所では、ベルナルド・ベルトルッチ監督『ラスト・エンペラー』の撮影が進んでおり、スタッフどうしの交流があったという。その後わずか数日で『敦煌』のすべての撮影隊は甘粛省に向けて移動し、半年に及ぶ現地ロケに臨むことになった。

佐藤純彌監督の「撮影ノート」によれば、「『敦煌』は、夢のまた夢が現実化した思いの映画だった[33]」。一一世紀宋代の風景を、二〇世紀の中国で再現するために、ロケ開始以前に敦煌城のセットを建設し、馬やラクダの訓練もしなければならなかった。物資が乏しく、輸送の手段にもこと欠く中国での準備は、日本側の想像を絶するものがあった。

製作の作業は中国全土から材木を集めることから始まった。中国には材木が少ない。前年に翌年の材木使用量を申請し全国年間材木使用計画で割当てられる。敦煌城の建築用に三千石の割当てを貰ったが、材木は樹木山林の多い東北部をはじめとして各地で買い集めねばならない。その買い付けと、買い付けた材木を敦煌に集積するのが最初の大仕事だった。

北京から敦煌まで特急列車で順調に行って三泊四日、東北部からは更に二日は余分になる。貨物列車は不定期で、一列車編成分の貨物が集まると出発し、途中駅で荷物を降ろせばその替わりの荷物が集まるまで何日も留まっている。東北部から敦煌まで三週間で着けば幸運という状況だった。

材木輸送作戦の開始と共に、城壁を作るのに必要な日干し煉瓦を発注することになったが、中国美術監督の計算によると、その数二百万個。日本映画の常識のようにベニヤや木材で造るとかえって建築費は高くなると言われ、二百万個を敦煌周辺の幾つかの煉瓦工場に発注したが、材木の集積と煉瓦の製作で半年が過ぎていった。(34)

中国側は撮影を前に、スタッフ専用のホテルを建設し始めた。敦煌の町には観光客向けのホテルもあったが、長期にわたりスタッフ用の部屋を大量に確保することが困難であるため、中国電影進出口(輸出入)公司が撮影終了後には一般ホテルとして営業することを前提に建設したのである。

戦闘シーンに必要な騎兵隊をどうするかは一番の問題であった。前述のように軍縮政策が進んだため騎兵隊そのものが削減中であり、残り少ない騎兵隊を映画撮影のために借りられるのかということと、大量の馬と兵士を長期間どうやって砂漠で生活させるのかが悩みだった。結局、地理的に近い内モンゴルの騎兵隊が協力してくれることになり、撮影場所近くに四〇〇頭分の馬囲いを作って、飼い葉や水を調達することや、兵士の宿や食料の手配はすべて日本側が費用を負担することで合意した。

莫高窟の撮影がかなうかどうかも大きな問題だった。やはり佐藤純彌監督の「撮影ノート」によれば、以下のような経緯を経てようやく撮影が可能になった。

数年前、北京の国宝の建物内部を映画撮影中に破損する事故があり、以後全ての国宝の内部撮影は許可しないことになった。「敦煌」はこの莫高窟に埋蔵されていた四万点を越す文化遺産にまつわる物語である。莫高窟の撮影無しには完成しない。一度ははっきり拒絶されたが、東京で莫高窟と同程度の大きさの洞窟を作り、高感度フィルムを使用し、最低限のライトに熱遮断フィルターを掛け、何分点灯すれば、何メートル先の壁画の温度は何度上昇するかなどの実験をして、そのデータを提出、科学的に壁画に何の影響もないことを調査してもらって、やっと俳優を入れて四窟、壁面の撮影を五窟、合計九窟だけ撮影許可が下りた。(中略)

莫高窟の撮影は、神経を使ったが、それ以上に楽しかった。保存の為に、毎年四十の窟を指定して観光させている。だが今年の指定分ではなく、壁画や仏像などの時代的な流れや西域の影響が分かる他の窟の撮影をしたいという希望を全面的に叶えてくれた。特に一一二窟は盛唐時代の傑作が描かれているが、非常に小さく、しかも壁画の美術的価値の重要性のため一切一般公開していない。その窟の撮影を許可してくれたことで、中国側のなみなみならぬ協力と厚意を改めて実感した。[35]

莫高窟は『敦煌』の撮影が行なわれた一九八七年にユネスコの世界遺産に登録されており、中国側は壁画の保護にかなり神経を尖らせていた。しかし日本側が実証的なデータを提出してきたことで安心感を得ることができ、映画を通じて莫高窟の価値を世界に知らしめるという目的で特別に撮影を許可したのだろう。

両国スタッフの葛藤

一九八七年六月から半年に及ぶロケは、まず酒泉と嘉峪関《かよくかん》で一か月半を費やし、その後敦煌へ移動、「二百人を越す日中のスタッフ、トラック五十台分の撮影機材と道具、四百余頭の馬、二十頭の駱駝などが敦煌に集結するのに一週間を要した」[36]。すでにできあがっていた敦煌城のセットと、専用ホテルがスタッフを出迎えた。日本側主要スタッフが撮影後に開いた座談会の記録[37]によれば、最初の酒泉地区での撮影では、中国側スタッフとかなり激しいぶつかり合いがあった。例えば一日の労働時間や、一般のエキストラの扱いなど、日本側の映画製作のやり方が中国側と異なる場合などである。

結城（プロデューサー＝引用者註）日中の混成部隊になっているセクションは大変だった。騎馬隊の場合、芝居をやってる最中に、槍がぶつかったとか、体を刺したとか、殴ったとか。それは故意にやったわけじゃない。互いに一所懸命やるんだからあり得る話でね。ところが、そこに感情的なこじれがあると意識的に殴ったとか、どうしたとかってなりがちなわけですよ。どっち側から見てもね。

鞆森（騎馬隊担当＝引用者註）そうですね。そういうことがあると、どうしても動き自体に現われますからね。大合戦をやっていて動き方がうまく行かないと、積もり積もった部分があちこちで軋轢《あつれき》、いざこざとしてでてくる。

――（司会＝引用者註）でも、最終的には打ちとけ合ったわけですね。

徳田（美術担当＝引用者註）長いことやってれば互いにわかりあえるということじゃないですかね。何カ月かやってると何となく歩み寄れるし……。こっちだってへえ、うまいことやるなという部分があるし、中国スタッフだってこっちを見てて、ああ、そういうもんかいなってね。(38)

日中それぞれのやり方に慣れるまでに時間がかかり、それが過ぎるとお互いの長所も認められるようになった。敦煌での撮影に入るまでには「いい映画を作ろうじゃないかというムード」が盛り上がってきたという。ちなみに日本人スタッフの間で殴り合いになることは多少あったが、日本人と中国人との間ではなかったという。佐藤監督はロケに入る前、日本人スタッフに対して「バカという言葉は使わないように(39)」と指示していた。日中戦争の時に兵士が用いた罵言が、中国人にも知られていることを気にしていたのだろう。
中国人スタッフは製作、美術、大道具、衣装といった撮影スタッフが三四人、医師・看護師などの別動専門スタッフが一四人いた。[40]中国人スタッフは先に現地入りし、敦煌城の建設を行なったが、その苦労は並大抵ではなかったようである。今日の敦煌の町は、壁に囲まれた城の形をすでに失っているため、時代考証を重ねて新たに設計し、一一世紀宋代の姿を復元した。敦煌郊外鳴沙山の砂丘を背景に建てられた城は、長辺四〇〇メートル、短辺二五〇メートルと、撮影用セットとしては巨大なもので、粘土と瓦を繰り返し積み重ねる版築という伝統工法を用い、手作業で作られた。

敦煌城建設の最初の仕事は「三通作戦」と呼ばれたもので、建設予定地まで道を通し、電柱を建てて電気を通し、水道を通す工事だった。宋代の建築に詳しい宮大工を蘭州から呼び集め、付近の農民の手を借りて二百万個の煉瓦を積み重ねた美術助手は、北京で別れた時は九十キロの巨大（巨体の誤りか＝引用者註）だったが、敦煌での再会時は七十キロに痩せ細り、顔は真っ黒、苦労を刻んだ頬は落ち窪んでいた。[41]

この城は『敦煌』のクライマックスである、造反した漢人部隊と西夏軍の戦いの舞台となり、炎上シーンもあったが、建設の苦労をすべて灰に帰すのは忍びなかったようである。中国側の要望で撮影終了後も保存され、現在は敦煌故城という観光スポットになっている。ドラマの撮影などにも用いられているほか、SNSでも映える撮影場所として中国の若者に人気であるという。

財界を巻き込んだプロジェクト

撮影のために惜しみなく資材と人手を使ううち、製作費はどんどん膨らんでいき、最終的には四五億円となった。公開当時の新聞記事によれば、これは黒澤明監督『乱』の三〇億円を上回り、それまでの日本映画史上では最高記録である。また、『敦煌』と同時期に北京の紫禁城などで大がかりなロケを行なった『ラスト・エンペラー』の二六〇〇万ドル（当時の為替レートで約三四億円）をも遥かに上回っていた[42]。

製作総指揮の徳間康快は、準備段階から何度も訪中して現場を指揮したのはもちろんのこと、現地ロケまっただ中の一九八七年八月には、出資者である丸紅の春名和雄会長、電通の小暮剛平社長ら一四人を引き連れて視察を行なった。当時小暮は経済同友会の中国委員長を務めていたが、それ以前は西安までしか行ったことがなかった。インタビューに答えて「シルクロードには学生時代から関心を持っていましたが、井上靖さんや平山郁夫画伯に教えていただいたりしながら猛勉強中。仕事を兼ねて、印象の深い夏休みになりそうです[43]」と語っている。『敦煌』が財界の重鎮らを巻き込んだ一大プロジェクトになっている様子が伝わってくる。

先の新聞記事によれば、徳間は丸紅、電通、松下電器産業の各社から五億円、他の二社合わせて一九億円の出資を取り付けた上、六〇〇万枚の前売り券の引き受けも約束させていた[44]。企業の金だけでなく動員力も計算に入れていたのである。また、国内映画館での上映のほか、ビデオソフトの販売や、海外への配給も視野に入れており、丸紅のような商社のネットワークを期待していた。財界有力者を引き連れての現地視察は、出資に見合う作品であることを納得させるほか、撮影スタッフに対しても気を引き締めるのに効果的であったと思われる。

砂漠という過酷な環境下での撮影は困難を極め、半年前に下見した時に目星をつけていた山が、撮影しようとした時には砂が流れてなくなっていた、ということもあった。戦闘シーンの撮影はさらに危険を伴い、西田敏行が落馬して額を四針も縫うケガをしたほか、エキストラの骨折や歯を折るなどのケガは日常茶飯事だったという。撮影スタッフいわく、「あれだけのことをやってね、絶対にあってはいけないことなんだけど、死んだ人がいないというのは大事なことだよ。一人でも死んでたら、こんなものはもう映画じゃない(45)」。死を意識するほどの難しい撮影だったが、それに耐え抜いた理由として、徳間社長の『敦煌』にかける熱意を挙げる者もいれば、「西部劇」へのあこがれを挙げる者もいる。その中で次の言葉は興味深い。

僕はどこででも言うんですけど、仕事としては「敦煌」だろうとロマン・ポルノだろうといつでも、どこへでも行く。「敦煌」に関しては映画作りと同じようにみんなそれぞれの思いがシルクロードにあったから……。僕にもあったから、しんどかったけど何とか終わりまで出来たような気がするんです。(46)

この発言からは、スタッフすべてにとって、やはりシルクロードが特別な場所であったことがわかる。一九七〇年代の広義のシルクロードブームの時、そこはまだ一般人にとって足を踏み入れることのできない場所だった。一九八〇年代になってＮＨＫ「シルクロード」が秘められた場所の扉を開けたことで、とりわけ映像表現に従事する者の意欲をかきたてたと想像される。『敦煌』のスタッフにとっては、大作に関わるチャンスと、シルクロードで半年もの時を過ごすという二重のチャンスであり、おそらく一生に一度あるかないかの経験だったのである。

四、作品の評価と歴史的意義

原作者の喜び

『敦煌』の原作者井上靖は、映画化の話が出た当初から製作サイドに任せる態度を貫き、度重なる監督の交代にも口を出さなかった。映画の完成後、「出来映えは私の想像以上のもの」と語り、自分が絵（映像）を思い浮かべながら書いた部分がその通りに映像化されていたとか、俳優がそれぞれの役柄にはまっていた、などと喜びを述べている。

私はこれまでにずいぶんたくさんの小説を書いて来ましたが、作品というものは、それを書いた作者にとっては子供のようなものです。幸運な子供もあれば、不運な子供もありますように、幸運な作品もあれば、不運な作品もあります。その点、小説「敦煌」はたいへん幸運な作品であると言っていいでしょう。英、独、仏語それぞれの翻訳によってヨーロッパ各地で広く読まれ、中国、韓国でもそれぞれ何種類かの翻訳で紹介されています。それに加え、今度の映画化によって、私のこうした小説「敦煌」に托した意図が完全に活かされ、多くの人々の目にふれる機会を得たことは、小説家の果報というものがどのようなものかを初めて知った思いです。(47)

優れた小説が映画化された時、衆人の期待に必ずしも沿わないことが多い中で、原作者からこのような言葉が寄せられたことは、最大級の賛辞と言ってよいだろう。井上は一九八六年に食道がんの手術を受けており、人生の最期を見据えて小説『孔子』の執筆を進めていた。本来、映画のロケが始まったら現地を訪れる計画があったが、果たせなかったのである。『敦煌』が一般公開される直前の一九八八年五月に、中国人民対外友好協会の招きで訪中したのが生涯最後の訪中となった。日中文化交流協会の会長として両国の文化交流に尽くしてきた井上としては、『敦煌』での合作の成功により、日中友好の役に立てたという実感があったのだろう。

時代の記念碑

最後に映画『敦煌』の評価について述べておきたい。撮影が始まる前から、古代中国の物語を日本人が日本語で演じることへの違和感が指摘されており、クランクインの日の記者会見でも、中国人記者から同様の質問があった。それに対して佐藤純彌監督は、「あなたも映画ファンならアメリカ人が英語で演技をした『戦争と平和』が名作であることは認められると思いますが」と答えたという。[48]佐藤の後年のインタビューによれば、佐藤自身にも「本当は中国人がやるべき映画なのではないか？」という疑問があり、『戦争と平和』を引き合いに出したのも、自分を納得させる意味合いがあったらしい。[49]ちなみに『敦煌』は中国では中国人向けに再編集し、中国語に吹き替えた上で、八八年五月に大々的な完成試写会が行なわれた。

一九八八年春の日本では、ゴールデンウィークに『ラスト・エンペラー』が話題を集めたのに続き、六月二十五日から『敦煌』が公開された。『敦煌』は興行収入八二億円を記録し、これは日本映画歴代記録の二三位に相当する。[50]一九八〇年代に製作された作品としては、『南極物語』（一九八三年）の一一〇億円、『子猫物語』（一九八六年）の九八億円に続く第三位である。当時『朝日新聞』に掲載された映画評では、「佐藤監督の平明で力づよい映画文体は、最後まであきさせない。なにより、あの広大で苛烈な風土を、大画面にうまくとらえているのは手柄だ。そこでは、

映画『敦煌』の一場面

人間のいとなみは、いかにも小さく、はかない」と賞賛されている。[51]撮影スタッフの苦労が報われたと言うべきだろう。ところが次の段落ではいささか辛辣である。「歴史劇にありがちなことだが、展開が大きいだけに大味なことは否めない。歴史の重さ、文化財の貴さ、人の命のはかなさ、愛のむなしさ、そのいずれもにすき間が目立つ。莫高窟の紹介も、ちょっとさびしい」。

改めて作品を見直してみると、ここで言われていることはほとんどすべて当たっている。「史劇らしい風格」（先述の映画評）を認めつつも、「大味」であることにフラストレーションを感じる、というのが当時も今も大勢の評価だと思われる。また、筆者が公開当時映画館に見に行かなかったのは、佐藤浩市、西田敏行といったテレビでおなじみの俳優が演じることに不安があったからで、「原作のイメージを壊したくない」というのが小説ファンに共通の思いだったろう。

ただそれにもかかわらず、今日の視点から見ればむしろ、CGによる加工は一切なしに、人間と馬のみで砂漠を埋め尽くす戦闘シーンが撮られていることに新鮮な驚きを覚える。また、現在では日本を代表する俳優となった佐藤や西田が、若々しく魅力的な演技をしていることに感嘆する。日本人が日本語で演じている点に至っては、外国映画の日本語吹き替えに慣れた今となってはまったく気にならない。

ここで試みに、降板した小林正樹監督が構想していた脚本[52]、すなわち幻に終わった映画『敦煌』についても触れておく。こちらはナレーションの多さが際立ち、原作小説の流れを忠実に踏まえているという点では、文学性の高い作品という印象を受ける。ロンドンの大英博物館に収められた敦煌出土品の画から始まり、ラストは敦煌から遺物を持ち去るラクダの隊列の画で終わるというところも、歴史の大きな流れを強調する重要な特徴である。その一方で、主人公趙行徳が西夏に関心を持つきっかけとなった、開封での西夏の女との出会いが、最後になって回想として描かれるなど、映画の演出としてインパクトに欠けると感じられる点もある。

これと比較した時に、佐藤純彌監督の『敦煌』は、原作にはない主人公とウイグルの王族の女とのからみ（砂漠の逃避行）を増やしたり、主人公の仏教への傾倒を補強する存在として絵師（元は同僚兵士）の役柄を増やしたりと、映画らしい見せ場や納得しやすいストーリーへの工夫があちこちに認められる。大衆向けの娯楽に徹したと批判するのはたやすいが、原作の精神を活かしつつ映像作品として再構築した努力は、もっと評価されてもよいのではないだろうか。

そして何よりも、一九八〇年代という、中国が世界への扉を開けたばかりの時期に、日本人が中国に飛び込み、中国人と文字通りぶつかり合いながら、これだけの作品を作り上げたことに胸を打たれる。日本人スタッフは中国の歴史や文化を尊重し、大自然の中の人々の営みに畏敬の念を持っていたし、中国人スタッフは日本人の真摯な仕事ぶりに驚き、作品づくりにかける思いを共有することができた。そうした相互理解の下に生まれたのが『敦煌』であり、日本映画史の中では稀有の作品であると言うことができよう[53]。

註

（1）『君よ憤怒の河を渉れ』について、劉文兵は複数の著作で言及しているが、ここでは『日中映画交流史』東京大学出版会、二〇一六年の「第四章「改革開放」と日本映画」を参照した。
（2）劉文兵「日中映画交流のオーガナイザー——徳間康快の「中国」」同『映画がつなぐ中国と日本　日中映画人インタビュー』（東方書店、二〇一八年）所収。
（3）金澤誠『徳間康快——夢を背負って、坂道をのぼり続けた男』文化通信社、二〇一〇年、六二頁。
（4）『徳間書店の35年』（非売品）徳間書店発行、一九八九年、六四頁。
（5）『韓非子』（『中国の思想』①）西野広祥・市川宏訳、徳間書店、一九六四年、一頁。
（6）竹内好の日記（一九六三年三月五日）より。『竹内好全集』第一六巻、筑摩書房、一九八一年、三六六～三六七頁。
（7）「竹内好を記録する会」ホームページより「竹内好の軌跡」（『竹内好全集』所載の年譜に基づく）。
http://takeuchiyoshimi.holy.jp/nenpu/nenpu3.html
（8）馬場公彦『戦後日本人の中国像——日本敗戦から文化大革命・日中復交まで』新曜社、二〇一〇年、一八二頁。
（9）前掲『映画がつなぐ中国と日本　日中映画人インタビュー』七六～八〇頁。
（10）森繁の経歴は、劉文兵『映画がつなぐ中国と日本　日中映画人インタビュー』二一一～二一二頁の注21に詳しくまとめられている。
（11）金澤誠『徳間康快』七二～七三頁。
（12）前掲『日中映画交流史』一五八～一五九頁。

(13) 前掲「日中映画交流のオーガナイザー――徳間康快の「中国」」劉文兵『映画がつなぐ中国と日本　日中映画人インタビュー』一九五～一九六頁。

(14) 劉文兵『証言　日中映画人交流』集英社新書、二〇一一年、第二章佐藤純彌のインタビューを参照。同書八六～八七頁。

(15) 前掲『日中映画交流史』二一五頁。

(16) 同右、二二一頁。

(17) 前掲『徳間書店の35年』一三〇頁。

(18) 『敦煌』映画化の経緯については、劉文兵『日中映画交流史』にも書かれているが、ここでは劉が引用していない『キネマ旬報』所載の関連記事を中心とし、劉を参照しつつ書くことにする。石井真人「敦煌の全貌」その①、『キネマ旬報』一九八八年四月上旬号、八二～八三頁。

(19) 同右、八二頁。

(20) 『キネマ旬報』一九八八年四月上旬号、八四頁には「「日本人が書いた中国の歴史小説を中国で撮るなど絶対に有り得ない」と中国側は小林監督の申し出を本気で相手にしない状況だった」とある。極左思想の高まった文化大革命期には、自国の歴史を外国人が扱うことについての反発があったと考えられる。

(21) 小林正樹「私が歩いてきた道」小笠原清・梶山弘子編著『映画監督　小林正樹』岩波書店、二〇一六年、一六二頁。「私が歩いてきた道」は関正喜（元北海道新聞記者）が一九九三年六月から七月にかけて行なったインタビューで、概要は北海道新聞夕刊「私のなかの歴史」に連載された。『映画監督　小林正樹』には、録音をすべて書き起こした上で、録音のない部分もメモなどによって補い、編集を加えたものが収録されている。
(22)「映画トピック・ジャーナルワイド版　超大作「敦煌」の映画化に執念を燃やした炎の人・徳間康快社長を囲んで」（座談会）『キネマ旬報』一九八八年四月下旬号、九四頁。
(23)前掲「敦煌の全貌」その①、八四頁。
(24)前掲『徳間康快』八三頁。
(25)同右、八七頁。
(26)山崎豊子『『大地の子』と私』文藝春秋、一九九六年、一一〇頁。
(27)前掲『映画監督　小林正樹』一六四〜一六五頁。
(28)石井真人「敦煌の全貌」その②、『キネマ旬報』一九八八年四月下旬号、一三〇頁。
(29)前掲『日中映画交流史』二二三〜二二四頁。
(30)前掲「敦煌の全貌」その②、一三一頁。キャスティングについてはもっぱらここから引用したが、裏付けは取っていない。なお「一二〇〇〇人」の候補者という数字のみ、『キネマ旬報』一九八九年二月下旬号、一九二頁のインタビュー「新人女優賞　中川安奈」から引用した。
(31)前掲「敦煌の全貌」その②、一三三頁。
(32)石井真人「敦煌の全貌」その③、『キネマ旬報』一九八八年五月上旬号、一二六頁。
(33)巻頭特集「敦煌」より「佐藤純彌監督撮影ノート」『キネマ旬報』一九八八年六月下旬号、一八頁。
(34)同右、一八頁。
(35)同右、二〇〜二一頁。
(36)同右、二一頁。

(37)巻頭特集「敦煌」より「スタッフ座談会」『キネマ旬報』一九八八年六月下旬号、二六～三〇頁。
(38)同右、二八頁。
(39)石井真人「敦煌の全貌」その④、『キネマ旬報』一九八八年五月下旬号、一三〇頁。
(40)同右、一三〇頁。
(41)前掲「佐藤純彌監督撮影ノート」二二頁。
(42)「ニュービジネスの銀幕市場投資　企業イメージアップ狙う」『朝日新聞』一九八八年二月二十八日夕刊一三面。
(43)「小暮剛平・電通社長　心待ちする敦煌行き（人きのうきょう）」『朝日新聞』一九八七年八月十八日夕刊二面。
(44)註42に同じ。
(45)前掲「スタッフ座談会」二九頁。撮影担当、椎塚彰の発言。
(46)同右、三〇頁。美術担当、徳田博の発言。
(47)巻頭特集「敦煌」より「原作者の言葉」『キネマ旬報』一九八八年六月下旬号、一七頁。
(48)前掲「敦煌の全貌」その③、一二七頁。
(49)「映画よ憤怒の河を渉れ　映画監督・佐藤純彌」（インタビュー）第二七回、『キネマ旬報』二〇一八年六月下旬号、一〇七～一〇八頁。
(50)「歴代興収ベスト100」（二〇二一年一月二十四日現在）興行通信社ホームページ「CINEMAランキング通信」より。http://www.kogyotsushin.com/archives/alltime/
(51)「敦煌　史劇らしい風格保つ　騎馬隊の肉弾戦に迫力（映画）」『朝日新聞』一九八八年七月十九日

夕刊九面。
(52) 前掲『映画監督　小林正樹』五九九〜六四一頁。小林正樹と稲垣公一が繰り返し修正を重ねた『敦煌』脚本のうちの「八三年二月一五日　検討稿」。
(53) 映画『敦煌』は、日本映画の公開が禁止されていた韓国で、初めて一般の劇場で単独上映された作品でもある（『朝日新聞』一九八八年十二月三日夕刊一八面の記事による）。この意味でも歴史的な意義のある作品だと言える。

第四章　平山郁夫の敦煌

敦煌莫高窟でスケッチをする平山郁夫（一九九九年、平山郁夫シルクロード美術館提供）

日本人の間にシルクロードのイメージを広め、ブームを定着させた最大の功労者が平山郁夫（一九三〇～二〇〇九）である。世界各国を自ら旅して、その目で見たシルクロードの風景を日本画の技法で描いただけでなく、東京藝術大学学長として敦煌莫高窟の修復・保存活動に取り組んだ。強い使命感に支えられ、行動する画家とも言われた平山は、時の政財界とも密接なつながりを持ち、日本の対中外交にも影響を及ぼした。

前章では、徳間康快という個人が映画界において日中の文化交流に果たした役割を指摘したが、それは両国の経済格差が大きかった一九八〇年代に、善意ある個人が損得を度外視して交流の先頭に立った代表的なケースである。美術界における平山郁夫の役割はそれに似ていると同時に、個人の内面の中で敦煌やシルクロードがどのように位置づけられ、作品に昇華されていったのかを知るための貴重な例である。

また、平山が見出した莫高窟の壁画と法隆寺金堂壁画のつながりは、シルクロードの東の終着点は奈良であるとする日本人の歴史観を補強することになった。平山郁夫の仕事と人生を振り返ることで、日本人が敦煌に対してどのようなロマンを抱いていたのかが、より明確になるだろう。

一、『仏教伝来』という天啓

平山郁夫がシルクロードを描く画家として広く知られるようになるのは一九七〇年代半ば以降で、名声が定まった後には多くの書物を著し、自らの歩みについて語っている。その一つ、『敦煌 歴史《とき》の旅』(一九八八年)は、敦煌莫高窟の修復・保存活動のため、文化財保護振興財団を立ち上げる直前に刊行されたもので、それまでの画業と敦煌との関わりにポイントを当てて綴られている。それによれば、平山の出世作となった『仏教伝来』(一九五九年)がシルクロードへの関心の第一歩であり、のちの画業を推進する原動力となった。『仏教伝来』が構想された経緯は、日本人が敦煌やシルクロードに何を投影していたのかを考える上で、とりわけ興味深い。

被爆体験と悟り

平山は瀬戸内海の生口島《いくちしま》の旧家に生まれ、美しい自然の中で絵を描くのが好きな少年だった。広島市の私立修道中学の学生だった時、勤労動員され作業中に被爆、九死に一生を得る。戦後、大伯父(母方の祖父の兄)の彫金家、清水南山の勧めで一九四七年に東京美術学校(現在の東京藝術大学美術学部)に入学。日本画科を卒業すると同時に副手に抜擢され、将来を嘱望されるが、周囲の期待とは裏腹に画業に行き詰まるようになる。加えて被爆の後遺症と疑われる白血球の減少と貧血症に悩まされ、筆を執ることもままならなくなった。

すでに結婚し二人の子どももある身で、まだ納得できる作品を残していないという焦り、そして迫りくる死の恐怖にとらわれ、平山は精神的にどん底の状態に陥る。一九五九年春、そんな自分を追い込むように八甲田山へのスケッチ旅行に出かけ、半ば自暴自棄で一日十数キロもの山登りを続けるうち、意外にも新緑の風景に解放感を覚える。それまで「形と色に囚われ」、「自らそこ（＝形と色：引用者註）へ逃げ込んで（中略）諸々の現実から逃げるようにして絵を描いていた」平山は、自然と一体化するような感覚に我を忘れた。このくだりは内容や文章ともに宗教的な悟りに通じるものがあり、のちの平山の活動を導いていくことになるので、長くなるが引用したい。


山の風が私の肺腑《はいふ》を吹き抜け、新たな生命力を植えつけたのでしょうか。不思議なことに東京へ戻ってから以前より体の調子がよくなっていたのです。夜、寝るのが恐ろしかったことが嘘のようで、目を閉じると八甲田山の新緑の山脈が脳裏に浮かび、樹林の中から見上げた陽の光りまでがよみがえってきました。

ときに思い出す生口島の父の読経の声さえも、なにか生命への讃歌のようにも聞こえてくるようになります。父が人生の指針にしていた仏教思想への関心が私の内にも芽生えはじめたのです。

それは、囚われることからの解放ではないか。

ゴータマ・ブッダ（釈迦）はいっています。

「貪欲と嫌悪と迷妄を捨て、結び目を破り、命を失うのを恐れることなく、犀《さい》の角のようにただ独り歩め」あるいは、「以前に経験した楽しみと苦しみとを擲《なげう》ち、また快さと憂いを擲って、清らかな平静と安らいとを得て、犀の角のようにただ独り歩め」。また、「――他人に従属しない独立自由をめざして、犀の角のようにただ独り歩め」(『ブッダのことば』中村元訳より)。

合掌して願いごとを頼むのではなく、自分を解放させていく自分の意志の重要さを教えようとしているのではないか。(1)

平山の父・峰市は、早稲田大学を卒業して一時新聞記者をしていたが、哲学的な志向が強く、旧家の婿になってからはもっぱら読経や慈善活動に生きがいを見出した人であった。そうした父の姿を見ながら育った平山に、仏教への親しみがあったにしても、自己の問題として痛切に感じるようになったのは、やはり死の恐怖に直面したからであった。平山の内面の変化は、やがて画業の変化につながっていく。

八甲田山の旅から帰ってしばらく経ったある日、私の脳裏にいきなり一人で旅をする僧の姿が浮かんできたのです。なぜだか、突然、僧が現われたのです。この僧は誰だ? 静かに目を閉じていると、僧の居る風景がみえてきました。

砂漠です。

えんえんとつづく流砂の道を僧が歩いています。一滴の水もない乾ききった砂漠の中を何を求める旅なのか、疲れきって力尽きそうになりながらも歩みを止めないのです。いま、その僧は、ちょうどオアシスに辿りついたところでした。荒涼とした砂漠の中の天国です。樹々が繁り、花が咲き、鳥が飛び、そして爽やかな風が緑の樹々を渡っています。僧は静かに立っています。
「これだ！」

平山郁夫『仏教伝来』（佐久市立近代美術館蔵）

この絵を描きたい——この絵がきっと私の道を拓《ひら》く。私はそう確信しました。理屈ではありません。直感です。啓示をうけたといえばいいのでしょうか。私が見つけだしたのではなく、向こうからその僧はやってきたのです。(2)

死の恐怖を受け入れ、生ある間に自らの意志で歩くことの大切さを悟った平山の前に、現れた一人の僧。それは一体誰なのか、考えた末に平山は、玄奘三蔵であると理解した。国禁を犯してインドへの旅に出、一七年の艱《かん》苦《く》の果てに貴重な仏典を唐土にもたらした人物である。その歩みに自らの「内なる旅」を重ね合わせ、単なる史伝絵巻ではなく創作として換骨奪胎した作品が『仏教伝来』であった。それまで故郷の瀬戸内海の風景や親しい人々を題材にした風俗画を描いてきた平山にとって、内容も手法もまったく異なる作品である。白い馬と黒い馬にそれぞれまたがった二人の僧が、緑のオアシスでひとときの解放感に満たされている。落ち着いた色合いや、輪郭をわざとぼかした人物の様子は、明け方に見た夢の一コマのように、不思議な感覚をあとに残す。「形や色の前に、意志を伝えたい。人にみてもらうより、自分自身の救いを求めて描きたい。一人の僧が手を前に指し示し、希望と使命感を表わすようにしたのも私の意志の投影でした」(3)と平山は書いている。

画家の内面と時代の影響

『仏教伝来』は、その年九月の第四四回院展に出品され、入選を逃したものの、『朝日新聞』の院展評に取り上げられた。「平山郁夫『仏教伝来』という絵もおもしろい味がある」。美術評論家の河北倫明が、院展評の末尾に書いた短い一言が、平山を飛び上がるほど喜ばせたという(4)。これに自信を得て、平山は玄奘三蔵の旅に着想を得た作品を次々に発表するようになる。仏教のきまりに基づいた仏画ではなく、あくまで自己の創造としての表現を試みるうち、「仏教の原点ともいえるものは何か。玄奘三蔵が求めた仏教の源流が描けないだろうか」(5)という思いがふくらんでいった。

平山がのちにシルクロードへの旅を繰り返したのは、それが玄奘三蔵の旅を追体験する意味合いがあったからである。啓示のように降ってきた玄奘三蔵のイメージが、彼の人生を大きく変えた。

こうした平山の書きぶりは、あたかも宗教的な発心の物語を思わせるが、実はその裏にはいくつかの、もっと現実的な背景があった。

まず一つは、『仏教伝来』を描く前年の一九五八年、平山が「中国敦煌芸術展」を見たことだった。本書第一章で述べたように、日中文化交流協会は文化交流の目玉としてこの展覧会を早くから企画し、敦煌文物研究所の協力のもと、莫高窟の壁画の模写を初めて日本で公開した。これは画業の行き詰まりと体調不良に苦しんでいた平山に大きな衝撃を与えた。

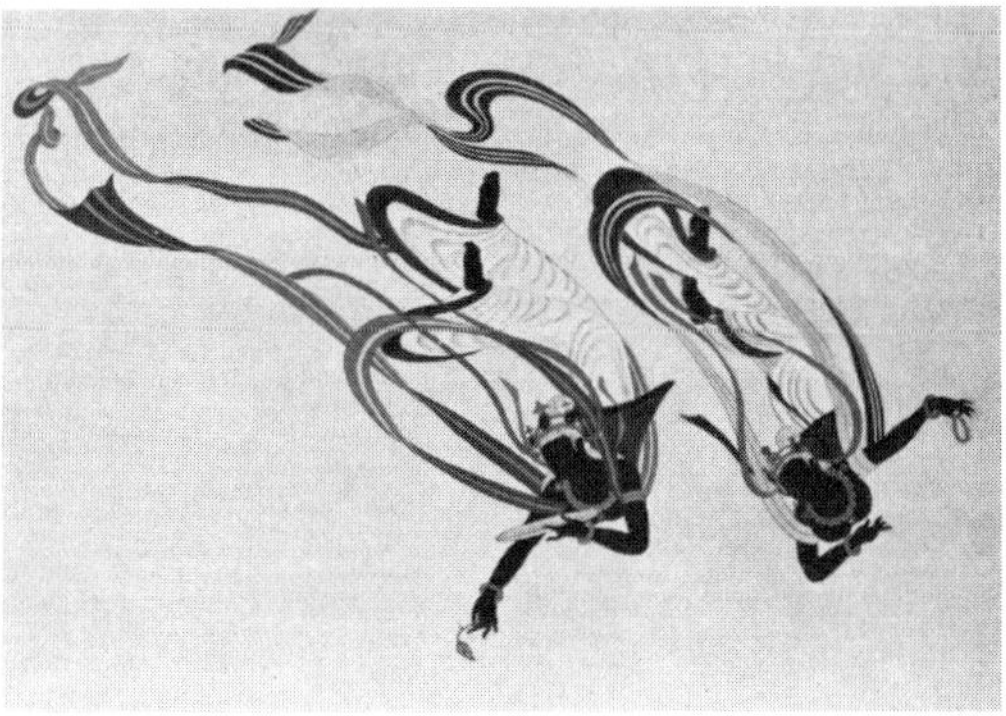
第321窟の飛天　初唐、史葦湘模写（「中国敦煌芸術展」図録より）

模写とはいえ、飛天（天女）のいきいきとした姿や、北魏時代（三八六〜五五六年）の大胆にして力強い画面に、日頃の苦しさを忘れて打ち震えました。展覧会開催のために来日されていた常書鴻先生は、東京芸大にもお見えになり親しくお話を伺う機会ももてたのです。先生はあたかも敦煌の香りを運んでこられたかのようであり、私は、仮りに命がもちこたえるようなことがあれば、一度は敦煌へ行ってみたいという気持ちを強くしたのでした。[6]

おそらく展覧会を見た時の平山は、まだ試行錯誤の途中で、敦煌の美術を自分の画業と結びつけるには至らなかったのだろう。『敦煌 歴史の旅』では、敦煌芸術展を見たことは、あとで仏教へ傾倒していく「伏線」だったかもしれない、という位置づけがなされている。(7) ただ、こう書くのは『仏教伝来』が生まれてから三〇年も経った後のことであり、やや話が整理され過ぎているというか、説明が後付けになっている印象がある。

さらに、『敦煌 歴史の旅』では触れられていないが、もう一つ重要な背景がある。それは、玄奘三蔵のイメージがわいてきた直接の契機として、東京オリンピックの聖火リレーがあることだ。例えば『絹の道から大和へ――私の仕事と人生』(一九九二年)で、平山はこのように書いている。

きっかけは、一枚の新聞記事でした。それは、一九六四年のオリンピック開催地が東京に決定したことに関連したもので、たしか、ギリシアから東京に運ばれる聖火をシルクロードの天山南路を通ってランナーがリレーで運んだら面白い、といった内容でした。

記事を読んでいるうちに、天山南路を通ってインドに入った玄奘三蔵のことが漠然と頭に浮かびました。といっても、この時は玄奘についてそれほど知識を持っていたわけではありません。以前にシルクロードの写真集を見たことがあったので、ただ観念的にシルクロードと玄奘がつながったに過ぎなかったのでしょう。(8)

平山が見た新聞記事とはどれなのか、著書では特定されていない。調べてみると、一九五九年五月二十九日の『読売新聞』に、五年後に迫った東京オリンピックに関する連載記事があり、時期的に符合する。

東京オリンピックでは聖火はアジアを横断する。アテネから東京へ一万三千キロ、テヘラン（イラン）ニューデリー（インド）バンコック（タイ）サイゴン（ベトナム）香港を通って空輸されアジアで初めて開かれるオリンピックを東南アジアの民衆に直接訴えるに違いない。

飛行機でなく、人間の足でアジア大陸を踏破してリレーしようという雄大なプランもある。戦前、第十二回大会を東京で開く予定だったときは、アテネから船でシリアに渡り、イラン、アフガニスタン、インドを通り、ヒマラヤを越えて中国、朝鮮を縦断する計画がたてられていた。(9)

本書第二章で述べたように、一九六四年の東京オリンピック開催前、聖火をどのように日本まで運ぶかについて、古代シルクロードをなぞったルートが検討されたことがあった。また、戦前の幻に終わった東京大会の折にも、同様のプランが話題にあがった。結局シルクロードを陸路で運ぶルートは実現せず、空輸されることになったのだが、平山が新聞記事を見たという一九五九年春の時点では、まだルートは決定していない。また、引用した『読売新聞』の記事では「シルクロード」

という言葉はまったく使われていないし、平山が「シルクロードの天山南路を通って」などと述べているのは、三〇年以上経ったあとの回想であるため、のちに得た知識がまじっているからだろう。

つまり、被爆体験や死への恐れといった平山自身の内面的な問題に、父親が傾倒していた仏教の教えが結びついて『仏教伝来』を着想したことは事実であろうが、そこには敦煌芸術展や聖火リレーが代表する、日本社会全体のシルクロードに対する関心の高まりが影響していたのである。そうだとすれば、玄奘の旅をモチーフとする平山の作品が、美術界の注目を受けたのも自然な流れであったと言えよう。

平山は『仏教伝来』のあと、『出山』『天山南路（夜）』『天山南路（昼）』と、玄奘の旅路をイメージした作品を続けて発表した。一九六一年の第四六回院展には、釈迦の死の場面に、敬虔なクリスチャンだった岳父の大往生を重ね合わせた『入涅槃幻想』を出品して日本美術院賞（大観賞）を受賞、日本美術院特待（無鑑査）に推挙された。三一歳の時である。翌一九六二年には、第四七回院展に出品した『受胎霊夢』が再び日本美術院賞（大観賞）を受賞。これで日本画壇における評価が定まった。

こうして仏教と求法の旅は平山の作品の重要なモチーフとなり、画家を西方に駆り立てる重要な原動力となった。戦後の復興期から高度経済成長へ、敗戦国から世界の一員へと、日本が大きく変化していく時代に、平山は単なる古典回帰ではない、新しい日本のヴィジョンを表現していくことになる。

二、歴史の色

オリエントとの出会い

平山郁夫は一九六二年、第一回ユネスコ・フェローシップによりヨーロッパに留学した。「東西宗教美術の比較」という研究テーマで、六か月にわたってイタリア・フランス・イギリス・オランダ・ドイツをめぐり、教会を訪ね歩いてキリスト教に根ざす西洋美術の世界にひたった。しかしまだアジアからの観光客もほとんどいないヨーロッパにおいて、平山は彼我の文化的伝統の違いや経済的格差に圧倒され、「異文化に侵蝕されない唯一の方法は、日本人であることを忘れないことだけだ[10]」との思いを噛みしめざるを得なかった。

こうした平山の体験は、戦後早い時期にヨーロッパに留学した日本人に共通するものだったかもしれない。ただ、芸術家である平山には、自分の痛切な思いを形にするためのよすがが必要だった。日本人としての自分の核になるものとして、まず思い浮かんだのはやはり仏教であった。平山は、「欧州文化の重圧を受ける私を畏れ多くも釈迦の苦行に見立て[11]」、苦行の末に悟りを開いた釈迦の姿を『建立金剛心図』に描いた。

東洋を西洋に対置させ、東洋に共通する伝統や価値観の中心に仏教を据えるというのが、平山の画業の最初のコンセプトとなった。そして一九六六年、東京藝術大学第一次中世オリエント遺跡学術調査団の一員として、トルコ・カッパドキア地方の洞窟修道院での壁画模写に参加したことが、彼の文明観に一つの実質を与えたように思われる。電気もなく十分な食料もない寒村を根城に、平山は四か月にわたってビザンチン帝国時代のキリスト教の壁画を模写した。過酷な環境と単調な作業の中で、調査団の若い学者の中にはノイローゼになった者もいたという。しかし平山は乾燥地帯の生活から多くの発見をし、荒涼とした風景の中にも光線によって微妙な変化があることを知った。そして、シルクロードを題材にしたのちの作品につながる創作上の重要な発見をした。それは「オリエントの色ともいうべき色彩」――濃紺との出会いだった。

平山は以前より、画家として自分にしか出せない色を求めていた。黄土色の砂と土に覆われたトルコの乾燥地帯で、目を空に転じた時、平山は故郷の瀬戸内の海に通じる「無限の色」を発見した。このくだりは、時間や空間、宗教的な永遠といったものを、画家が美的な視点からどのようにとらえたのかをよく表している。

故郷瀬戸内を紹介したさいに触れましたが、光りが十分に照射するところは透明です。水でも海でも空でも透明感にみちているわけです。けれど、光りが段々と届かなくなってくると暗くなっていく。

夕暮れ、陽が落ちて光りが消えていくと空は濃紺に変わっていきます。朝でもまだ陽の昇らない空は濃紺です。その色が、私のいうオリエントの色ということなのです。

充分には光りの当たらない世界ですが、決して黒い闇でもない。微光があります。私はこの微光を発見したといってもいいと思います。

海でも深く潜っていくと、この色に変わっていくはずです。宇宙でもそうでしょう。光りがたくさんは届かない空間の色。終わりのない、虚無の空間の色彩なのです。終わりのない色ということは、無限ということです。無限の色。つまり、あらゆる可能性を秘めた色だと思うのです。徹底した明るい色の閃光はすべてを破壊し尽くしますが、幽《かす》かな光りのある世界は、希望への予感があるといえるでしょう。濃紺の空には夜明けがやってきます。

この濃紺、濃い群青は宗教的な荘重な色です。目が見る色というより、精神がみる色彩ですが、この世に確かに存在しています[12]。


平山の作品の中で、青い夜の砂漠をラクダの隊列が進む絵（『楼蘭の月』や『パルミラ遺跡を行く・夜』など）は、とりわけ見る者を引きつける。映画の一コマを切り取ったように、一瞬に閉じ込められた静寂の中に、ラクダが砂をふみしめながら一心にどこかを目指している。そこには人間があずかり知ることのない、連続的な意志とでもいうべきものが感じられる。それを深く包みこんでいるのが濃紺の世界であり、天と地は一体になっている。

砂漠のラクダだけではない。月光がきらめく濃紺の空に、イスラム教のモスクや、アンコールワットの遺跡や、法隆寺の五重塔が浮かび上がる絵を記憶する人も少なくないだろう。深い青は確かに平山の作品の特徴となり、描く対象は違えども、同じ色によって一つの世界観の中に位置づけられたのである。

法隆寺金堂壁画

トルコから戻ってすぐに、法隆寺金堂壁画の再現模写事業に参加したことも、のちに平山が敦煌と日本のつながりを確信する重要な契機となった。世界最古の木造建築である法隆寺では、一九四〇年から金堂壁画の模写作業が始まっており、金堂そのものも戦火から守るため、移築に向けた解体作業が始まっていた。しかし一九四九年一月に金堂から発生した火災により、内陣と壁画の大半が損傷してしまう。この事件は、のちに貴重な国民の財産を保護・活用するための文化財保護法が制定されるきっかけとなった。

金堂自体は使える部材を再利用するなどして一九五四年に復元・竣工したが、壁画があったところは空白のままだった。一九六七年、東京藝術大学の教授らが中心となり、戦前に撮影された原寸大写真や、模写作品を元に復原作業を開始した。安田靫彦《ゆきひこ》、前田青邨《せいそん》、橋本明治、吉岡堅二の四名を主任として班を組み、岩橋英遠、吉田善彦、稗田一穂らが参加、当時講師だった平山郁夫は、師の前田青邨の班に所属した。前田が第十号壁（大壁）の薬師浄土図を担当し、平山が第三号壁（小壁）の観音菩薩立像図に取り組んだ。[13] 多くの助手が参加し、それぞれのアトリエで進められた作業の中で、平山だけが単独で完成させせたという。

状態のよい原画を見ながら模造するのとは異なり、再現模写の作業とは、現状をさかのぼり作品制作時の工程を踏まえて、原作者の筆遣いを再現しなければならない。いわんや法隆寺金堂壁画とは、七世紀後半から八世紀はじめに制作されたと見られる、日本で最古の壁画である。一般的な歴史の知識はもちろんのこと、本家である唐代の美術との関連も把握していなければならない。この再現模写の作業を経験したからこそ、平山はのちに敦煌莫高窟の壁画に特別な感情を持ち、その修復・保存活動を推進することになったのだろう。

法隆寺金堂壁画の再現にあたり、戦前の模写を参考に見る画家たち　中央に前田青邨、左端が平山（朝日新聞社提供）

千年以上も前のものをまず制作当時の状況に再現してみるわけです。現在の状態を写しとるのではありません。いま黒色だからといって昔から黒だとは限らない。時代の移ろいのなかで色は当然変化しています。その変化を推理し解答をみつけ出さなければなりません。
古い作品なので傷んでもいます。亀裂が入っていたりもします。絵そのものが部分的に剝落してもいます。一本の線にしても、「元の線か傷による線か」の判断が必要です。

そうした諸々の条件を整理し、原点を想い浮かべなが

法隆寺金堂第３号壁、観音菩薩立像図　平山が再現模写を担当した
（「金堂壁画再現記念 法隆寺展」〔1968年〕図録より）

ら復元していきます。模写は美術作品の本来の姿を探り出す旅でもあるのです。タイムカプセルに乗って歴史を遡行していくわけです。

登山家が未踏のルートを開拓する興奮と似てもいます。未踏ルートを初登攀《とうはん》したクライマーはそのルートを体で記憶してしまうといいます。難しい模写に成功した場合も同じことがいえるのです。

つまり、仮りに、法隆寺で模写したものと同種のものが他の場所にあったりすれば、模写をした者なら直感的に同じものだと判ってしまうのです。線の引き方、色の使い方がただちに浮かんでくるほど肉体がそれを記憶してしまっています。(14)

法隆寺金堂壁画の模写を通じて平山が体得したものとは、七世紀から八世紀頃の唐で隆盛を極めた仏教美術の筆遣いだった。それに加え、もし自分がその時代の画家だったらこう描いたであろう、とでもいうような、往時の画家との一体感である。これがあったからこそ、のちに平山は、敦煌莫高窟の数ある壁画の中から、法隆寺金堂壁画と同じ時代の作品を見分けることができた。敦煌莫高窟と法隆寺金堂壁画との直接的な影響関係を確信したことが、日本の奈良をシルクロードの東の終着点と位置づけることにつながったのである。

三、シルクロードへの旅

平山は自身も述べているように、時代と運に恵まれた人間であった。戦後、日本画壇の世代交代が進み、一九五一年に前田青邨が東京藝術大学日本画科の主任教授に就任、ちょうど四年生だった平山が抜擢されて、卒業と同時に副手として大学に残ることになった。

しかし平山の一番の幸運は、内助に恵まれたことだろう。妻・美知子は藝大時代の同級生で、女子美術大学で学んでから、改めて藝大に入り直した五歳年上の女性だった。藝大日本画科を首席で卒業したのは美知子の方であり、同じく副手として勤めるうちに仲良くなり結婚したが、「一緒に仕事をしていれば、将来かならずどちらかが足を引っ張ることになります。あなたは絵をやめなさい」という師の言葉に従い、美知子はあっさり筆を折った[15]。代議士の家に生まれ、明治生まれの母からいつも「男の人を立てなさい」と言われていた美知子にとって[16]、夫が年下であればなおさら、自分の方こそ譲らねばと思ったのかもしれない。

以来美知子は、妻として、二人の子の母として平山家を支え、大学教員の少ない収入を補うために、子どもを生口島の平山の実家に預けて女子高で美術を教えた。子どもを預けていた時期は六年にわたったという。平山は師の教えに従いアルバイトで絵を描くことはなかったし、家事に手を出すことも一切なかった。「決断力と実行力とに富んで」「生活力があふれている[17]」美知子にすべてを任せ、ひたすら自分の絵を追求していたのである。

夫婦の道中

十年余り主婦業を務めた美知子だったが、一九六八年に平山のアフガニスタン・ソ連・パキスタンへの旅に同行したのを皮切りに、四〇年間で一五〇回にも及ぶ海外旅行について歩くことになった。平山が旅先でスケッチブックを開く時には、傍らでメモを取り、写真を撮り、タイミングを見ては必要な画材や絵筆を手渡し、何くれとなく世話を焼いた。

海外旅行の経験の多い今日の読者にはわかるかもしれないが、旅先で平常心を保ったまま仕事をするのはかなり難しいことである。それが執筆であれ、スケッチであれ、旅の緊張や高揚感、慣れない食事や睡眠不足の中で、日本にいる時と同じ水準の仕事をするのは並外れた精神力を必要とする。平山にそれができたのは、妻が常にそばにいてくれ、普段と変わらぬ仕事環境を保ってくれたからだ。一九九八年に平山が文化勲章を受章した時、新聞の取材に応じて「半分は家内にあげたい」と語ったのは、偽らざる心情だったろう。[18]

ただし、結婚以来社会との接点が少なかった美知子にとって、一九六八年夏の最初の海外旅行は出発前からひと騒動だった。夫婦の初期の旅について美知子が綴った『私たちのシルクロード』（一九七七年）によれば、旅行会社のトラブルにより、出発三日前になって飛行機の予約が取れていないことが判明し、一時は旅行自体がキャンセルされるのではないかと思って悔し涙にくれる。そのあと夫婦で外務省を訪れて現地大使館への便宜を依頼し、次に朝日新聞社学芸部長からの推薦状を得た上でソ連大使館に乗り込み、現地へ電報を打ち紹介状を書いてもらう等々、今日では考えられないような事前の根回しを数日間でこなしてようやく機上の人となった。逆に言えば、当時個人が何らかの目的を持って海外旅行をしようとした時、現地の日本大使館のバックアップが不可欠であり、そもそも平山のように東京藝術大学の教員という肩書きがなければ各方面の支援を得ること自体難しかっただろう。

中国・楼蘭で写生する平山と妻の美知子（1989年、朝日新聞社提供）

この旅行は、法隆寺金堂壁画の源流を見たいという平山の思いから、アフガニスタンのバーミヤン遺跡を見学することを主な目的としていた。断崖に彫られた大仏（後述するように二〇〇一年タリバンによって破壊）の頭上にあたる部分の天井画が、法隆寺の壁画と似ていると言われていたからである。美知子は出発前に、バーミヤンを含む中央アジアの石窟研究の第一人者である京都大学の樋口隆康（本書第一章参照）に教えを請い、現地の事情等を詳しく教えてもらった。七月二十四日にいよいよ東京を出発、バンコクで乗り継ぎ、ニューデリーでの短い市内観光を経て、アフガニスタンのカブール着。そこから陸路バーミヤンを目指す。見学後はまたカブールからソ連機でタシケントへ飛び、サマルカンド、ブハラ、アルマアタを訪問して再びカブールへ。そこからさらに陸路でカイバル峠を越え、パキスタンに入って、ペシャワールからスワット地方のブトカラ遺跡とタキシラへ。ラワルピンディから空路ラホールへ飛び、暑さのためモヘンジョダロ遺跡見学の予定を断念し、カラチ経由で八月十六日に帰国した。大学の夏休みを使った盛りだくさんな旅程で、所要日数は二三日間。旅行代金は二人分で八四万九〇〇〇円、平山の年収二年分に相当したという。

当時の平山は、玄奘三蔵の足跡をたどるためシルクロードに歩み出したばかりで、今日知られるような作品をまだ描いていない段階である。それだけに、旅行そのものを楽しむ余裕はなく、ともすれば美知子を置いてさっさとスケッチに出かけてしまう。玄奘も訪れたサマルカンドで、ガイドと共に精力的に写真を撮ったりスケッチしたりしている平山と別れ、美知子は初めて一人で街を歩いてみる。公園で遊ぶ子どもたちの姿を見ては、つい日本に残してきた我が子を思い、日が暮れた心細さもあって思わず感傷的になった。

暗い異国の夜道を歩いていますと、私は訳もなく涙が流れてきたのです。それはこの数日、平山がまるで進軍ラッパを鳴らして突撃するような毎日で、結婚した当時の平山とはまるっきり違ってしまっていたからです。この旅行からなにかを得て帰らねばという心のあせりが、私をいたわる余裕をなくしてしまったのでしょう。私はとてもついてゆけない！　早く子どものいるところに飛んで帰りたい、と思っていたのです。

ホテルに帰ったのは八時過ぎでしたが、平山が玄関にでて「なにをしていたんだ」といわんばかりの恐い顔をしていました。[19]

結婚により絵筆を折ったことに後悔はないと思っていた美知子は、この旅行を経て、夫と自分の道がかなり隔たってしまったことに気づく。このままでは取り残されてしまう、という思いから、美知子は自分も何か勉強を始めようと決意するのである。ただ帰国後に始めた「勉強」が、遺跡や彫刻を立体的に撮影するためにプロの写真家に教えを請うなど、常に夫の役に立つような方向を向いているところが美知子の特徴である。平山にしても、そんな美知子の心根がわかっているからこそ、旅先で邪険にしては反省し、次こそは……と繰り返し美知子を連れ歩いたのだろう。

ちなみに最初の旅行に二年分の年収をつぎこむとわかった時、美知子は「これを払ったら当分食べられないな」と思ったそうだ。しかし意外にも帰国後に開いた展覧会（「平山郁夫シルク・ロード風物スケッチ展」於日本橋三越＝引用者註）が好評で作品が全部売れ、「これからも旅行して大丈夫」との確信が生まれたという。[20]東京オリンピックを経た日本人の世界に対する関心の高まりに、平山の作風が合っていたことの証左であろう。この個展に対する批評として、『朝日新聞』では「ひとつの問題を徹底的に掘下げなくては気のすまない彼の性格は、仏像の源泉、仏教伝来の経路をたどるこの旅に自分自身をかり立てたのだろう。（中略）あわただしい旅の合間に静かに仏像に目を注ぐ平山の姿がはっきり感じられる仕事が快い」と好意的に紹介している。[21]

無名の人々が運んだ「文化」

個展の成功に力を得て、平山はそれから毎年のように、美知子を伴ってインド、カンボジア、イラン、イラク、トルコ、シリア、ヨルダンなどに出かけた。パッケージツアーがまだ少ない時代なので、毎回自分でテーマを決め、目指す遺跡や史跡を中心に旅程を組み立てていく。知人の研究者や作家などの学術的な調査団に同行することもあった。画業に忙しい平山は、同行者らとの連絡や事前準備などのかなりの部分を美知子に任せている。一九七三年には「アレキサンダー大王東征路調査団」に夫婦で参加し、井上靖や、オリエント考古学の先駆者である江上波夫（一九〇六〜二〇〇二）と一か月余り行動を共にした（平山と井上の交友については第五章で詳述）。

平山にとってそれらの旅行は、あくまでも絵の題材を求めるためであり、歴史的事実を理解した上で創作のイマジネーションをふくらませるのに欠かせなかった。従来の日本画壇で、ヨーロッパに留学した画家が日本画の技法で西洋の風景を描いた例はあるが、インドや中近東の風景を取り入れたのは平山が初めてであろう。平山は日本社会が広義のシルクロードブームに沸く一九七〇年代以前から、シルクロードに着目していた先駆的な画家であり、まさに時代の流れに乗って、その作品が流布することになるのである。

ただし、最初にトルコでの学術調査に参加してから約二〇年が経過した時点(一九八〇年代半ば)において、平山がこう書いていることに目を引かれる。

若き日の平山(1972年、アトリエにて、朝日新聞社提供)

これだけシルクロードを歩いた絵かきは、日本にも世界にもいないと思います。それでは、そんなにシルクロードとは面白いところかと問われれば、私の答えはおそらく「ノー」でしょう。またこれだけ歩いたのだから、シルクロードのすべてがわかったことだろうと問われれば、やはり「ノー」と答えるしかありません。美術の世界でいう〝現場主義〟の、私なりの実践としてのシルクロード踏破体験を、真に自分のものにして画業の中に定着させるにも、ま

だまだ長い時間が必要な気がします。(22)

意外なことに、平山にとってシルクロードは、それ自体がおもしろくてたまらないような場所ではなかったのである。まだ海外旅行が始まったばかりの時代、さまざまな不便をおしての旅だったことを差し引くとしても、平山がシルクロードの風景そのものに没入するような心境ではなかったことは注目される。それは、平山が自然の美しさそのものよりも、歴史のある土地だけが持つ「大自然のたたずまい」に心を引かれる、と語っていることからもうかがえる。一見単調で変化の乏しい中央アジアの自然は、アレクサンダー大王や、チンギス・ハンや、玄奘三蔵の足取りと重ね合わされた時に、初めて「彩りに満ちた世界」として感じられるのだと平山は言う。そして平山が見ているものは、権力者たちの栄華の跡ではなく、無名の人々が運んだ「文化」なのである。

シルクロードで覇を競った王たちの居城は、今や廃墟と化し、崩れ去り、荒涼たる砂海の中に埋没して、よるべない虚無感を漂わせています。かつての栄光が華やかなものであればあるだけ、空しさはより深く、風に流れる砂粒のように、うつろいを感じさせます。

しかし、文化は滅びません。たとえば西方からシルクロードを流れていった古代オリエントやエジプト、ペルシャ、あるいはギリシャ、ローマといった文化も、異境の地でそれぞれの実りをもたらし、今なお生命力を持ち続けている。南のインドからも、東の中国からも、やはり同じような文化の流れがあった。熱砂を越えて歩き続けたであろう人びとが、それぞれに思いを込めて、祈り、闘い、笑い、はるかな時を超えて、今日までもその文化を伝えているのです。

シルクロードに立って、スケッチブックに目前の世界を写そうとする時、私の目には、はるかな時代のロマンに彩られた、みずみずしい哀感の世界が立ち現われるのです。あるいはまた、砂に埋もれているであろう幾多の無名の人びとの喜びや悲しみの声が、立ちのぼってくるのです。[23]

平山は明らかに、権力者たちよりも「無名の人びと」の方に自らを重ね合わせている。彼が最初に『仏教伝来』を描いた時、内面の苦悩と玄奘三蔵の求法の旅を重ね合わせていたことは先に書いたが、平山はシルクロードの地を踏んだことでむしろ「玄奘のはなばなしい成功の陰に忘れ去られた名もなき求法僧たちの声」[24]を聞き取ろうとした。こうした感性は平山のストイックな資質から来るものかもしれないが、おそらく多くの日本人に共通するものでもあるだろう。日本人は中世以来、栄華に対する無常観を持つ一方で、永続的なものを求める気持ちが強い。その永続的なものが「文化」であると、平山は明快に述べている。平山の作品（絵だけでなくこうしたエッセイも含む）が多くの日本人の共感を得た理由は、こうした部分にあるのかもしれない。

ユーラシア大陸の中心で繰り返された民族の興亡に、辺境に生きる日本人が共感を覚えることは難しい。権力者たちの栄華の跡は、あくまで他者の歴史として感じられるに過ぎない。しかし無名の庶民の暮らしや、彼らが営々と積み重ねてきた文化には、日本人が共感できるものがある。他者の文化の中に自己の文化に通じるものを見出すことで、日本人は西へ東へと往来した「文化の流れ」の中に自らの文化を位置づけることができるのである。つまり平山のシルクロードの旅とは、やはりある意味で「自分探し」の旅であり、日本人たる自分が世界のどこに連なるのかを探索する旅であった。

四、初めての中国

一九六〇年代から七〇年代にかけての広義のシルクロードブームに、中国が欠落していたことは先に述べた。一九七二年の日中国交正常化以前は、友好団体の訪中団などごく限られた機会を除いて、一般人が中国を訪れることは難しかった。平山郁夫にとっても同じ状況であり、先に中央アジアや中近東、ヨーロッパへの旅を繰り返す中で、彼の文明観はある程度できあがっていた。「中国」は、平山の旅の履歴に後から加えられた一ページとなる。

平山ブームの背景

平山が初めて中国を訪れたのは、一九七五年六月のことだった。日中文化交流協会が主催した日本美術家代表団の一員として、中川一政（洋画）、加山又造（日本画）らと北京、大同、西安、上海を訪問した。最初の中国訪問について、平山は「体制の異った中国に緊張して訪問した[25]」ものの、

「「やっと中国へ来た」という感慨は一入《ひとしお》でした」と書いている。(26) この年は七月に再び、日本文物美術家友好訪中団団長として訪中し、美術史家の谷信一夫妻らと北京、鄭州《ていしゅう》、洛陽、龍門石窟、西安、上海を回った。

玄奘三蔵の故国をいつかは訪れたいと思っていた平山にとって、音に聞く史跡の数々をその目で見たことは貴重な体験だった。例えば西安の大慈恩寺・大雁塔を訪れた時、そこにかつて玄奘が持ち帰った経典が収められていたことを知る。「塔の狭い階段を昇りながら、玄奘自身の足がこの石段をふみしめたのだと思うと、また感慨も新たなことでした」(27) と平山は書いている。また、明・清二代の宮殿である北京の故宮（紫禁城）を訪れた時も、「想像していた姿を超える雄大さと美しさ」に圧倒された。「数十の大建築の屋根が金色《こんじき》に輝き、北京の町並みに溶け込んでいるのが、言葉に尽くせないほど美しい」(28) と書いており、現代化建設が進む以前の北京の様子を彷彿《ほうふつ》とさせる。

平山は、それ以前のシルクロードへの旅と、二回の中国訪問の成果をまとめ、翌一九七六年四月に「平山郁夫シルクロード展」を開催した。東京（日本橋髙島屋）を皮切りに、大阪、京都、名古屋、横浜、広島を巡回し、個展としては例を見ない多数の来場者を集め、第八回日本芸術大賞（新潮文芸振興会）を受賞した。

それまで画壇では、新しい画題に取り組む中堅として一定の評価を得ていたが、ここから一般社会を巻き込んだ平山の快進撃が始まったと言ってよい。その背景には、本書でも繰り返し述べているー九七〇年代の広義のシルクロードブームに加え、百貨店における展覧会の隆盛がある。一九七〇年代に入り、高度経済成長が一段落した日本社会では流通革命が起き、百貨店に代わって大型総合スーパーが消費者の支持を得るようになっていた。その結果、百貨店はスーパーとの差別化を図ってイメージを重視するようになり、展覧会などの催事に力を入れ始めた。一九七五年に東京の西武池袋本店一二階に開館した西武美術館（八九年にセゾン美術館と改称、九九年に閉館）はその象徴的存在である。(29) つまり、消費者（多くの場合は女性）が百貨店での買い物のついでに、比較的安価な入場料で最先端のアートを味わうことができる時代が始まっており、平山の作品はそうしたニーズにぴったり合っていたと言うことができる。第二章で述べたように、一九七〇年代のシルクロードブームの担い手が、冒険好きな男性のみならず、「自分探し」に熱心な女性たちであったことも想起される。

展覧会について言えば、シルクロード各地の出土品をはじめとし、陶磁器、ガラス器、工芸品、服飾・染織などをテーマとしたシルクロード関連の美術展は、カタログが残るものを数えると一九六〇年代に六〇、七〇年代に八一、八〇年代に九八、九〇年代に一一〇と、開催件数がうなぎ登りに増えていく。(30) これらの展覧会は国公立・私立の博物館が主催しているほか、やはり百貨店を会場としたものが多いことが特徴である。シルクロードが専門家やマニアのみならず、幅広い市民の関心を集めていたことが裏付けられる。

平山のシルクロードの絵には、現地で描いた写生画（デッサン）と、それらや各種の資料を元にあとで構成し創りあげた日本画の二種類がある。一般には深い色彩感を持つ日本画の方が知られているが、素描に薄く色を重ねただけの写生画にもまた別の魅力がある。目にとまった人物や仏像の顔、遺跡の柱の意匠や、ある角度から切り取られた風景など、平山の現地での心の動きや足取りが生き生きと伝わってくるようだ。平山は一九七七年四月から五月にかけて初めて訪れたチベットでも、高山病による頭痛に悩まされながら十日間ひたすらスケッチに打ち込んだ。このチベット行きは日中友好協会（正統）[31]の機関紙「日本と中国」創刊一〇〇〇号記念代表団の一員としてであり、一行は日本人として戦後初めてのチベット入りだったという。平山はその成果を同年秋の「平山郁夫・チベット素描」展で披露しており、翌七八年六月には「中国を描く　平山郁夫」展を開催した。両者を念頭に置いた批評が『朝日新聞』に掲載されており、この時期の平山の活動に対する世人の評価がどんなものだったかをうかがうことができる。

とにかく、昨今の平山郁夫は、描きに描き、発表に発表を重ねている。日本のどこかで、平山展が開かれてない時があるかね――、ある人が言ったが、それが冗談ではないくらい、四十八歳の平山は意欲的に行動する。（中略）

周知のように、シルク・ロードに深い関心をもち、東西文化の交流の歴史をたどりながら、その体験を自分の日本画に生かそうと考えているこの画家にとって、中国は東洋画のふるさとであ

ると同時に、シルク・ロード探求の点から言っても、重要な道筋である。(中略)
これらの作品群をみていると、昨年発表した素描の仕事から素直に日本画に結びついていった画面が少なくない。彼は自分の目で感じたよろこびを率直に日本画へと表現してゆく。もちろん、そこには日本画独自のマチエルの美しさを示し、最近の平山の画風ともいえる明快にして端正な構図を展開しているものの、新鮮なテーマにふれたときの写生するよろこびが、ここではなによりも優先しているようだ。
近年の平山作品にたいして、一方では精神的な集中度や、あるいはその深みに欠けるという批判もある。しかし、平山にとってみれば、行動できるうちに行動し、その行動の証言として、これらの制作に情熱を燃やしているのではないだろうか。(32)

この批評から読み取れるのは、旅先での写生から帰国後の制作、展覧会開催までを含めた平山の「行動」力が、おそらく同業者からも驚きをもって見られていたことであり、日本全国で数多く開催される展覧会を通じ、その作品が多くの人の目に触れていたことである。こうなるとやっかみや嫉妬も免れないだろうが、末尾に書かれた「近年の平山作品にたいして、一方では精神的な集中度や、あるいはその深みに欠けるという批判」があったことも、十分に理解できる。というのは、素人目にも『仏教伝来』の頃の作風と、シルクロードの旅に出始めてからの作風は大きく異なり、まるで別人の作品のようにも思えるからである。

『仏教伝来』をはじめとする仏教をモチーフとした初期の作品群は、いずれも暗く沈んだ色調の中に光明を表すような金色が印象的だ。描かれた仏や僧の輪郭があいまいで、丸い人形のように見えるのも特徴である。仏伝を下敷きにしていても、岳父の死や我が子の誕生といった平山自身の人生の節目と重ね合わされており、人形のような人物たちが素朴なこけしのように、どこか日本的な味わいを感じさせる。

一方、シルクロードの遺跡や砂漠を描いた作品群は、先に述べた夜の空のような濃紺や、灼熱の太陽のようなオレンジ色、といった作品それぞれの明確なテーマカラーがある。人物は必要な場合に限って風景に溶け込むように描かれており、その土地の民族や風俗を伝えるように、肌や目の色、衣装の色形などもはっきり描いてある。つまり画面から伝わってくるのは濃厚な異国情緒であり、見る者は「世界のどこかに確かにこのような風景があるのだろう」と思わされる。

以上のような両者の違いが、先の批評にあるような「精神的な集中度」や「深み」の違いであるとは一概には言えないが、より宗教的な雰囲気を好む鑑賞者は、仏教をモチーフとした作品から思わぬ方向に変わってしまった、という気持ちにさせられただろう。シルクロードを描いた作品群はしばしば「明快」「平明」などと形容され、よく言えば誰にでもわかりやすく親しみやすいということであろうが、それをよしとしない人々がいたことも事実である。

しかしもちろん、平山の描くシルクロードは写真に写し取った風景ではなく、そこにさまざまな創意がある。例えば、砂漠を進むラクダの隊列の足元に、まるで水面に映った「逆さ富士」のように、逆向きに歩むラクダの影がある（『絲綢之路天空』）。これは実景ではありえない、想像上の産物であり、渺茫《びょうぼう》たる砂漠があたかも瀬戸内の海と通じているかのような、画家のイマジネーションの表れなのである。平山は、「宗教的なモチーフに限らず、歴史的なものを描く場合に、自分が生活の中でつかんだ実感を入れるということが、非常に大事なことだと私は思っている」[33]と書いており、砂漠や遺跡など異国の風物を描く時にも、自らの出自や感性に忠実だったと言える。

ともあれ、平山の絵は全国で行なわれる展覧会を通じて多くの日本人に受け入れられ、一九七〇年代の終わりには平山人気は不動のものとなった。人気に比例してその作品は「売れる」ものとなり、目をつけたブローカーらが贋作を制作して売りさばいた事件が新聞の紙面を賑わせている。記事によれば「絵ごころのある」犯人が偽造した絵は、「専門家が見てもすぐにニセものとはわからぬほどの精巧な出来ばえ」だったという。[34]また、別の偽造事件で逮捕された若者が、藝大志望の浪人生だったという、小説のような話も報じられている。[35]

西域の旅

一九七八年八月から九月にかけては、日中友好協会「日本と中国」紙代表団団長として初めて新疆ウイグル自治区を訪問した。ウルムチ、トルファン、ベゼクリク千仏洞、クチャ、アクス、タリム河、カシュガル、ホータン、天池を訪れ、玄奘の歩いた道を追体験することができた。平山は前年、薬師寺・玄奘三蔵院伽藍の絵殿に玄奘の「求法の旅」を描くことを約束しており、それを知った中国当局が、当時まだ外国人に対して未開放だった地域の訪問を特別に許可したのである。西域の厳しい自然に驚きつつも、人々の明るい姿は平山に格別な印象を残した。

新疆ウイグル自治区に住む人々の大多数はウイグル族です。トルファンに着いた夜は、ウイグルの人たちから歌や踊りの歓迎を受けました。赤、青、黄、緑など原色の、色彩豊かなイヤリングやネッカチーフを身につけた女性たちが民族舞踊を披露してくれます。ウイグルの人たちは陽気で明るい。旅人をもてなすことが好きなのだと聞きました。はるか昔から、砂漠の中で長旅を続けてきた旅人が、疲れ果てて辿りついたとき、ウイグルの人々の陽気で優しい歓迎を受けて、どれほど生き返った気持ちがしたことでしょう。(36)

ウイグルの人々が旅人を歌や踊りでもてなす同じような風景は、その後NHK「シルクロード」にも収録され、当時の様子をうかがい知る貴重な記録となっている。

一九七九年九月には北京と広州で「平山郁夫日本画展」が開催された。日本人の個展としては、前年に北京と瀋陽《しんよう》で東山魁夷《かいい》の展覧会が開かれたのに次ぐ。本書第三章でも述べたように、日中平和友好条約が締結され、日本映画祭が開かれて日本の現代文化に対する関心が急速に高まっていた時期であった。北京での「平山郁夫展」については、後でまた触れることにする。

展覧会を成功裏に終えた後には、初めての敦煌訪問が待っていた。敦煌は一九五八年に東京で

「中国敦煌芸術展」を見て以来、一度は訪れてみたいと夢見ていた場所である。北京から汽車に乗り、三七時間かけてまず蘭州へ。折しも敦煌は水害により町が半壊し、一般旅行客の敦煌入りはキャンセルされていた。特別に頼み込んで許可をもらい、再び汽車で酒泉へ向かう。車中泊を含め、二七時間かかった。酒泉では二泊し、嘉峪関まで出かけてスケッチをする。万里の長城の西の果てである嘉峪関は、玄奘三蔵をはじめとする古の旅人が、西域への第一歩を踏み出した場所だ。関のこちら側から、あちら側に広がる西域を見はるかす視点で描かれた「渺々たる長城終竟嘉峪関」（一九八〇年）は、この折のスケッチを元にした作品である。

九月十九日、酒泉から車で一日がかりで敦煌へ。町のホテルが水害により流失したとのことで、直接莫高窟を目指す。荒原の向こうに鳴沙山が見えてきた時、すでに夕暮れが迫っていた。平山は、敦煌文物研究所の常書鴻所長と「中国敦煌芸術展」以来二〇年ぶりの再会を喜んだ。その後宿舎に旅装を解くのも惜しんで莫高窟へ向かう。初めて目にとびこんできた莫高窟のことを、平山はのちにこう書いている。

夕暮れどきでした。
砂漠のなかにポプラの緑の塊が見え、つぎに砂丘のような鳴沙山の断崖の中心にある九層楼が姿を現わします。
千数百年前の壁画や塑像が石窟の中にたくさんあります。それは私たちに悠久の流れを語りかけています。ついに、念願かなって、目にすることができるのです。

「ああ、とうとうやってきた……」

と私は何度か呟きました。

まだ陽は西にありましたが、森閑として生物の気配はまったくありません。少しずつ光りが失われていくなかでさっそくスケッチブックを取り出しました。

小さな椅子に腰かけ、逸《はや》る気持ちを抑えて描きはじめたのです。

案内の人たちが引き揚げていきます。ポプラの樹々を抜ける風が葉ずれの音をはこんできます。

風鐸《ふうたく》が、チリンチリン、チリンチリンと鳴りつづけています。

初めて訪れた敦煌でスケッチをする平山　第259窟の中で（1979年、平山郁夫シルクロード美術館提供）

夕陽が落ちていきます。スケッチブックに砂の粒が音をたてずに、つぎつぎと落ちてきました。鳴沙山の砂が風に飛ばされて降りてくるのです。薄暗くなるまで描きつづけましたが、昂《たかぶ》る気持ちを抑えきれません。私の耳には風鐸の音とともに、往昔《おうせき》の仏教僧たちの唱和する読経が聞こえてきます。日が暮れなければ、いつまでも描きつづけたいと思う。(37)

莫高窟を見学できる時間はすでに過ぎていたため、敦煌での第一日目は外側からスケッチするだけで終わった。それにしても、刻々と光線が変わっていく中で音もなく降りしきる砂、時間と空間のあわいに自ら埋もれるようにして筆を走らせる画家の姿は、それ自体一幅の絵のようだ。

平山の目に最初に焼き付いた莫高窟の全景は、六年後に『敦煌鳴沙』『敦煌三危』という一セットの大作として姿を現すことになる（本書口絵参照）。黄金色に広がる砂漠の中にわずかに顔をのぞかせた莫高窟、その正面には防砂林の緑が鬱蒼と茂りオアシスの雰囲気を醸し出す。二〇世紀初頭に蔵経洞（第一七窟）が発見されてから、世界の探検家たちは石窟のごつごつした岩肌や、暗い窟の内部などを写真として断片的に紹介してきた。しかし莫高窟の全景を絵画として美的に表現したのは、平山が初めてなのではないだろうか。

莫高窟への「感謝」

翌日朝からまるまる三日間かけて五〇の窟を見て回った。平山は莫高窟の壁画をその目で見るまで、都から遠い土地柄ゆえにもっと素朴なものを想像していたという。しかしそこに並んでいたのは意外にも、法隆寺金堂壁画にも匹敵するような名作ばかりだった。

私が見たのは、貴重な文化遺産の宝の山でした。石窟内で電流に打たれたように立ち停まってしまったものです。

「素晴らしい。素晴らしい」

と何度も声をあげ、それでも何と表現していいかわからず、「ありがとう」とつぶやいたりしました。この素晴らしい宝の山を保存研究されてきた常書鴻先生をはじめとする研究所の方々への感謝と、これだけの芸術作品を遺してくれた先人への敬服と、いまここに立つ私の幸せとが、ないまぜとなり胸がしめつけられるような感動を覚えていました。(38)

平山は学生時代から古い時代の美術を模写することを好み、それは美術学校進学を勧めた大伯父の清水南山が「古典を読め」「歴史を学べ」と繰り返し言っていたことと関係があるという。古い文物から美の原点を見出したいと努めてきた平山にとって、時代も様式も異なる仏教美術が窟から窟へと立ち現れることに圧倒されたのだろう。すっかり魅了された平山は、それから毎年のように敦煌まで出かけることになるが、最初に莫高窟壁画に接した時の「感謝」の気持ちは、単に画家として絵から学ぶだけでなく、歴史の遺産を後世に遺したいという使命感に変わっていく。それがこれまで一〇年以上、東へ西へと「文化の流れ」を追って歩いた平山の歴史観であり、世界観であった。

のちに平山は、人類共通の遺産を守るための「文化財赤十字」を構想するが、その背景を以下のように書いている。

仏教文化、あるいはそれに伴う仏教美術の道は、単純な一本の道ではない。中央アジアを通り、中国、朝鮮半島を経て日本に入ってきたのは六世紀の半ばだが、仏教には、それ以前にすでに一千年の経緯がある。ヘレニズム文化を伝えた、アレキサンダー大王の東征の道があり、私の尊敬する玄奘三蔵の天竺への道があり、さまざまな道が二重三重に重なりながら、複雑多岐にわたる東西文化の道をつくっていた。高い山からいくつもの谷へ水がしみこみ、流れていくような歴史である。そういう歴史の遺跡は、中東からアジアへの至るところに、さまざまな姿で残っていた。

私が旅を始めたころはまだ東西冷戦時代だったが、すでに当時から、中東はもちろん、中央アジアのあちこちで、宗教戦争や民族紛争が多発しだしていた。（中略）貴重な史跡、遺跡が失われるのは、戦争によってだけではなく、盗掘、自然崩壊による場合もある。また、保有国によっては、その国土に、後から来た民族がまったく異質の文化を築いたために、先住民族の遺跡を大事にしないということもある。（中略）失われようとする文化財の一つとして、文化の源流という意味では日本に無関係なものはなく、そのことを認識できる力をもった日本こそ、アジアを中心とする各国の文化財保護のために働ける立場にある。[39]

失われゆく文化財を救う、という考えを実践する契機になったのが、敦煌莫高窟だった。平山は風化が進む莫高窟の現状を直接目にし、常書鴻から一九四〇年代以来の修復・保存活動の実態を聞くことで、日本人として協力できることは何かを考え始めたのである。その後平山は、一九八一年に常書鴻を招聘《しょうへい》して藝大での講演会などを実現させたほか、一九八二年には莫高窟の修復・保存に関わる藝大学術予備調査団の団長として敦煌を訪れ、翌年からの三次にわたる学術調査を推進した。そのうち平山はおそらく、学術レベルでは資金面から見てもできることに限界があると気づいたのだろう。これまでに培ってきた人脈を積極的に利用することによって、「敦煌」を国家レベルの案件へと引き上げていく。すなわち、敦煌莫高窟の修復・保存活動に日本政府が一〇億円拠出するお膳立てをし、一九八八年八月の竹下首相訪中に同行、外国首脳としては初めての敦煌訪問に導いたのである。

五、日本外交と敦煌

山種美術館に長く勤務し、『日本画の歴史』の著者である草薙奈津子は、同書の「あとがき」に、自分が直接接した名だたる画家たちのエピソードを綴っている。その中で、平山郁夫についてこう書いているのに目を引かれる。「平山郁夫先生は絵描きにしておくのがもったいないような、大会社の社長にでもなったらよかったのにと思わせる、美術界も俗界も、何もかも飲み込んだような方でした。私のような若造にもきちんと会って話を聞いてくださいました」[40]。これがいつの時期の平山を指しているのかは定かではないが、すでに功成り名遂げ、「若造」にも余裕の対応ができる大人の姿を想像させる。

実際、画家と呼ばれる人々の中で、平山ほど「俗界」との関わりが多かった人も珍しいだろう。そもそも平山の妻・美知子の父松山常次郎は、戦前衆議院議員を二四年間務め、戦中は海軍政務次官を務めた人物である。戦後公職追放にあって政界を引退したが、食客を何人も抱えるような家に、美知子を慕う平山青年も出入りしていたのである。いわば、平山は政治家・松山常次郎のお眼鏡にかなった婿であった。

平山は若い頃、外相時代の三木武夫・元首相に水墨画の手ほどきをしたことがあった。最初のアフガニスタン旅行の時、航空券の手配などで旅行代理店とトラブルになったものの、すぐに外務省を訪ねて打開策を探ることができたのは、省内にコネがあったからであろう。政界とのつながりは、大平正芳・元首相との交友によってさらに広がっていく。平山が綴った「大平正芳先生との出会い」(『大平正芳回想録　追想編』所収)[41]によれば、大平が自民党幹事長だった一九七七年秋、大平を囲む勉強会である「大雄会」から依頼され、行ってきたばかりのチベット旅行の写生画などを持って参加したところ、大平は熱心に絵を見てくれた。翌七八年六月に「中国を描く　平山郁夫」展を開催した時には、大平が多忙の合間を縫って来場してくれ、レセプションではスピーチもしてくれた。その年十二月に大平は総理大臣に就任。翌七九年春に新宿御苑で観桜会(「桜を見る会」のこと=引用者註)が開かれた際には、平山夫妻も招待された。平山が招待客らに交じって挨拶をすると、大平から「お出でいただき光栄です」と言われ、恐縮したという。

その後も平山は総理官邸で開かれた文化人パーティーに招待されるなど、大平から目をかけられていた。その理由は大平が田中角栄内閣の外務大臣として一九七二年の日中国交正常化に尽力し、中国との文化交流を重視していたからだろう。平山の絵が多くの日本人に愛されていること、まじめで謙虚な人柄と同時に、世界各国に出かけていく行動力を持ち合わせていることなどから、日中交流に使える人材として目をつけたのかもしれない。前述のように平山は一九七九年に北京と広州で展覧会を開いたが、日中の文化交流が官主導だったこの時代、平山は日本政府から「選ばれた」画家だったと言ってよい。北京での展覧会では、大平の祝賀メッセージが吉田健三駐中国大使によって代読された。平山は自分の役割をよくわかっていたようで、以下のように書いている。

北京で開かれた平山の日本画展開幕式（1979年、共同通信社提供）

> 大平先生は、日中国交が正常になった時の外務大臣として、北京において交渉調印をされています。そんなこともあって、中国との文化交流には一段と力を入れて下さったことと思います。一画家のために、一国の総理大臣がメッセージを下さることは、よほどのことと感激したものです。中国当局も、総理大臣のメッセージで展覧会を盛り上げるよう尽力されました。(42)

これを文字どおりに受け取れば、平山は「俗界」

と距離を保とうとする性格ではなく、与えられたチャンスを喜び、自己の役割を懸命に務めようとする傾向があった。引き立てを受けた大平は読書家のクリスチャンとして知られ、敬虔なクリスチャンだった岳父・松山常次郎と似た点があったかもしれない。一九八〇年五月にも、平山は官邸でのレセプションに招待され、中国での展覧会のことを大平に報告した。しかしそれからまもなく大平は体調不良で入院、六月には帰らぬ人となった。自民党内の主流派と非主流派の対立が激化し、非主流派の造反による「ハプニング解散」の末、衆参同日選挙を目前に控えた時期のことである。大平の「弔い合戦」を合い言葉に一致団結した自民党は、この選挙に大勝した。政権は鈴木善幸、そして中曽根康弘へと引き継がれていく。

竹下首相の信頼

大平亡きあと、平山と親密な関係を持ったのが竹下登である。第二次大平内閣で大蔵大臣を務めていた竹下は、レセプション等の場で平山と会う機会があったと思われるが、彼はなんとシルクロードの画家である平山に、自分の肖像画を描いてもらおうと考えた。国会では在職二五年を表彰された議員が自ら希望すれば、国会内に肖像画が飾られるしきたりで、竹下の場合、それが一九八三年の予定だった。元フジテレビ記者、矢嶋武弘のブログに「平山郁夫画伯と竹下登元首相」という一文があり、大蔵大臣時代の竹下が、記者懇談の席でそれを話題にした時のことが鮮やかに描かれている。

まず竹下は、同期当選の議員で姻戚関係の金丸信（竹下の長女と金丸の長男が結婚）の肖像画について、「金丸は面白いヤツだ。肖像画を○○という有名な洋画家に頼んだそうだ。その画家は鼻を高く描くのが上手いそうで、そうなるとあの〝団子っ鼻〟をどう描くのだろうか」と言って記者たちの笑いを誘った。その直後のことである。ある記者が「大臣、あなたは誰に肖像画を描いてもらうのですか？」と質問した。

その時の竹下氏の表情は今でも忘れられない。待ってましたと言わんばかりに、彼はおもむろに低い声で「平山郁夫さんです」と答えた。ほう〜っという溜息のようなものが記者の間から漏れ、その場は静まり返った。しばし沈黙が続いた。

いかに無粋な仕事をしているとはいえ、大蔵省（財研）担当の記者でも平山郁夫画伯の名前ぐらいは知っている。後で考えると、竹下氏は自分の〝肖像画〟のことを聞いてほしかったに違いない。内心得意だったのだ。だから、まず金丸さんのことを肴にして話を誘導していったのだろう。

『大蔵省』の記者なら当然、平山画伯に肖像画を頼めば値段がいくらかと聞きたくなるだろう。しかし、誰も聞かない。私も聞かなかった。聞いたって答えないだろうし、もし本当の値段を言われたら、腰が抜けたかもしれない（笑）。

それはともかく、平然と「平山郁夫さんです」と答えた竹下氏は、当時ニューリーダーと呼ばれていたが、これは総理大臣になるのかなと思った。事実、それから数年して彼は総理に就任する。[43]

実際に平山は竹下の肖像画を描き、それは二〇〇九年まで衆議院第一七委員室の壁に飾られていたという。大宮知信『平山郁夫の真実』によれば、「竹下は親しい画商を通して平山に制作を依頼した」[44]とあり、もしかするとその画商とは、竹下の「竹下会」や大平正芳の「大雄会」の裏方を務めていた福本邦雄のことかもしれない。福本は画廊「フジ・アート」の社長でもあり、先に引用した『大平正芳回想録　追想編』にも大平の追悼文を書いている。福本は生前、政界の「最後のフィクサー」として知られた人物である。

竹下は当代一の人気画家に記念の肖像画を描いてもらい、満足したことと想像されるが、彼は単に絵を買ったのではなく、平山という人間を買ったのであろう。それは、首相就任後の竹下が「世界に貢献する日本」という新しい外交目標を掲げ、とりわけ文化交流を目玉にしようとした時に、平山の文化人としての見識や、世界各地を見聞した経験を頼りにしていたと見受けられるからである。

竹下が首相に就任する前の約一〇年間、日本の対中外交は新しい局面に入り、さまざまな施策が行なわれてきた。一九七八年末に改革開放政策に舵を切った中国は、日本からの経済協力に大きな期待を持っていた。七九年十二月に大平首相が訪中した時、日本政府は中国の近代化建設を支援することを約束し、ここから対中国政府開発援助（ODA）が始まった。日本は中国からの要請を受けて、プラント建設やインフラ整備など各方面に莫大な資金援助を行なっていく。また同時に日中文化交流協定（七九年十二月締結）に基づき、青少年交流、中国人留学生の受け入れ、中国の日本語教育に対する援助や文化無償資金供与などを進めてきた。これは「国造りの基礎は人造りにある」と考えていた大平が、日中間の人的交流に最初のレールを敷いたものだった。

一九八〇年代に入り、中国共産党指導部内では改革派と保守派の争いが続いていたが、胡耀邦が党主席（八二年九月より中央委員会総書記）に就任したことで、改革派が日中間の人的交流を後押しすることになる。日本重視の姿勢を明確に打ち出した胡耀邦は、八三年十一月に訪日した際、日本の青年三〇〇〇人を中国に一週間招待する計画を発表して日本側を驚かせた。実際に翌八四年九月から十月にかけ、日本の各界の若者三〇〇〇人がグループに分かれて中国各地を訪問し、その後北京に集合して建国三五周年を祝う国慶節の式典に参列した。(45)

日本側も、中曽根首相が日中両国の有識者から成る「日中友好二一世紀委員会」の設立を提案し、中国側の合意を得た。八四年三月に中曽根首相が答礼として訪中した際、日本からの資金援助で「日中青年交流センター」を北京に建設することを約束した（一九九一年五月に竣工）。交流センターの建設は、日中友好二一世紀委員会からの提言を、中曽根が採用したものである。日本側も八五年に中国の青年五〇〇名を訪日招待したほか、中曽根が八六年十一月に再び訪中した時、中国の青年を毎年一〇〇人ずつ五年間招待するプランを発表した。しかし、それから間もなく胡耀邦は党内闘争に敗れて失脚し、理由の一つは対日政策であるとも言われた。

この時期日中間は友好一辺倒だったわけではなく、八五年八月の中曽根による靖国神社参拝や、八六年の教科書問題に対する中国側の反発があった。第三次中曽根内閣の後を受け、一九八七年十一月に発足した竹下内閣は、世界有数の経済大国として、アジアの中でどのように振る舞っていくかを課題としていた。日中関係においても、積み重ねてきたものを踏襲しながら、新たな発展の方向性を模索していたことは想像に難くない。

「人類共通の財産」

竹下首相の外交に対する考えや、文化交流を重視する姿勢は、一九八八年八月に訪中する前（同年五月）に訪問先のロンドンで行なわれた「日欧新時代の開幕」[46]と題する演説の中によく表れている。竹下はその中で、「世界に貢献する日本」を強調し、国際化の時代に日本の国力に応じた役割を果たすことを表明した。そこで国際協力の三本柱として挙げられたのが「平和のための協力強化」「国際文化交流の強化」「政府開発援助（ODA）の強化」である。

それまでの日本は「エコノミック・アニマル」という言葉にも表されるように、外国との付き合いも金儲け第一のように見られがちだった。竹下は国際社会からのこうした視線を変えようとすると同時に、日本国内においても「物心両面で調和のとれた「文化の香り高く豊かな社会」の創造」（同演説より）を実現することを目指した。「日欧新時代の開幕」の中で、竹下が文化交流について以下のように述べていることは、のちの敦煌に対する支援の思想的背景として重要である。

広い意味での文化交流こそ、体制や価値観の相違を超え、民族と民族が互いに人間として尊敬し理解し合う基礎をつくる上で、また政治、経済分野における関係をより円滑に促進するうえで、根源的に重要な意味をもつものであります。

国際社会の多様な文化は、いずれも人類共通の財産としてその普遍的価値を広く各国民が享受すべきものであります。文化の相互交流を通じ、異質な文化に対する寛容な心を培うことは、開かれた国際社会、ひいては国際協調と世界平和の構築につながるものであり、また多様な文化の相互交流がもたらす刺激は国際社会の活発化と発展の活力を生むでありましょう(47)。

これに基づけば、戦争という不幸な歴史を共有し、かつ体制が異なる日本と中国が交流を進めるためには、政治・経済分野以前に、文化面での交流が最も重要な基盤ということになる。また、外国の文化も「人類共通の財産」と見なす姿勢は、敦煌のみならず、修復・保存に困難を抱える世界各地の遺跡に日本が支援金を出す理由となる。こうした考え方に平山の影を見出すのは難しいことではないだろう。

前述のとおり、平山は初めての敦煌訪問以来、莫高窟の芸術の価値を確信すると同時に、厳しい環境の中で修復・保存活動もままならない現場の状況を憂えていた。その困難は、人材、技術、資金など多方面にわたっていた。そこで平山は、敦煌に莫高窟保存調査研究のための共同基地を作り、日本側が立体カメラやファイバースコープなどの先進的な機材を提供することで、窟ごとに精密なデータを取り研究に活かすなどの計画を構想したのである。[48] ところが、中国では文化財の保護は自国主導で行なうと定められており、外国が資金協力することは難しい状況にあった。二〇世紀初めに莫高窟を訪れた欧米や日本の探検家らによって、貴重な文物が海外に流出したことも、中国側にとっては教訓となっていたのだろう。責任問題になるのを恐れて、日本との協力に尻込みする現地研究者もいたようである。

平山は国レベルでの合意が必要と考え、中曽根内閣当時から日本政府に熱心に働きかける一方、外務省が組織した日中文化交流促進代表団の一員として訪中し、中国の外相や文化相、国家副主席などに直接敦煌保存の必要性と緊急性を訴えた。中国側の理解も進み、ついに一九八四年九月にニューヨークで行なわれた日中外相会談（日本側は安倍晋太郎外相）で、両国共同で莫高窟保存の手だてを探り、調査研究を進めることが合意された。早くも同年十一月には、敦煌文物研究所の所員五人が日本に派遣され、東京藝大で遺跡保存のための技術を学び始めている。これら一連の流れの中に、一九八八年の竹下首相訪中があり、敦煌訪問と資金協力の発表が行なわれるのである。

首相訪中のお膳立て

一九八八年は日中平和友好条約締結からちょうど一〇年にあたり、竹下首相は八月に訪中して総額八一〇〇億円に及ぶ第三次円借款の表明と、投資保護協定の調印を行なう予定だった。日程を決める過程で、北京での行事のあと、地方視察としてどこを訪問するかが問題となった。

二〇一九年十二月に公開された外交文書によれば、当初外務省側は地方の視察先として、桂林、成都、昆明、敦煌を候補に挙げていた。これまで歴代首相が訪問したことのない都市、というのが条件である。一九八八年二月時点で外務省アジア局中国課が作成した資料「竹下総理訪中　検討事項とり進め方」[49]（藤田公郎アジア局長より、在中国湯下博之公使にあてた文書）によると、敦煌の特色としてはこう説明されている。「シルクロードの街として知られまた莫高窟（いわゆる「千仏洞」）で名高い。陽関、玉門関等漢詩に詠まれた名所あり（但し、敦煌より車で片道3時間程度を要し、道路事情悪し）」。さらに、「井上靖の小説や平山郁夫画伯の絵画でも知られ、我が国でも関心を有する向きが多い。（夏期の日中気温は高く、また昼夜の気温差も大きい。外国人用の宿泊施設の整備状況等中国側に確認の要。敦煌は、中国に於いては、我が国における程有名というわけではないので、総理の訪問先として中国人にどう映るかにつき要調査。）」とあり、四つの候補地の中では難点が多いと見なされていたことがわかる。当時中国の一般市民はまだ国内を自由に移動することが許されず、観光旅行などできない時代である。外国人観光客の受け入れは始まっていたが、設備の整ったホテルは地方では少なかった。また文化大革命による混乱と停滞が終わって間もない中国社会では、敦煌のような歴史的遺産に対する人々の関心も乏しかった。

しかしのちの新聞報道によれば、竹下首相の敦煌に対する執着は強かった。「（首相は＝引用者

註）4月には女婿の内藤武宣《たけのぶ》秘書をひそかに敦煌に派遣して実情を調べさせ、懸念されていた緊急時の首相官邸との電話連絡も大丈夫とわかり、外務省を説得した。中国側も首相訪問に備え、ホテルの特別室を改造したり、首相訪問前後の飛行場の乗り入れを制限したりした。このため首相が「中国側に迷惑をかけるなあ」ともらしたこともあった」(50)。ちなみに、遠い敦煌までやらされた秘書の内藤武宣とは、竹下の次女まる子の夫で、タレントのＤＡＩＧＯの父親である。つまり竹下は腹心を使って、入念に敦煌訪問の根回しを進めたことになる。

従来の経済協力中心から文化交流という新しい形を打ち出したい竹下にとって、敦煌莫高窟の修復・保存活動への協力は格好のプランであり、訪中の際の「お土産」としてふさわしいものだった。『毎日新聞』の記事によれば、敦煌研究院からは修復・保存技術の提供や史資料館・陳列館の建設など九項目に対し、二五億円から三〇億円相当の資金援助要請が非公式に打診されていたという(51)。この「非公式に」というのは、平山を通して日本政府に伝えられたということだろう。

政府の理解を得るため、平山も身銭を切った。首相訪中に先立つ八八年六月、平山は敦煌遺跡の保護援助事業を目的とする「文化財保護振興財団」（現在の公益財団法人文化財保護・芸術研究助成財団）を設立、自ら二億円を寄付した。理事長には石川六郎・日本商工会議所会頭（当時）を据え、発起人には水上達三・三井物産相談役、高木文雄・横浜みなとみらい21社長、真藤恒《しんとうひさし》・ＮＴＴ社長など財界の大物が名を連ねている。いわゆるバブル経済の時代、企業が収益を文化・芸術活動の支援に回す「メセナ」の考え方が日本にもようやく広まっていた。財界の協力を取り付けることで、官民一体となって敦煌の修復・保存に取り組む意気込みを、政府に対して示したことになる。

平山は当初、当面必要な資金二五億円を、「家を売り払ってでも」捻出する覚悟であったらしい。(52)結果的に自身の寄付と財界からの協力金を合わせて一〇億円を準備し、あとは募金活動を通じて集めることにした。それにしても個人で二億円の寄付が可能であったとはすごいことで、全国各地での展覧会の開催や、作品の桁違いの人気がなければできないことである。結局日本政府は敦煌に研究センターを建設する資金として一〇億円を無償で提供する方針を固め、訪中した竹下首相が李鵬《りほう》首相との会談で発表することになった。

日本文化の源流

竹下首相の中国訪問は八月二十五日から三十日までの五泊六日の日程で行なわれた。竹下は敦煌訪問には平山の案内が欠かせないと考え、平山を総理府出向職員という形で訪中に同行させた。民間人が首相の外国公式訪問に同行するのは異例のことであった。(53)

日程前半は、まず北京での首脳会談のあと、最高指導者・鄧小平や党総書記・趙紫陽との会談が行なわれた。外交文書によれば、竹下首相は首脳会談において、「世界に貢献する日本」の立場を説明し、日中間においても今後は経済協力だけでなく、文化交流も重視したいとの姿勢を明確に打ち出し、李鵬首相の賞賛を得た。李鵬首相は日本政府の敦煌に関する協力に感謝し、映画『敦煌』は中国でも評判であると述べたという。(54)懸案が少なくない中、文化・学術交流や、留学生などの人的交流は、両国が一致して推進できる貴重な分野であった。

実は竹下訪中の直前、いわゆる「光華寮《こうかりょう》問題」で日中間は緊張しており、首脳会談がどのような雰囲気で進むかについて日本側は神経を尖らせていた。この問題は、戦時中から京都市に存在する中国人留学生寮・光華寮の所有権をめぐり、台湾（中華民国）と中国（中華人民共和国）が国家としての正統性を裁判で争ったものである。数次に及ぶ審理の結果、八七年二月に大阪高裁が台湾側勝訴の判決を出しており、これが「一つの中国」の原則に反するとして中国側の反発を招いていた。[55]この件について、李鵬首相は首脳会談で「一つの中国」という立場を強調しつつも、日本の国情（ここでは司法の独立のこと）を尊重する旨の発言をし、深く踏み込むことはなかった。

李鵬首相は今日では、八九年の天安門事件で民主化を求める学生・市民を弾圧した側として、悪役のイメージが強い。しかし竹下訪中当時は、八八年四月に首相に正式就任したばかりで、人柄や政治手腕も未知数と見られていた。そんな李鵬が歓迎宴では竹下に対し、日本映画をよく見ていると話し、『君よ憤怒の河を渉れ』『望郷』『絶唱』などを挙げたという。[56]また竹下も李鵬に対し、「（同年六月のカナダ・トロントでの＝引用者註）サミットの帰途飛行機の中で「敦煌」の映画を観た」と話した。[57]宴会の前半では李鵬が日本の税制について質問するなど「硬い話」が続いたが、次第に日本の料理や映画などの話になり、場が和んでいった様子がうかがえる。国を代表する者どうしの会話であっても、個人としての体験や文化的素養などが反映され、雰囲気づくりに少なからぬ影響を与えることがわかる。

北京での日程を終え、竹下首相一行は二十七日に中国民航の特別機で敦煌入りした。途中蘭州での給油を含めて五時間余りかかり、到着はすでに午後六時過ぎになっていた。『朝日新聞』の記事によれば、[58]首相一行はホテルに入ったあと、甘粛省長主催の歓迎夕食会に臨み、その後夜の鳴沙山観光に出かけた。現地時間（北京時間）ではすでに一〇時頃であったが、サマータイムを採用していたのと、敦煌が北京よりはるか西にあるため、まだ夕暮れのほの明るさだった。竹下首相夫妻は報道陣の前で観光客用のラクダに乗って砂漠を歩いて見せ、宿舎に戻ったのは夜一一時に近かった。

翌日がいよいよ莫高窟の見学である。同じ『朝日新聞』の記事を引用してみよう。

敦煌へ向かう特別機内で平山から敦煌についての説明を受ける竹下首相夫妻（1988年、読売新聞社提供）

翌28日は、夜明け間もない午前9時に宿舎を出発、郊外の莫高窟へ。莫高窟では敦煌研究院の段文傑院長と平山郁夫画伯（東京芸大美術学部長）の案内で、階段を上がったり下りたりしながら、十数カ所の石窟を見て回った。視察後、首相の口からは「砂漠のギャラリー」「人類の遺産」「仏教文化の総本家」といったほめ言葉がポンポン飛び出し、気持ちの高ぶりをうかがわせた。

敦煌莫高窟第61窟前で休憩をとる竹下、平山ら一行（1988年、読売新聞社提供）

竹下は音に聞く莫高窟をついに我が目で見たことが嬉しかったのであろう。映画『敦煌』で予習をしてあったのも効果的だったかもしれない。竹下は翌日に訪問した西安でも兵馬《へいば》俑坑《ようこう》などを見学し、中国の悠久の歴史に感銘を深くした。西安では訪中のまとめとして「新たなる飛躍をめざして」と題する記念講演を行ない、敦煌について以下のように触れた。

私は、当地到着に先立って、永年の夢であった敦煌訪問を実現することができました。敦煌については、すでに我が国でもさまざまな形で紹介されておりますが、初めて莫高窟に足を踏み入れ、飛天の舞う壁面の美に触れたとき、私は一瞬、千年余の時空を超えて、これを描いた人々が直接に語りかけてくるように感じ、思わず大きな感動に包まれました。

私は、古来戦乱の地として知られた西域にかくも優れた文化が花開き、それが幾世代を経て継承・保存されて今日に至ったことの貴さにあらためて深い感銘を受けると共に、これを守り伝え

た人々がいかに強くこの世の平和を願っていたかを知らされる思いがしたのであります。(59)

日本の首相が訪中時に北京周辺以外の史跡を訪れた例は少ない。竹下首相訪中に先立つ一九七九年十二月に大平首相が西安（兵馬俑坑、碑林《ひりん》）を訪問したほかは、二〇〇七年十二月に福田康夫首相が山東省・曲阜《きょくふ》（孔子廟）を訪問した例があるだけである。その意味でも、竹下首相の演説に具体的な史跡を見た感想が盛り込まれていることはとりわけ珍しい。

竹下はこの講演でも、「世界に貢献する日本」として国際文化交流を推進する必要性を述べた上で、今回の中国訪問を通して得た「重要な示唆」を二点述べた。

1つは、文化を継承する心は平和希求の原動力であり、平和は文化発展の必須条件であるということであります。文化の基礎があってこそ平和は意味あるものとなり、平和の基礎なしに文化の発展が望めないことは申すまでもありません。

もう1つは、文化はまた、異なる文化との交流を通じ、互いに刺激し合うことによって更に豊かさを加え、そこに各民族の創意工夫が加わって新たな独自の文化を生み出すということであります。

繁栄と文化を誇った「長安の春」の背景には長い平和がありました。戦乱に倦み疲れた人々は、何よりも生活の安定と平和な社会の永続をこいねがい、その中でこそ文化の隆昌も現実のものとなったのであります。

　長安は、シルクロードの起点であったのみならず、中国の伝統文化を中心としながら、西域から敦煌を経て流入した文化を融合した新たな文化の発信地でもありました。奈良時代の我々の祖先は、幾多の困難を乗り越えてそれを消化し吸収して、新たな独自の文化を創造しました。いまなお私共日本人が、シルクロード、敦煌、そして長安という言葉を聞くにつけ心の高まりを覚えますのは、かかる来歴を持つ文化が日本人の心の中に今も脈々と生き続けているからでありましょう。つまり、私が今立っているこの地は、日本人の文化の源流の1つであり、いわば心のふるさとであると言っても過言ではありません。

　日中両国間の文化交流は、先人の努力により更に様々の分野で花開いておりますが、これを更に大きく前進させていくためには、賢明な継承と大胆な創造を目指す両国国民のたゆまぬ努力が必要であります。(60)


この講演を会場の一角で聴いていた平山も感慨深かったことだろう。平山は前年の一九八七年に莫高窟を訪問した際、ある壁画（二二〇窟・初唐）の筆致に、かつて再現模写に携った法隆寺金堂壁画とまったく同じものを見出していた。「それは法隆寺だった。（中略）描法、配色、構成、そして色感、造形的な解釈、様式、すべて同じです。世界的名作の金堂壁画を描いた画家の張りつめた精神と対話するようにして模写をつづけ、私の肉体が記憶してしまったものが、目の前にありました」[61]と平山は書いている。「文化の流れ」を西へ東へとたどってきた平山が、一人の画家として、千数百年前の敦煌莫高窟で筆を執っていた異国の画家と共鳴した瞬間だった。最も輝かしい仏教美術を生んだ唐代の技法と作風が、都・長安を挟んで西の敦煌と、東の奈良に同時に存在したという驚きと感動が、敦煌を「日本文化の源流」であると平山に確信させたのである。

平山は、この確信を竹下にも繰り返し説いたであろう。平山のコンセプトが竹下の講演に取り入れられ、「(敦煌は)日本人の文化の源流の1つであり、いわば心のふるさとである」との文言になったことは明らかである。こうして平山の思いは、竹下を通して、日本人の中国に対するメッセージとして広く発せられた。訪中時に日本政府が表明した一〇億円の資金協力は、「敦煌石窟文物保護研究陳列センター」の建設にあてられ、一九九四年八月に竣工した。すでに首相の座から下りていた竹下や平山を来賓に迎え、現地で華々しくテープカットが行なわれた。

本章でたびたび引用した竹下訪中に関わる外交文書の中に、訪中後に外務省でまとめた総括資料がある。当時の阿南惟茂《あなみこれしげ》・中国課長(のち二〇〇一～〇六年に中国大使)の「所感」として綴られた手書きのレポートには、「(敦煌案件は＝引用者註)平山郁夫画伯の熱心な働きかけが結局実を結んだ形となった」[62]とはっきり記されている。その前段には、当初中国課で竹下訪中の新機軸として考えていた「日中文化・学術交流構想」が、省内の予算措置の不足や関係部門の理解不足により「看板倒れ」に終わった悔しさをにじませている。敦煌案件はODAの無償資金協力の枠内でかろうじて実現したが、阿南にしてみれば、さらに包括的・長期的な文化・学術交流の中に位置づけたかっ

「平山郁夫と文化財保護」展の会場風景　破壊前のバーミヤンの石仏（右）と破壊されたバーミヤンの石仏を描いた作品（2011年、朝日新聞社提供）

たという反省があったのだろう。

文化交流を口で言うのはたやすいが、何を、どのように、どんな資金で進めるかをトータルに考えることが必要であり、平山の行動は政府より一歩も二歩も進んでいたことになる。平山は竹下訪中後の一九八八年十二月に、日本人として初めてユネスコ親善大使に任命され、カンボジア・アンコール遺跡や、北朝鮮・高句麗古墳壁画の調査・保存活動などに携った。先に触れたように、平山は世界的な遺跡を人類共通の財産として、国境を越えて保護する「文化財赤十字構想」を提唱し、二〇〇一年にアフガニスタンのバーミヤン遺跡がイスラム過激派タリバンによって破壊されようとした時にも、いち早く国際社会に声を上げた。かつて平山も絵に描いたバーミヤンの大仏は、国際社会からの警告にもかかわらず無情にも爆破されたが、アフガニスタンから流出した文物の保全活動は文化財保護振興財団によってずっと続けられた。

平山はシルクロードに導かれて世界を訪ね歩き、人類の歴史を美的な側面から綴ろうとした。活動の思想的基盤となったのが法隆寺金堂と敦煌莫高窟を結ぶ仏教美術であり、敦煌を「日本文化の源流」と見なす歴史観である。平山の活躍のおかげで敦煌は、日本人にとってさらに身近になり、日中両国の文化的な絆を表す象徴的な場所となった。平山は一九九二年に日中友好協会の会長に就任し、日中戦争時に破壊された南京城壁修復事業や、貧しい農村に小学校を建設するプロジェクトも推進している。一九八九年十二月から東京藝術大学学長も務めていたことや、中国の近現代史に関わる事柄であるゆえに、日本での風当たりも強くなったが、平山の精力的な活動はやむことがなかった。自らの被爆体験があまりに生々しく、絵にすることができなかったという平山は、絵を描くこと以外の活動によって、戦争を憎み平和を守る気持ちを表現したかったのかもしれない。平山にとってはその対象がたまたま中国であっただけで、彼が見はるかしていたのは世界であろう。

生前の平山に対し、政治への接近に眉をひそめる向きもあったようだが、人類の歴史を視野に収めた平山にとって、政治など小さなものではなかっただろうか。政治が平山を利用したのではなく、平山が政治を利用したのである。その目的はもちろん、平和な日常を守り、美を求める人間の営みを永遠に輝かせるためであった。

註

（1）平山郁夫『敦煌 歴史の旅』光文社、一九八八年、五二～五三頁。
（2）同右、五三～五四頁。
（3）同右、五七頁。

（4）『朝日新聞』一九五九年九月八日朝刊七面。前掲『敦煌 歴史の旅』五八頁で紹介されている河北の批評は、実際の『朝日新聞』とは異なる。別の場所に書かれたものと混同している可能性があるが、これも参考までに記しておく。「この絵には、群青全体の色調が独特で、朱、金、白の滲むような輝きが含まれ、老成のなかの若々しさ、みずみずしい静けさ、爽やかな情熱といったものが印象的である」。

（5）前掲『敦煌 歴史の旅』五九頁。

（6）同右、四九頁。

（7）同右、四八頁。

（8）平山郁夫『絹の道から大和へ――私の仕事と人生』講談社、一九九二年、二四～二五頁。

（9）「〝ベルリン〟で頂点に 聖火リレーの最終走者は？」（連載記事「アテネから東京へ」②）『読売新聞』一九五九年五月二十九日朝刊五面。

（10）前掲『敦煌 歴史の旅』六八頁。

（11）同右、六九頁。

（12）同右、七九～八〇頁。

（13）『敦煌 歴史の旅』八四頁には「最大の価値があると評価されている第六号壁の阿弥陀如来図を恩師の前田青邨先生が担当されました」とあるが、誤り。東京文化財研究所のアーカイブデータベースによれば、前田青邨の班が担当したのは第十号壁、第三号壁、第十二号壁の三面。第六号壁を担当したのは安田靫彦の班である。前田青邨の記事 https://www.tobunken.go.jp/materials/bukko/9605.html 安田靫彦の記事 https://www.tobunken.go.jp/materials/bukko/9601.html

(14) 前掲『敦煌　歴史の旅』八五〜八七頁。
(15) 平山郁夫『群青の海へ――わが青春譜』佼成出版社、一九八四年、八二頁。
(16) 平山美知子については、東京藝術大学ダイバーシティ推進室によるインタビュー「平山美知子さん「自分の道は自分で決める」」(二〇一七年四月十四日)も参照した。http://diversity.geidai.ac.jp/interview/hirayama/
(17) 平山郁夫『道遙か』日本経済新聞社、一九九一年、九四頁。
(18) 「文化勲章　日本画の平山郁夫さん」『朝日新聞』一九九八年十月二十三日夕刊一八面。
(19) 平山美知子『私たちのシルクロード』実業之日本社、一九七七年、七四頁。
(20) 前掲インタビュー「平山美知子さん「自分の道は自分で決める」」
(21) 「印象的な三つの個展　平山郁夫・原精一・三尾公三」『朝日新聞』一九六八年十一月三十日夕刊七面。
(22) 前掲『群青の海へ』三九〜四〇頁。
(23) 同右、三七頁。
(24) 同右、四二頁。
(25) 井上靖・司馬遼太郎『西域をゆく』文春文庫、一九九八年に寄せた「解説」より。同書二三八頁。
(26) 前掲『敦煌　歴史の旅』一一二頁。
(27) 前掲『絹の道から大和へ』七五頁。
(28) 同右。
(29) 志賀健二郎『百貨店の展覧会』筑摩書房、二〇一八年、一二九〜一三〇頁。

(30) 松平美和子『シルクロード美術展カタログ内容総覧』(芙蓉書房出版、二〇〇九年)に掲載されたカタログを年代別に数えた。これらのカタログは、著者の専門分野から中東(イラン、アフガニスタン、パキスタンなど)と近東(ギリシア、トルコ、シリア、ヨルダン、イスラエル、エジプトなど)をテーマとしたものが大半であり、「中国」「西域」「大谷探検隊」などと銘打ったものはわずかしか収録されていない。
(31) 一九五〇年成立の日中友好協会は、文化大革命の評価をめぐって分裂し、文革を礼賛する側が「日中友好協会(正統)」と名乗っていた。
(32) 「平山郁夫と小松均」『朝日新聞』一九七八年六月十二日夕刊五面。署名は編集委員・小川正隆。
(33) 平山郁夫『絵と心』読売新聞社、一九九八年、八九頁。
(34) 「平山画伯の絵偽造 ブローカーら三人逮捕」『朝日新聞』一九七九年二月十九日夕刊八面。
(35) 「芸大浪人ら逮捕 平山画伯の絵偽造事件」『朝日新聞』一九七九年四月十二日夕刊一〇面。
(36) 前掲『絹の道から大和へ』七八頁。
(37) 前掲『敦煌 歴史の旅』一一一〜一一三頁。
(38) 同右、一三四頁。
(39) 前掲『絵と心』一八六〜一八七頁。
(40) 草薙奈津子『日本画の歴史 現代篇』中公新書、二〇一八年、一八一頁。
(41) 『大平正芳回想録 追想編』大平正芳回想録刊行会(編集・発行)、一九八一年。ここではウェブ版を参照した。http://www.ohira.or.jp/cd/book/tu/index.html
(42) 同右。

（43）ブログ「矢嶋武弘の部屋」より。https://blog.goo.ne.jp/yajimatakehiro/e/665a34086e181a14e66ac85a5f3c96e0

（44）大宮知信『平山郁夫の真実』波乗社（発行）、新講社（発売）、二〇一二年、一一一頁。

（45）日中友好の歴史や人的往来、またそれらに対する中国側の評価については、中国網（チャイナ・ネット）の特集「２００５感知中国　中国・日本　両国人民の友好の絵巻物」を参考にした。ここには井上靖の活動や、映画『未完の対局』など、本書で取り上げたトピックも多く含まれていて興味深い。http://japanese.china.org.cn/jp/archive/zryhhj/node_2185480.htm

（46）「日欧新時代の開幕」（ロンドン市長主催午餐会における竹下内閣総理大臣スピーチ）一九八八年五月四日、外務省ホームページより。https://www.mofa.go.jp/mofaj/gaiko/bluebook/1988/s63-shiryou2-5.htm

（47）同右。

（48）「敦煌保存へ日中協力」『朝日新聞』一九八四年九月二十六日夕刊一九面。

（49）竹下首相訪中に関わる外交文書は、外務省ホームページからPDFファイルの形で閲覧できる。視察先候補地としての敦煌に関しては、ファイル「№14　竹下総理中国訪問（１９８８年）　03準備全般②」（総一五九頁）の七七頁参照。https://www.mofa.go.jp/mofaj/annai/honsho/shiryo/shozo/pdfs/2019/14_03-2.pdf

（50）「「文化が目玉」印象づけ　竹下首相、念願の敦煌入り（時時刻刻）」『朝日新聞』一九八八年八月二十九日朝刊三面。

（51）「政府、敦煌保存に10億円の資金協力、竹下首相の中国への手土産」『毎日新聞』一九八八年八月十七日夕刊一面。

(52) 前掲『敦煌　歴史の旅』一四七頁。

(53) 註51に同じ。

(54) 竹下首相訪中に関わる外交文書、ファイル「No.15　竹下総理中国訪問（1988年）04訪中後」（総一一七頁）中の一七頁。外務省ホームページより。https://www.mofa.go.jp/mofaj/annai/honsho/shiryo/shozo/pdfs/2019/15_04.pdf

(55) それから二〇年後の二〇〇七年に、最高裁は台湾側の事実上の敗訴となる判決を下し、今度は台湾側の反発を招いた。公開された外交文書でも光華寮に関する部分は黒塗りの箇所が目立ち、今日なお微妙な事柄であることがうかがえる。

(56) 註54に同じ。二八頁。

(57) 同右。

(58) 註50に同じ。

(59) 「新たなる飛躍をめざして」（竹下内閣総理大臣の西安記念講演）一九八八年八月二十九日、外務省ホームページより。https://www.mofa.go.jp/mofaj/gaiko/bluebook/1989/h01-shiryou-2.htm

(60) 同右。

(61) 前掲『敦煌　歴史の旅』一四四頁。

(62) 註54に同じ。六八頁。

第五章　大国化する中国とシルクロード

中国浙江省義烏市から七か国を経由してロンドン東部バーキングに到着した貨物列車。中国が提唱するシルクロード経済圏「一帯一路」構築の一環（EPA＝時事）。

一九八〇年代はNHK「シルクロード」の放送を契機に従来からのシルクロードブームが最高潮に達し、「敦煌」が日中友好のキーワードとして人口に膾炙《かいしゃ》した特異な時代だった。七九年のイラン・イスラム革命や同年末のソ連のアフガニスタン侵攻によって中東が不安定化し、社会主義中国が相対的に安全な地域として好感を持たれたことも影響している。シルクロードブームは「中国ブーム」の様相を呈したが、八九年の天安門事件をきっかけに、日本人の中国に対する感情は変化していく。

経済発展が進み都市化や現代化が著しいアジアは、もはや日本人のロマンの対象ではなく、日々の生活やビジネスの相手となった。一九九〇年代以降韓国や台湾がアジアの新しい顔として人々の興味関心を引く一方で、大国となった中国は想像をはるかに超える変貌を遂げた。そして二一世紀の今日、中国は新疆や中央アジアの国々など往時の西域を「中国化」し、現代版シルクロードの建設に邁進《まいしん》する。日本人がかつてテレビの画面越しに見た新疆の牧歌的風景は失われ、住民であるウイグル族は宗教や文化伝統を失う危機に立たされている。日本人が古代シルクロードに投影してきた多民族による平和な文化交流のイメージは、このまま歴史の中に埋没するのだろうか。

一、ブームから個別の体験へ

「なら・シルクロード博」

一九八八年四月二十四日、「なら・シルクロード博」が開幕し、日本人のシルクロードに寄せる思いはここに結集されることになった。奈良県・奈良市とNHKが主催し、総合プロデューサーに井上靖、総合プロデューサー代行に樋口隆康（京大名誉教授・泉屋博古館館長＝当時）を迎え、江上波夫や加藤九祚《きゅうぞう》などユーラシア研究の権威、陳舜臣や司馬遼太郎、鈴木肇（NHK「シルクロード」チーフ・ディレクター）なども企画委員に加えた、まさにシルクロードブームの集大成である。「民族の英知とロマン」をテーマに、奈良公園をメインとする会場には、シルクロードと奈良のつながりを体験できるパビリオンや、バザールを再現した巨大なパオが設けられた。そのほか奈良国立博物館・奈良県立美術館では「シルクロード大文明展」を同時開催し、シルクロード沿道国から国宝級文物が多数出品されるなど、総事業費二〇五億円をかけた一大祭典だった。

開会式にはパキスタンの文化相や、ソ連、中国、ギリシャはじめシルクロード沿道国の駐日大使夫妻らも出席し、古代オリエント史の研究で知られる三笠宮崇仁親王も臨席した。十月二十三日までの六か月間に六八二万人を動員したこの博覧会は、バブル経済期の地方博覧会ブームの中でも成功したケースといえる。しかしそれでも八億円余りの赤字を出し、奈良公園の景観や生態系への影響を心配する住民らの反対運動が起こるなど、主催者側には痛い教訓も残った。

一九八八年四月から十月までの会期中には、映画『敦煌』が公開され（六月）、竹下首相の訪中と敦煌訪問があった（八月）。竹下は中国から帰って一週間も経たないうちに、短時間ではあるが「なら・シルクロード博」を視察している。本書では章に分けて綴ってきた事柄ではあるが、実際にはすべてが連動しているし、立役者の顔ぶれも似通っている。

『なら・シルクロード博 公式ガイドブック』

博覧会のテーマ館には、平山郁夫作『飛天群舞図』の巨大陶板画（五メートル×一〇・八メートル）が飾られたほか、敦煌莫高窟の二八五窟が再現された。二八五窟は一九五八年の「中国敦煌芸術展」でも、大型の複製で耳目を集めた窟である。西魏時代の飛天図で知られ、飛天の姿は法隆寺金堂にも描かれているから、まさにシルクロードと奈良を結ぶ象徴として選ばれたのであろう。『なら・シルクロード博 公式ガイドブック』には「平山郁夫画伯の指導のもとに復元します[1]」とあり、敦煌研究院の協力を得たものであることがうかがえる。

『公式ガイドブック』の冒頭には、井上靖の「飛天・讃」という詩が掲載されている（初出は詩誌『焰』一九八七年春号）。ペルシャあたりで生まれた飛天（仏のまわりを飛ぶ天人）が東を目指して飛び立ち、数百年の歳月を楼蘭、敦煌、長安などで過ごし、また飛び立って朝鮮半島と日本列島の空を飛翔し、ようやく法隆寺金堂の壁に収まる、という幻想的な内容だ。

そして、それからいつかまた、千二、三百年の歳月が経過している。併《しか》し、二体の飛天は何も語らない。その上を飛んだ沙漠の隊商路についても、草原の竜巻についても、賑やかな駅亭についても、唐の壮《さか》んな都大路についても、いっさい何も語らない。五百年に亘《わた》ったアジアの旅は語ることができないのだ。しかも、驚くことには、今もなお飛んでいる。花皿をかざし、天衣を腕にかけ、裳《も》の先端をひるがえしながら、必死に飛んでいる。飛天であるからには、飛んでいなければならないのであろうが、今もなお飛び続けている法隆寺金堂の飛天はいい。あの凜《りん》とした永劫に続く飛翔が好きだ。(2)

法隆寺金堂壁画が制作されたと見られる七～八世紀から現代までの長い年月、絵の中の飛天は黙して語らない。しかし「あの凜とした永劫に続く飛翔」そのものが、時空を超えた日本と大陸のつながりを示している、と井上は言いたいのであろう。

なお、金堂内陣（仏像が安置された場所）の上部にあった飛天図は、戦火から守るため一九四五年に取り外されており、一九四九年一月の火災による被害を免れることができた。焼損した外陣《げじん》の壁画の再現模写事業に、平山郁夫が参加したことは本書第四章で述べたとおりだが、飛天図はオリジナルが残っているのである。被災を免れた飛天図は、焼損した外陣壁画と共に法隆寺の収蔵庫に収められており、近年保存・研究活動が進んでいる。現在の金堂に見られる壁画は、平山らが手がけた外陣のほか、内陣の飛天図もすべて模写である。

井上靖と平山郁夫の交友

この博覧会における井上の役割は、総合プロデューサーとしてすべての企画を貫くコンセプトを設定することだったと見られ、シンボルとしての「飛天」は井上のアイディアだったのかもしれない。テーマ館に平山郁夫の作品が大きく掲げられているのは、井上と平山の長年の交友を象徴する。

二人が最初に出会ったのは一九六九年とされ、西域を描く画家としての平山に井上が強い関心を持っていたらしい。初対面の時、井上は平山の「若さと、エネルギーと、才能を眩しく思い、羨しく思った」(3)。平山の仕事ぶりから「もっと年配の画家を想像していた」が、実際には二三歳も年下の、息子のような芸術家だったのである。それでも平山の作品に対する井上の評価は高く、同じ文章の中で「平山さんの仕事は、文学で私が試みようとしているところにどこか一点繫がるところがあ」るとまで言っている。さらに、かつて新聞の美術記者だった井上らしく、平山の『バーミアンの大石仏』や『ガンジスの夕べ』などの作品に対して以下のような批評を寄せている。

旅情などといったものはどこにもない。それぞれその美しさは異っている。氏が旅行者の眼でそれらのものを見ていないからだ。氏は川から、沙漠から、建物から、相手が匿《かく》し持っている宝

石を引張り出すために旅行をしているのである。（中略）

……対象を最も本質的な一点で把握する詩的直感力があればこそ、あの強靱な説得力を持つ画面の構築が可能なのである。優れた画家が例外なく詩人であるように、氏もまた詩人なのである。詩人平山郁夫と画家平山郁夫の協力はみごとである。みごとという一語に尽きる。(4)

井上が平山を「詩人」と評したことは、詩作から文芸活動を始め、小説家として成功してなお詩を書き続けた井上にとって、最大級の賛辞と言えるかもしれない。井上は平山の勧めにしたがって一九七一年にアフガニスタンを旅行しており、バーミヤンの大仏などを見て感銘を深くしていた。上記の批評はその体験も踏まえたものである。

井上と平山は一九七三年に「アレキサンダー大王東征路調査団」と称するアフガニスタン・イラン・トルコの旅を共にし、その成果を『アレキサンダーの道』として三年後に刊行した。井上の紀行文と平山の絵を合わせた豪華本である。また一九七六年に「平山郁夫シルクロード展」が開催された時には、井上が展覧会図録に旅行の思い出を寄稿した。そこに書かれているのは、行く先々でスケッチに没頭する平山と、それに張り合うようにノートを取りまくる井上の姿である。互いに無口で過ごした日中が過ぎたあと、夕食の席で初めてその日見たものについて語り合う。ワインを傾けながらの至福のひと時が、行を共にした者どうしをかたく結びつけたことがわかる。

つまり井上と平山は、シルクロード体験を通して、互いの見たもの・感じたものがわかりあえる

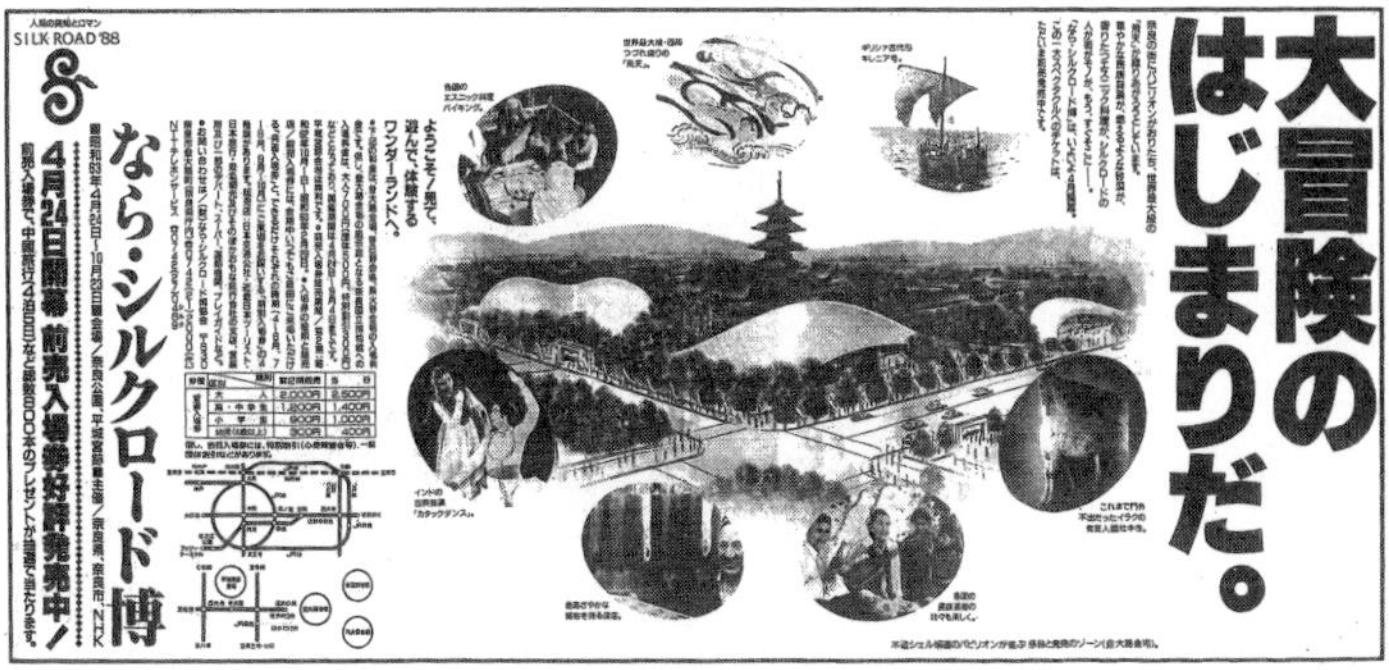

「なら・シルクロード博」の新聞広告（『読売新聞』1988年2月1日付）

間柄だった。すでに一九七〇年代から雑誌の対談や座談会などで顔を合わせる機会も多く、八〇年代のシルクロードブームに至っては、ブームを支える双璧だったと言っても過言ではない。井上が一九九一年に逝去することを考えれば、八八年の「なら・シルクロード博」は共に仕事に取り組む最後の機会であった。

井上はテーマ館の企画のほか、井上の名を冠したパビリオン「井上靖　シルクロードの足跡」に展示するため、歴史小説執筆時に参照した各種の文献や書籍を体系的にまとめる「西域学問史」の研究を志した。「専門の学者はそれぞれ自分の研究に忙しくて、学問史どころではありませんから」、「(私は＝引用者註)〈なら・シルクロード博〉をきっかけにして、その仕事をやりとげたいと決心しているのです」と井上は語っている[5]。

こうした学問的な試みや、先に述べたような世界各国の国宝級文物の展示など、見どころも多かったはずだが、一方では主催者側が打った新聞広告に[6]「大冒険のはじまりだ。」と大書されているように、テーマパーク的なノリで集客しようという商業的なねらいも強かった。その結果、すでにシルクロードに対する知識や経験の深い者にとっては、会場に再現された各地の風物がどうしても作り物に見えてしまうほか、協賛企業のパビリオンの意図が伝わりにくく、記念グッズの販売ばかりが目立つという不満の声もあがった。

中国旅行の隆盛

「なら・シルクロード博」に来場した人々の中には、すでに中国旅行を果たし、敦煌を見てきた人もいたことだろう。一九七八年の日中平和友好条約締結によって一般の日本人の中国旅行が可能になり、翌七九年に中国旅行をした日本人は早くも一〇万六〇〇〇人を超えた(7)。それ以前は中国訪問の機会は限られており、本書でも紹介してきたように、財界人、文化人、友好団体の関係者など、選ばれた人々の珍しい体験に過ぎなかった。これらの人々は進歩的な思想の持ち主が多く、社会主義中国に対する興味関心も強かったことが特徴であろう。しかし観光旅行が可能になると、職業や思想信条にかかわらず、誰もがレジャーとして中国を訪れることができるようになり、中国体験の「大衆化」が始まった。

中国への観光旅行が、日本ではどのように拡大していったのかについて具体的に見てみよう。雑誌『旅』(日本交通公社〔JTB〕刊行)の一九七九年九月号は、同年秋からのパッケージツアー「ルック中国友好の旅」の発売に合わせ、大々的に中国特集を組んでいる。それによれば、一般人が中国へ行くには企画旅行団とパッケージツアーへの参加の二通りがあった。企画旅行団とは、

「自分たちで計画し組織して旅行社に申し込む」もので、団体割引が適用されるためには「北京・上海へ直行する場合二〇人以上、香港経由の場合一五人以上」が必要であるとする。(8) また、その場合の「旅行社」とは、「中国政府の直属機関であり中国側の受け入れ窓口である中国国際旅行社と業務提携している、日本側の友好指定旅行社のこと」である。当時は日本交通公社、日中旅行社、日中平和観光、関西国際旅行社、新日本国際、日中旅行開発、近畿日本ツーリスト、日中国際旅行、日本旅行の九社に限定されていた。

日本交通公社では、中国側が行き先やルートを設定した「固定コース」一七五種から、訪問先や日数など日本人の需要に合いそうなコースを選び、「フレンドルート（周遊型）」三六種、「ユニークコース」八種、「滞在型コース」一一種、「クルーズ」二種を発売した。最も一般的な「フレンドルート」は、北京、上海、杭州など代表的な都市を三、四か所訪問するもので、日数は一〇日前後と比較的ゆっくりめだ。費用は二〇～三〇万円である。それに対し、敦煌など西域を目指す「ユニークコース」は二週間前後で四〇万円台と、やや贅沢である。

一九八〇年代に入り、NHK「シルクロード」の大ブームを経て、一九八三年に中国旅行をした日本人は二六万五〇〇〇人、八六年には四八万三〇〇〇人と、うなぎ登りに増えていく。(9) 一九八五年のプラザ合意による円高は、海外旅行者数全体を急激に押し上げており、一九八〇年代前半に四〇〇万人台を推移していた海外旅行者数は、一九八〇年代半ばから急激に伸び始め、一九九〇年には初めて一〇〇〇万人を突破した。(10)

外務省の「外交青書」に掲載されたデータによれば、旅券申請書に記載された渡航先として、一九八〇年代に入り大洋州（オセアニア）と中国が顕著に増えており、中国の場合、一九七九年と一九八四年を比較すると三・九倍の伸びであったという。[11] 本書第二章で述べたように、一九七二年に国交正常化したあと、七五年の世論調査では中国へ「是非行ってみたい」「できれば行ってみたい」を合わせても四四・二％にとどまっていた。しかしＮＨＫ「シルクロード」を通じて実際の中国の風景を見、関連本などでも情報を集めた結果、中国に行ってみようという気持ちが人々の間に高まったと考えられる。

「外交青書」は毎年発行されているが、年度によって掲載データにばらつきがあり、旅券申請書に記載された渡航先を国別に示しているのは、一九七八年から八八年の間では一九八七年度版のみである（記述の対象は八六年四月〜八七年三月。その他の年度は「北米」「アジア」など、渡航先が地域別のパーセンテージで示されているだけである）。それによると、米国（ハワイ、グアム等を含む）が一〇一万四八三二件で圧倒的に多く、全体の三八％を占めている。次いで台湾が二八万二一九〇件で一一％、韓国が二六万一〇五二件で一〇％、香港が一七万四九二三件で七％、中国が一七万四七五七件で六％であった。[12] そのあとはシンガポール、フランス、オーストラリアと続く。

先に紹介した中国への旅行者数（八六年に四八万三〇〇〇人）とはだいぶズレがあるが、旅券申請書は新規発給の際に書かれるものなので、例えば数次旅券で繰り返し中国を訪れる人の数はここに反映されない。したがって、国別リストは全体の傾向をつかむ参考として見ればよいだろう。ちなみに本書第二章で述べたように、国別データとして最も古い一九六九年の統計では、アジア地域は台湾、香港、マカオ、韓国、フィリピンの順に多かった。マカオはパッケージツアーでは香港とセットになることが多いため除外するとして、一九六〇年代と八〇年代の大きな変化は、フィリピンが消え中国が新たに登場したことであると言えよう。

同じ一九八七年度版の「外交青書」によれば、旅券発行の目的は観光が九一％、業務渡航が七％である。また年齢別に見ると、発行数全体に占める割合は、一九歳以下八％、二〇歳代三七％、三〇歳代二〇％で、三〇歳代までで全体の約三分の二を占めている。[13] この時期の海外旅行ブームを紹介する雑誌記事では、若い世代の海外旅行が増えていること、女性の伸び率が高く、円高を背景に買い物を目的とした旅行が増えていることなどが指摘されている。[14] こうした傾向（ハワイや香港などでの買い物目的）が一方にあったとして、他方の中国を目指した人々とは、一体どのような層だったのだろうか。

一九八〇年代の中国

中国観光が可能になり、最初に旅行に出かけた人々には、おそらく二種類あったと考えられる。一つは、職業上あるいは学習上の必要から、中国語や中国文化に関心を持っていた人。もう一つは、ある程度海外旅行の経験があり、新たな行き先として中国を開拓したかった人である。

一九八〇年代のパッケージツアーのイメージを具体的にするため、筆者の体験を披露してみよう。

筆者は一九八六年に大学に入学し、第二外国語として中国語を学び始めた。翌八七年十月、大学の秋休み（前期末試験を九月に終えたあと、三週間ほどの休みがある）を利用して、中国語クラスの友人二人と一緒にパッケージツアーに参加した。つまり、前述の動機分類に従えば前者であり、中国語を勉強しているから中国を見てみたい、という理由だったのである。参加したのは近畿日本ツーリストの「北京・西安・桂林・上海　八日間の旅」で、費用は二〇万円台だったと記憶する。近畿日本ツーリストのツアーを選んだ理由は、ＪＴＢよりやや安く、また値段の割には移動手段がすべて飛行機と、体力的にも楽そうだったからである。

当時、中国語クラスの男子学生たちは『地球の歩き方』を片手に「自由旅行」を敢行しており、多くは飛行機で香港まで行って現地でビザを取り、陸路で中国に入国していた。ただし筆者ら女子学生の親は、ルートもホテルも行き当たりばったりの「自由旅行」を心配し、安全のためにと決して安くないツアー代を出してくれたのである。

筆者と同世代の作家・写真家である星野博美によれば、中国への「自由旅行」が可能になったのは一九八二年三月であるらしい。星野は一九八五年～八六年版の『地球の歩き方』の記述に基づき、以下のように書いている。

しかしビザの取得は依然として難しかった。このガイドブックが出版された時点でビザが許可される条件は、

一、入国から出国まで、すべての旅程が決まった団体旅行と個人旅行
二、中国側からのインヴィテーションがある個人旅行
三、商用などの特別訪問
に限られていた。そして外国人が訪れることのできる「開放都市」はこの時点でまだ九八都市だった。⑮

その上で、香港から中国へ入国することが可能であった理由として、「香港は中国の「国内」であるという立場をとる中国としては、香港居民や在外華僑の入国条件をそれほど厳しくするわけにはいかないという事情があるからだ。そういう理由から、当時中国を自由旅行する人は中国に留学している人か、香港経由で中国に入る旅行者が大部分を占めていたのである」と書く。星野自身は、一九八四年に初めて中国へのツアー旅行に参加、八六年に香港に留学し、翌八七年に香港から中国へ入国して自由旅行をしている。大宅壮一ノンフィクション賞を受賞した『転がる香港に苔は生えない』をはじめとし、香港や中国を舞台とした作品を多く書いている星野は、一九八〇年代の中国ブームを原点とする作家と言えるだろう。

ちなみに『地球の歩き方』が創刊されたのは一九七九年であり、一九八〇年代の若者の海外旅行ブームを後押しする存在だった。大学生が長期休暇に格安航空券を利用して外国に出かけることが珍しくなくなり、海外への「卒業旅行」が定着したのもこの頃からではないかと思われる。外国で

見聞を広めることに対する親世代の理解も高く、むしろ自分が若い頃にできなかった海外旅行を子どもがすることを喜ぶ傾向があった。

さて筆者の話に戻るが、中国旅行は筆者にとって初めての海外旅行である上に、家族や友人以外の人と行を共にするパッケージツアーも初めてだった。どんな人が参加しているのか心配だったが、筆者ら三名の女子学生のほかに、もう一名他大学の女子学生が参加していたおかげで、部屋割もうまくいった。現在も手元に残る参加者名簿によれば、総勢二六名のうち夫婦が五組一〇名、母娘が一組二名、女性の友人どうしが三組六名、その他は一人参加とおぼしき男性が三名、女性が一名だった。筆者ら大学生が一番若いのは言うまでもなく、その次は母娘で参加していた娘の方（二〇歳代のOL風）で、残りの人々はすべて中高年だった。男性陣の中では、添乗員の男性（三〇歳前後）が格段に若く見えたのをおぼえている。

ツアーの日程は、初日に夕方の成田便で北京へ、二日目に万里の長城・明十三陵の見学、三日目の午前に故宮を見学したあと空路西安へ、四日目は一日かけて兵馬俑坑や華清池などを見学、五日目の午後便で桂林へ移動、六日目は漓江《りこう》下りで奇岩の風景を楽しんだあと午後遅い便で上海へ、七日目は玉仏寺・虹口《ホンキュー》公園など上海市内を見学、八日目の朝には空港へ直行、帰国するというものだった。北京IN、上海OUTでとても効率よいルートだったが、中国の国内線に乗ることは、あとから思えばそれなりにリスクが高かった。西安から桂林へ移動する飛行機が大幅に遅れ、空港の案内板（黒板）に「出発時間：x」と書いてあったのを見た時は度肝を抜かれた。ようやく乗り込んだのは古めかしいプロペラ機で、どんなに滑走路を走ってもなかなか飛び立てず、友人が「このままずっと走って行くのかな」とつぶやいたことなどが強烈な思い出として残っている。

このツアーが山水画の世界を体験できる漓江下りをセールスポイントとしていたことや、参加者の年齢層から見て、中国の歴史や伝統に触れたい人が多かったものと思われる。ただ筆者にとっては、壮大な風景や観光スポットは、いつかテレビで見たものをそのまま見せられているような気がし、それよりも十月一日の国慶節の名残で美しく飾られた天安門広場や、マルクスやレーニンの巨大な肖像画、「偉大的毛沢東思想万歳！」の赤い横断幕の方が、イメージの中の中国らしくて興奮した。「観光」というよりは「社会科見学」の気分だった。

中国では一九八一年に国務院の管轄下に国家旅游局が設置され、八三年には世界観光機関（UNWTO）に加盟し、観光を国家として推進する態勢を整えた。海外からの観光客の受け入れのために、ホテルや主要観光地の整備を進め、JTBや近畿日本ツーリストなど、外国の旅行会社の北京事務所の開設も認めた。しかし基本的に中国国内の交通や宿泊の手配は中国旅行社総社が行なっており、筆者が訪問した一九八七年の時点でも、宿泊ホテルや国内移動の詳細（国内便の便名など）は、現地入りして初めてわかることになっていた。筆者が北京到着後に連れて行かれた崑崙《こんろん》飯店は、建設直後の無機的な資材の匂いがする高級ホテルで、きらびやかなロビーや、大学生には贅沢過ぎる調度・設備に驚かされた。現在公式ホームページで調べてみると、崑崙飯店の正式開業は一九八八年とあり、北京で初めての民族系（外資系でない、という意味）五つ星ホテルだったという。(16)つま

北京・天安門の楼上を観光客に向けて開放（1988年、朝日新聞社提供）

り、筆者が宿泊した八七年十月は正式開業前であり、どうりで豪華さと大きさの割に客の姿が少なかった。ホテルの窓から眺めると、周囲ではクレーン車が何台も黄色い光に照らされ夜通し新たなビルを作っており、都市建設のまっただ中であることが見て取れた。

改革開放を突き進む中国にとって外資の獲得は最も重要であり、インフラ整備と同時進行で外国の観光客を受け入れなければならない時代だった。そのひずみがあらわになったのが、一九八八年三月に起こった修学旅行生の列車事故である。当時、距離も近く費用も安い中国や韓国への修学旅行が増えており、八八年には一六四校、四万八〇〇〇人が出かけたという[17]。その一つが高知学芸高校だったが、蘇州観光を終え乗り込んだ杭州行きの急行列車が、上海郊外の単線区間で他の列車と正面衝突し、二八名が死亡、六四名が重軽傷を負う大惨事となった。中国側の調査では機関士の信号見落としが原因とされたが、背景には設備の立ち後れや慢性的な過密ダイヤなどの問題が存在していた。また不幸にも、日中間の物価の格差が補償問題に影響し、遺族にさらなる苦痛をもたらしたほか、学校側への不信感から訴訟にも発展した。同年八月の竹下首相の訪中時には、李鵬首相が日本並みの補償はできないと理解を求める発言をしている。[18] この列車事故は、同年一月に重慶郊外で発生した中国西南航空機墜落事件（日本人三名が死亡）と合わせ、中国旅行ブームに冷や水をあびせる結果となった。

「三〇年前の日本」

敦煌について言えば、一九八二年に敦煌郊外に空港ができたことで、敦煌への旅行は格段に便利になった。西安または蘭州から空路で敦煌入りできるため、日本人観光客にとって時間的にも体力的にもハードルが低くなったのである。ただし敦煌や、もっと西のトルファン、ウルムチなどに足を延ばすには時間も費用もかかり、季節も選ばなければならない。やはり誰でも気軽に行けるわけではなかった。

ちなみに筆者が中学生の頃から井上靖の『敦煌』を読み、NHK「シルクロード」を見ていたにもかかわらず、敦煌に行ってみようという気にならなかったのは、敦煌まで足を延ばすには時間も費用もかかることと、やはり一九八〇年代においては中国側の受け入れ体制にまだ不安があったからである。経済的な繁栄を謳歌する日本人にとって、中国が貧しく後れていることは常識だったし、それは中国を直接体験した人の話からも伝わってきた。筆者も、自分より三年前（一九八四年）に中国旅行を果たした姉の土産話に影響された部分が大きい。

姉も大学に入ってから中国語の勉強を始めており、夏休みにクラスメートと共にパッケージツアーに参加した。北京から列車を利用して洛陽、西安を訪れ、上海から帰国するコースで、洛陽郊外の龍門石窟の見学が目玉となっていた。興味深いことに、そのツアーの参加者のほとんどは高校の先生だったという。姉の話によると、石窟に対しては「教科書の写真と同じだな」という感想くらいで、むしろ有名な白馬寺の前で観光用の駄馬に乗せられ、汚いやら恐いやらで当惑したことが印象に残ったという。また観光地のトイレがドアも仕切りもないので困り果て、結局ホテルに帰るまで我慢したことや、数日はいたズボンを好奇心からホテルのランドリーサービスに出してみたところ、見る影もなくボロボロになって戻ってきたことなどを、興奮冷めやらぬ様子で話してくれた。長女の初めての海外旅行は親にとっても心配だったらしく、帰国した姉の顔をひと目見た母が「こんなに薄黒くなって……」と嘆いたことや、中国の洗濯技術を信用する方が馬鹿だ、と姉を叱ったことが今も筆者の記憶に残っている。

中国を旅行する日本人が、サービス業の質の低さや店員の態度の悪さに悩まされることは少なくなく、お店に並んでいる商品が乏しいばかりか、たとえ商品があっても「没有《メイヨウ》」と言われ取り合ってもらえないことはよく知られていた。社会主義のため働いても働かなくても給料は変わらず、労働意欲に欠けることが背景であると言われたが、中国人にサービス精神がないかといえばそうではなかった。姉も西安で在来市場をのぞいた時、日本語ができる若者に話しかけられたことや、地元の人々が手にしている草で編んだ涼やかな団扇を、買うと言うのにただでくれたことなどがよい思い出であるという。その若者とは帰国後もしばらく文通していたということだ。

我が家で唯一敦煌を訪れたのは母である。長年書道を学び漢詩や中国語を学ぶ友人も多かったことから、一九九〇年代以降中国各地を旅行する機会が何度もあった。ツアーで敦煌の地を踏んだのは二〇〇四年のことである。残念ながら母が莫高窟についてどのような感想を述べたのかは記憶にないが、同じツアーで行った女性が鳴沙山で観光用のラクダから転落し、腕を骨折したというエピソードが印象に残っている。ラクダはおとなしそうに見えるが、折りたたんだ足を伸ばして立ち上がる時にがっくん、と大きく揺れるのが特徴で、乗り慣れない観光客が転げ落ちることも珍しくないらしかった。当時六〇代半ばだった母が、土産話の筆頭として会う人ごとにこの話を繰り返していたのは、自分はラクダから落ちることもなく無事に帰ってこられたという安堵の気持ちからだったのかもしれない。

今はすでに亡い母は一九三八（昭和十三）年生まれ、父親の仕事の関係で住んでいた朝鮮から引き揚げた経験を持ち、戦後は九州の田舎で妹たちの子守や農作業の手伝いで苦労した世代である。私が初めて中国旅行をした当時も、自分の親と同世代あるいはもう少し上の世代の人々がツアー客の中心であったが、彼ら・彼女らはしばしば中国のことを「三〇年前の日本とそっくり」と語った。一九八〇年代から九〇年代にかけての中国には、戦中・戦後に子ども時代を過ごした日本人の郷愁を誘う風景がまだ多く残されていた。実際、この世代の日本人の中には、親兄弟もしくは自分自身に中国での生活経験があった人も一定数いたはずである。本当の故郷を訪ねるためであれ、故郷の面影を求めるためであれ、中国を目指す日本の中高年の中に、懐かしさや安らぎの気持ちを感じる人が多かったことは事実であろう。大学生だった筆者や姉にとっては新しい体験だった中国の貧しさも、戦中・戦後世代にとってはかつて通った道だったのである。

二、中国の変貌

一九八〇年代の中国は改革開放政策によって資本主義のシステムを導入し、西側諸国からの投資を呼び込んで「世界の工場」へと変貌しつつあった。経済的に行き詰まったソ連や東欧諸国とは一線を画し、現実的な路線を採る中国は、社会主義国の優等生と思われていた。しかしそのイメージを無残に打ち砕いたのが一九八九年の天安門事件である。

天安門事件の衝撃

一九八九年四月、改革派のリーダーですでに失脚していた胡耀邦が死去したのをきっかけに、政治の民主化を求める学生・市民らがデモを始めた。五月には中ソ対立の終結を意味するゴルバチョフ書記長の訪中があったことなどから、改革に対する期待が高まり、北京の天安門広場に集結した人々は百万人とも言われた。民主化運動は全土に広まったが、中国共産党指導部内では対応をめぐって改革派と保守派の間で激しい対立が起こり、危機感を抱いた最高指導者・鄧小平は人民解放軍の投入を決断した。六月四日未明、天安門広場に戦車が突入し、市内各所では無防備の市民らを部隊が銃撃、死者多数を出す流血の大惨事となった。その様子は外国メディアによって一斉に世界に報じられ、独裁政権の暴挙として国際社会の強い批判を浴びた。

それまで改革開放政策を歓迎し、一貫して友好ムードで中国に接してきた日本人の間にも激震が走った。政府との対話を求めてハンガーストライキをしたりしていた若者らが、「反革命暴乱」に参加した「暴徒」として捕えられ、あるいは国外逃亡を余儀なくされる様を見て、震撼《しんかん》した同世代の若者も少なくなかった。当時大学四年生だった筆者もその一人である。

内閣府の「外交に関する世論調査」によれば、一九八〇年の時点で中国に対して「親しみを感じる」と答えた人は七八・六%を記録し、以後も七割前後を推移していたが、一九八九年には五一・六%に急落し、逆に「親しみを感じない」と答えた人が四三・一%に急増した。[19]天安門事件の衝撃が日本人の心理に与えた影響の大きさがわかる。また、中国を訪問した日本人旅行者数も、八九年は前年比マイナス三九%の三五万八〇〇〇人に落ち込んだ。[20]事件後に発令された戒厳令の影響などもあったと思われるが、「恐い」中国のイメージが一気に広まった結果であろう。

天安門広場を埋めつくす人々（1989年5月、共同通信社提供）

一九八九年十一月にベルリンの壁が崩壊し、世界的な冷戦体制の雪解けが進んだのとは裏腹に、その後の中国は共産党一党独裁体制の堅持を大前提とし、政治は社会主義、経済は資本主義といういまだかつてない道を歩んでいくことになった。天安門事件の直後は、中国政府の人権弾圧に対する各国の批判が大きく、主要先進国による経済制裁が行なわれ借款が停止されるなどした。日本も当初は足並みを揃えたが、凍結していた借款を再開したのは一番早く、中国を国際的に孤立させることを避ける方針を示した。日本は中国とは同じアジアの隣国であり、中国の不安定化を避け地域の平和を守るためにも経済支援を続ける必要がある。またそれによって、中国が政治的に民主化することを期待する、というのが日本政府の立場だった。もちろんその裏には、貿易や工業など進行中の案件を多く抱える財界の強い要望があり、中国が改革開放政策を採り続ける限りは、政治的に問題が生じても経済的な関係は続けるという方向で一致していた。

日本政府は実利を追求しただけでなく、中国との「信義」を重んじたとの見方もある。戦前の日本留学組で、「知日派」として日中国交正常化以前から対日外交に尽力してきた張香山（第二章参照）は、一九九〇年春に来日して竹下元首相と伊東正義（鈴木善幸内閣の外務大臣）に会った時のエピソードを記している。

彼ら（竹下と伊東＝引用者註）は私に対してこう言いました。「日本は外交上の信義を守らなければいけません。約束した円借款を責任をもって実行しなければなりません」と。また竹下先生は、「私は間もなくアメリカを訪問し、アメリカに対して日本の立場を説明するつもりです。日本は東洋哲学を信じ、信義を大切にする。私はすでに信義という言葉の正確な英訳を調べ、談話の時に使う準備をしています」と言いました。私はそれを聞いて、とても感動しました。結局その通り、その年の末に、日本政府は円借款の凍結を解除しました。(21)

張香山は、一九七二年の国交正常化の時、周恩来首相と田中角栄首相が互いに信義を守ることを確認しあったという話を踏まえ、自分が直接体験した事柄として、竹下と伊東の言動を紹介している。国交正常化交渉においては、信義を守るとは実質的に、日本が中国と国交を結んだら台湾とは断交することを意味していた。一方竹下が張香山に述べたのは、八八年八月の訪中で自らが約束した巨額の第三次円借款（本書第四章参照）を実行することである。

竹下は八九年の天安門事件直前にリクルート事件の責任を取る形で首相を辞任していたが、自民党最大派閥の領袖として続く政権への影響力は大きかった。竹下は実際に、張香山と会ったあとの九〇年三月に訪米し、元首相としてブッシュ大統領とも会談した。海部首相が七月のヒューストン・サミットで、円借款の凍結解除を宣言するための地ならしをしたのである。竹下は九月には訪中して李鵬首相とも会談し、面目をほどこした形になった。

「信義」を重んじる竹下のこのような姿勢は、当時まだ発展途上にあり日本の経済支援を必要としていた中国にとっては願ってもない対応だった。日本と中国は「東洋哲学」を共有する特別な間柄であるとの認識は、竹下の世代の政治家には珍しくなく、竹下の敦煌訪問もそうであったように、文化的親近感が良好な日中関係の背景でもあった。また周恩来と田中角栄のように、一時代を代表する政治家の人間性や個別の信頼関係が日中関係を左右することがあり、こうした傾向は国交正常化当時から一九九〇年代頃までは続いていたと見られる。

一九九〇年代の中国は、天安門事件後の引き締めが続く中、江沢民《こうたくみん》政権による愛国主義教育が進み、日本との間でも歴史認識問題が大きく取り上げられるなどした。日中関係は従来の友好一辺倒から大きく変化したが、「政冷経熱」という言葉が象徴するように、政治と経済を切り分け、経済的な交流を重視する姿勢に日本も中国も変わりはなかった。

万里の長城を歩く天皇・皇后（現在の上皇・上皇后）（1992年、時事通信社提供）

一九九二年十月には天皇訪中も実現し、日本人の中国への「親しみ」もやや回復した。天皇・皇后（現在の上皇・上皇后）が万里の長城を歩く姿などが報じられ、中高年層の中国への関心が復活したかもしれない。中国を訪れる日本人旅行者の数も、一九九〇年から九八年までは、年平均二〇%近い増加率で着実に増え、九八年には一五七万二〇〇〇人を記録した。[22] 観光旅行が始まった二〇年前と比べ、一五倍近い日本人が中国を訪れるようになったのである。中国は当初、北京オリンピックを世紀の変わり目である二〇〇〇年に開催することを目指しており、一九九〇年代に入って急速に都市インフラの整備や観光資源の開発が進んだという背景もあった（結果として北京は一九九三年のＩＯＣ〈国際オリンピック委員会〉総会で落選、再度申請して二〇〇八年にオリンピックを開催した）。つまり、文化大革命による社会の混乱が収束して間もない一九八〇年代と比べて、一九九〇年代の中国は外国人観光客にとって旅行しやすい環境が整ってきたのである。

敦煌のその後

改革開放政策を始めた鄧小平は、発展に有利な条件を備えた地域が先に豊かになることを認める「先富論」を提唱し、それに基づいて沿海部の開発が先に進んだ。内陸部は農業以外の産業が少なく、交通やインフラ整備も後れており、改革開放政策が進むにつれ沿海部との経済的格差は大きくなっていった。甘粛省や、青海省、新疆ウイグル自治区、チベット自治区など往時の西域は、中国国内でも貧しい地域になりつつあった。

そんな中、甘粛省政府が観光資源としての敦煌に注目したのも無理はない。『朝日新聞』一九九二年一月二十四日付の記事によれば、敦煌を「観光経済特区」とする計画が敦煌市と甘粛省でまとまり、国務院に提案された。認められれば内陸部で初の経済特区になり、各種の優遇策によって国内外からの投資が容易になる。具体的には、敦煌空港を拡張して国際空港とし、国外の観光客の直接訪問を可能にするほか、新たな観光施設として『西遊記』をテーマとしたディズニーランド並みの遊園地「西遊記ランド」を外資導入で建設することが計画されていた。さらに「遺跡、文物の大型陳列館や仏教活動センターを新設し、歴史や仏教に興味を持つ人の要求にこたえる」ことも目標だった。記事によれば、「敦煌を訪れた観光客は、昨年で三〇万人強、うち日本人は二万人と推定されている。地元では、「日本で敦煌に興味を持つ人は多いのに、受け入れ態勢の不備などから、訪問客が増えていない」と周辺整備を求める声が強く、今回の計画提案につながった」[23]。つまり、明らかに日本人観光客をあてこんだ計画であり、日本からの投資を期待していることがうかがえる。

「観光経済特区」のプランが策定された時期は、竹下首相訪中の際に約束された敦煌石窟文物保護研究陳列センターの建設が進んでいた時期と重なり、記事でいう「遺跡、文物の大型陳列館や仏教活動センター」とは、これと類似または機能が連動する施設のようにも見える。第四章で述べたように、平山郁夫の尽力で日本政府による出資が実現した文物保護研究陳列センターは、一九九四年八月に竣工した。しかし「観光経済特区」については最初の報道以来、あとに続く情報が見当たらず、現状から見て敦煌を指定することは国務院に認められなかったと判断せざるを得ない。中国で「観光経済特区」（中国語では旅游経済特区）に指定されたのは、二〇〇三年の武当山（湖北省にある道教の聖地）が唯一の例とされる。

中国側の資料が見つけられなかったため、なぜ敦煌を「観光経済特区」とすることが認められなかったのか、正確な理由はわからない。一つの推測として、一九九二年当時はまだ天安門事件後の各国による経済制裁の影響が残っており、新たな経済特区として投資を呼び込むことが困難だと見なされた可能性がある。のちに江沢民が立ち遅れた西部を集中的に開発支援する「西部大開発」を提起するのは一九九九年のことであり、「観光経済特区」のプランは時期尚早だったと考えられる。
そしてもう一つの理由は、敦煌のような西部地域に外国人や外国の投資が入ることに対して、中国政府が慎重だったことだろう。中国西部はソ連（一九九一年十二月の崩壊後はロシアおよび中央アジア諸国）と国境を接しているため軍事的に重要な地域である。一九八〇年のＮＨＫ「シルクロード」以来、日本のメディアや研究者が数次にわたり甘粛省や新疆ウイグル自治区での調査・取材を敢行したが、軍事施設周辺の地域は立ち入りを禁止されるのが常だった。また、一九七〇年代以降の広義のシルクロードブームの時は言及されることが少なかったが、中国は一九六四年十月以来ロプノール（いわゆる「さまよえる湖」）付近で核実験を繰り返しており、その回数は核実験一時凍結を宣言した一九九六年までに大気圏内・地下あわせて四五回に及ぶ。核実験の実施自体が軍事的な機密であるため、周辺のウイグル族住民にその事実が周知されることはなく、結果として多数の住民が死亡したほか、深刻な放射線障害を残すことになった。その実態は、一九九八年に当局の目をかいくぐり現地取材を行なった英国人ジャーナリストと医師、そしてガイドを装って同行したウイグル人医師のアニワル・トフティによって突き止められ、翌年英国のチャンネル4でドキュメンタリー「シルクロードの死神（Death on the Silk Road）」として放送され世界に衝撃を与えた。[24]
中国政府としては、たとえ観光目的であるにせよ、国際社会の目がこの地域に注がれることは好ましくなかったはずで、敦煌の「観光経済特区」への指定が見送られたのもこうした微妙な事柄が背景になっていたと推測できる。今日の目から見れば、ウイグル族住民に対する軽視や人権侵害はこの頃から始まっていたことになり、この点については後述する。

アジアブームの始まり

一九八〇年代のNHK「シルクロード」を契機とするブームは、観光旅行が可能になった中国に対する新たな興味関心が、それ以前の広義のシルクロードブームに乗る形で盛り上がったものだった。一九八九年の天安門事件によって中国ブームは冷めたものの、中国との「政冷経熱」の関係は持続したため、ビジネスや観光で中国と往来する日本人の数は伸び続けた。しかし一九八〇年代と九〇年代で異なる点は、日本人の間に中国だけでなく他のアジアの国や地域に対する関心が広がったことだろう。韓国や台湾への興味が高まったことで、東アジアの多様性が知られるようになり、相対的に日本人の心の中での中国の地位は低下したと考えられる。

一九八八年のソウルオリンピックは、一九六四年の東京オリンピック以来、アジアで二番目に開催されたオリンピックだった。朝鮮戦争による荒廃から「漢江《ハンガン》の奇跡」を経て急速に経済発展した韓国が、アジアの新しい顔として注目を受けるきっかけとなり、その後の世界的な韓流ブームへとつながっていく。日本でも、韓国と言えば一九七〇年代まで「妓生《キーセン》観光」のイメージで知られており、軍事独裁政権が続いたこともあって、若い女性が気軽に観光に行くような雰囲気はなかった。しかしソウルオリンピックを前にした一九八四年からNHKハングル講座が始まり、言語や文化に対する関心を呼び覚ましていく。もともと、植民地時代の朝鮮からの引き揚げ者やその家族など、韓国にゆかりのある日本人が一定数存在しており、オリンピックを機にテレビの画面を通して見たソウルの街並みなどに惹かれて、韓国を訪れる人が増えていったと考えられる。

筆者が初めて韓国を訪れたのは一九九二年のことで、日本で知り合った韓国人留学生に案内してもらう形で、当時まだ景福宮前にあった旧朝鮮総督府の建物を見学したりした。母方の祖父は植民地時期に末端の官僚だったが、総督府に出入りしたこともあったという。この旅行をきっかけとして、朝鮮からの引き揚げ者である母とその姉妹たちが順に韓国を訪れるようになり、かつて住んでいた仁川《インチョン》と京城（ソウル）の旧宅探しに私も同行した。いずれも建物自体は変わっていたが、住宅地の区画や通りはほとんどそのままだったので、姉妹たちの感動もひとしおだった。郷愁に浸る日本人中高年の姿を現地の人が見たらどう思うかが心配だったが、仁川でもソウルでも近所の人たちはあっさりと「そういう日本人がたくさん来ますよ」と言うので驚いた。

すでに中国を一度旅行したあとで、韓国を初めて訪れた時の感想は、「ハングルの看板以外は普通の街」というものだった。つまり見慣れぬ文字を除けば、ソウルの街並みは日本の都市とよく似ており、母の一家の歴史のせいか、違和感を覚えることもあまりなかった。中国で感じたような、異質な世界と遭遇した衝撃はなかったのである。ソウルのほかに訪れた釜山《プサン》や大邱《テグ》の街は、さすがに地方都市のため、一本裏道に入ればまだ舗装されていない通りがあったりした。しかし市場などで見た人々の暮らしは、活気の中にも落ち着きがあり、発展途上の中国でしばしば見られたむき出しの欲望のようなガツガツしたところはなかった。

旧植民地と言えば、台湾のイメージが大きく変化したことも、日本人のアジア観を多様化させる役割を果たした。台湾では長い間、国民党政権による独裁が続いており、一九七〇年代の米中関係の改善や日中国交正常化によってもたらされた孤立感が社会の緊張を高めていた。しかし一九八〇年代になって政治の民主化の機運が高まり、指導部の世代交代もあいまって、八七年に戒厳令が停止された。台湾意識の目覚めにより、土着の文化伝統を見直す新しい文学・芸術が生まれ、侯孝《ホウシャオ》賢《シェン》監督の映画『悲情城市』が一九八九年のヴェネチア国際映画祭でグランプリを受賞すると、日本でも台湾映画ブームが起こった。それまでアジアとは縁遠かった女性ファッション誌が台湾映画特集を手がけるなど、若者や女性の間でアジアブームが盛り上がった。

アジアブームは、一九八〇年代の好調な日本経済が欧米にインパクトを与えたことで、世界的に「アジアの時代」の始まりが認知されたことが契機になっている。また、一九八九年のベルリンの壁崩壊で冷戦構造が変わり、中央アジアの国々がソ連から独立するなど、世界地図が大きく塗り替えられたことも影響した。日本では、バブル経済の崩壊によって、従来欧米に対して行なっていた投資が東南アジアや中国に振り向けられるようになり、「アジアの中の日本」の位置づけを再考する必要が生じていた。

韓国、台湾、シンガポールなどの新興工業経済地域では、急速な経済発展の結果中間層が形成され、都市生活の欧米化が進んで日本との共通点も多くなっていた。観光旅行もしやすくなったため、それまで欧米を向いていた日本の若い世代の視線がアジアに向くようになったのである。東京では一九八〇年代半ばから、タイ料理をはじめとする唐辛子系のグルメが関心を集めていたほか、東南アジアのリゾート地に癒やしを求め、ナチュラルなインテリアや雑貨が女性の人気を集めるなど、アジアに対するイメージが多様化していった。

アジアブームの広がりと相反し、中国に対する感情は冷めていった。江沢民が愛国主義教育を推し進め、歴史認識問題で日本に対して強い態度を取るようになったことも一因である。中国に対して「親しみを感じる」人と「親しみを感じない」人の割合は、一九九六年に初めて五割ライン付近で逆転し、「親しみを感じない」人の割合の方が大きくなった。この年は、台湾海峡での中国のミサイル発射実験があり、経済発展とともに拡大する中国の軍事力を脅威と感じる日本人が増えたことをうかがわせる。

台湾映画『悲情城市』の一場面

二一世紀に入ると、大国化した中国に対する日本人の警戒感はさらに強まった。サッカー・アジアカップ中国大会に端を発する反日暴動が起きた二〇〇四年を境に、中国に「親しみを感じない」人が顕著に増え始め、二〇一二年の尖閣諸島国有化をめぐる問題などを経て、二〇一六年には「親しみを感じない」人が八三・二％に達した[25]。すなわち、一九七八年の日中平和友好条約の締結直後には七〜

八割もの人が感じていた中国への「親しみ」は、約四〇年後に正反対の感情に変化したのである。

大陸ロマンの終焉

日本人が「中国」と耳にした時に特別な思いを抱いた時代は過ぎ去った。中国は二〇一〇年にはGDPで日本を抜いて世界第二位となり、アメリカと覇権を争う大国になった。北京や上海などの大都市で超高層ビルが林立する様は、東京と同じというどころか、もはや東京を超えた感がある。都市化が進むとともに、街の風景は東京やソウルと似通ったものになり、かつて日本人が中国に対して抱いていた懐かしさ、あこがれ、未知の世界への好奇心や探究心は、次第に失われていった。

二〇一九年八月、NHK-BSで4Kリマスター版が制作されたことを契機に、BSプレミアムで「シルクロード」全一二集が再放送され反響を呼んだ。一九八〇年代の本放送当時を知る中高年の視聴者にとっては懐かしく、さまざまなことが思い起こされたはずである。それにしても、ビルらしいものがほとんどない西安の街や、人民服姿で色彩に乏しい人々の生活など、一九八〇年代の中国と現在との差が著しいことに驚愕《きょうがく》した人が少なくなかったと思われる。四〇年の歳月がこれほどの変化をもたらすものとは、考えもしなかったというのが正直なところだろう。

一方若い世代にとっては、シルクロードや敦煌に対する知識ももはや「常識」ではなく、インターネット上の掲示板に以下のような質問があがったのも無理はなかった。「敦煌の莫高窟にある石仏の件。最近BSで再放送されてる、シルクロードのドキュメンタリーを見て気になったのですが、あの石仏は部屋と同一の岩なのですか？　どこかで彫って持ち込んだのではなく？　部屋を彫る際に一緒に石仏も彫ったのでしょうか？」（Yahoo! 知恵袋より）[26]。これに対する回答は二件しかなく、ネット掲示板を利用する世代においてシルクロードに対する関心が乏しいことをうかがわせる。

二〇一七年からは、シルクロード関連分野の研究に携る学者らを実行委員とする「シルクロード検定」が開始された。二〇一九年春に行なわれた第二回の試験までに、合わせて約三〇〇人が申し込み、初級にあたる三級と中級相当の二級で全体の約三割が合格したという[27]。しかし試験の準備に相当な手間がかかることを考えれば、この数字はやや寂しいものと言わざるを得ない。実行委員会委員長の前田耕作（一九三三〜、アフガニスタン文化研究所所長、和光大学名誉教授）は、バーミヤン遺跡の調査研究で知られるが、「多くの人が再びシルクロードに関心を持ってくれるきっかけに」と思って検定を始めたという[28]。つまり、現状としてシルクロードに対する日本人の関心がかつてほどではないことを認めているのだが、前田のようにブームのまっただ中で壮年期を過ごした世代とは異なり、現在の若者はシルクロードに興味を持つきっかけ自体が乏しく、関心を向ける動機も不足している。

日本経済の停滞や、それに伴う若者の経済的困難、留学や外国旅行に対する意欲の減退などが指摘されて久しい。社会の全体的な「内向き」志向の中で、外国にロマンを求める余裕も失われていると見られるが、日本を取り巻く国々の変化も大きな要因であろう。日本人の世界観の中で中国が未知の領域として大きな割合を占めていた一九八〇年代とは異なり、現在は中国を含むアジア全体が「普通」の国や地域になっている。すなわち、アジア各国の経済発展によって各都市の風貌は似通ったものとなり、インターネットによる情報の増加は人々の求めるものを同じにした。ユーラシア大陸東部から中部にかけての広い地図は、日本人にとって均質化し、ロマンの対象というよりは日々の現実となったのである。

各地の風物や人々の暮らしが大きく異なり、移動や通信の手段も限られた時代には、往古の旅人や彼らが運んだ文物を想像するのは楽しいことだった。遥か遠くの町とわが町がシルクロードによって歴史的につながっていることは、この上ないロマンに感じられた。しかしグローバル化が進んだ現在においては、各都市はすでに金融・運輸・情報通信技術によって密接に結ばれている。国家や企業が金と技術を注ぎ込んで構築したシステムの中では、玄奘三蔵のような個人が活躍する余地はない。つまり東西交渉の通路は今後も何らかの形で残るにせよ、日本人が古代シルクロードに投影した、他者の文化との出会いや交流の喜びは、すでに失われてしまったのである。

次節で述べるように、世界有数の経済大国となった中国は、古代の西域・シルクロードの栄光をロマンとしてではなく、二一世紀の「中華民族」の富と威光を発揚するために活用しようとしている。その実態を知るにつけ、前世紀の日本人がユーラシア大陸に対して抱いていたロマンは、もはや歴史の遺物になったと思わざるを得ない。

三、シルクロードを見る目

本書ではこれまで、戦後を中心とした各時代において、日本人が敦煌やシルクロードをどのように見てきたのかについて検証してきた。日本の国際化の進展や世界情勢の変化により、日本人の外国に向ける視線が変化するのは当然のことだ。日本を取り巻く国々のうち、とりわけ中国は日本と古代以来の深い関係を持ち、今後も重要な隣国であり続けることは疑いがない。それならば、日本人が敦煌やシルクロードに対してどのようなロマンを抱いてきたのか、またその中には日本人のどのような願望が含まれていたのかを考察することが、現在の日中関係を見つめ直し未来へと踏み出していくために必要なのではないだろうか。

この節では本書のしめくくりとして、複数の視点から日本におけるシルクロードブームの本質を分析するとともに、シルクロードを中国の側から照射することによって、日本と中国の関係を立体的に捉え直してみたい。

学者が見たシルクロードブーム

日本人と敦煌の関わりを考察する時、二つの視点が必要である。一つは二〇世紀初頭以来の敦煌学の発展における日本人の貢献。もう一つは大衆の興味関心の対象としての敦煌・シルクロードの流行現象である。この二つは専門家による学問の世界と、一般大衆の風俗・娯楽という異なるレベルの話であるが、実は互いに支え合っている。

敦煌文書の研究で知られ、のちに東京大学東洋文化研究所所長を務めた池田温《おん》（一九三一〜）は、一九八九年に発表した「敦煌学と日本人」(29)で、二〇世紀初頭以来の敦煌学の歩みについて整理している。学術史ないし学界の発展という面からの記述だが、NHK「シルクロード」の制作に協力し、『講座敦煌』全九巻（大東出版社、一九八〇〜九二年）の編集を通じて一般読者の動向にも目配りの利いた池田らしく、一九八〇年代のシルクロードブームを踏まえた考察になっていることが特徴である。そこで概観される敦煌学の歴史は、本書で論じたことを振り返るためにも有用であるので、そのまま引用してみる。

第一期　二十世紀初〜一九一〇年代、探険、発見から初期の紹介整理の時期。〔草創期〕

第二期　一九二〇年代〜四〇年代初、各国で将来文献・文物を対象にバラバラに研究の進められた時期。〔生長期〕

第三期　一九四〇年代中期〜七〇年代、敦煌芸術研究所が現地に設立され（一九四四）石窟研究の中核ができ、五〇年代にはスタイン将来文献のマイクロが完成し、総括的研究が緒についた時期。〔確立期〕

第四期　一九八〇年代、中国敦煌吐魯番《トルファン》学会が成立し、研究の推進母体となり、急速な進展を見

つつある時期。〔発展期[30]〕

このあとに一九九〇年代から二〇二〇年に至る研究史を付け加えるとすれば、中国の経済発展に伴い学術研究が国際化し、世界に分散されている敦煌関連資料のデータベース化が進むなど、国境を越えた研究が加速していることが特筆される。また、一九八三年に中国で敦煌吐魯番学会が成立したことで、従来の敦煌学に加え、ベゼクリク石窟などを有する吐魯番盆地から発掘された文物の研究をも包括する「敦煌吐魯番学」の呼称が多く用いられるようになった。

さて池田は、第一期の探検の面において、日本は大谷探検隊を有するのみで列強の精力的な活動に劣ったものの、将来文献の紹介整理には当初から大きく貢献したと述べる。第二期に至っては、研究の質・量の双方において「日本の敦煌学は世界をリードした」と断言する。美術史における松本栄一の研究、漢文典籍における内藤湖南らの研究、法制史・社会経済史における仁井田陞《にいだのぼる》・那波《なば》利貞らの研究、仏教学における矢吹慶輝《けいき》らの研究などがその実例として挙げられている。

二〇世紀前半において、日本人が敦煌学の発展に貢献できた理由は、中国と日本の国内事情の差に由来する。池田が指摘するように、中国は歴史的に王朝の興亡が繰り返され、異民族の侵攻も多かったため、古美術や古文献がそのままの形で残ることはほとんどなかった。また宋代に木版印刷が普及した結果、それより前の時代の写経・写本が後世に伝わらなかった。対する日本は、古代以来の仏教教団が長く存続し、唐代以来の写経・写本、仏像などが現在まで伝承されている。仏教系大学が多くの研究者を輩出していることもあり、とりわけ仏教学の蓄積が、敦煌文書の解明に大きく寄与したのである。

近代以降のことを池田はあまり指摘していないが、中国国内外の政治情勢の影響も少なくない。そもそも敦煌文書が発見され世界に知られるようになった二〇世紀初頭は、列強による中国進出が顕著になった時代であった。また辛亥革命による清朝崩壊から軍閥割拠、そして日中戦争と戦乱が続き、中国人研究者は落ち着いて古文書研究をするどころではなかった。さらに、国共内戦を経て中華人民共和国が建国されると、イデオロギーの影響で学問や宗教・思想の位置づけも変わった。特に文化大革命期には、寺院や貴重な文化財が破壊され、学者が「反動的学術権威」として迫害されるなど、研究の継続・蓄積に致命的なダメージを蒙《こうむ》った。つまり、文化大革命が終わり改革開放政策が軌道に乗るまで、中国人研究者は敦煌研究を進める環境になかったのである。

日本の研究環境は、アジア太平洋戦争中の一時期を除けば相対的に優れたものであり、日本人研究者の地道で職人的なスタイルが、未知の文献を一つひとつ解読する作業に合っていたことも指摘できる。その上で池田は、日本における敦煌学の隆盛には、敦煌や吐魯番という地域の特性と、それに対する日本人の心性が関係していると述べる。

　敦煌・吐魯番は世界の四大文明（中国・インド・欧洲・イスラム）の出遇い交流する地域であり、その解明は四大文明の相互交流を把握するに欠かせぬものとある。（中略）敦煌や吐魯番の住民の多様性に応じ、当然そこで産出された文化遺産も多様であり、しかもバラバラな多源要素のままではなく、相互交流、浸透、同化の複雑な様相を呈するのである。かように見てくると、島国で比較的単純な住民構成をもつ日本の社会とは、およそ対蹠《たいせき》的世界であることが容易に理解されよう。内陸アジアの極端な乾燥地帯にある敦煌・吐魯番が、モンスーンアジアの中の海洋的日本と自然環境においても著しく相異するのもいうまでもない。従がって日本人の敦煌・吐魯番に対して抱く所の、異質な世界に対する強いあこがれが、シルクロードブームの背景でもあり、敦煌吐魯番学への関心の一端をなすことは否定できぬ。しかしより切実には大谷探検隊に典型的に見られる仏法東伝の道に対する情熱が、西域への学問的探究に日本人を駆立ててきた。仏教こそはわが国にギリシア起源の西方的文化要素をもたらした媒体で、その伝来をたどる努力は日本文化のルーツを探る志向と無縁でない。けれども日本に古代文化遺産が比較的豊富に伝存している事情が、斯学の発展の一層直接的前提をなしていることを念頭におくべきである[31]。

端的に言い替えれば、シルクロードブームとは、日本と気候・民俗・歴史がまったく異なる地に対するあこがれであると同時に、仏教伝来の道と重ねて日本文化のルーツをたどろうとするものだった。つまり異質な外国文化の中に日本との同質性を求めることが、日本人が世界を理解する方法だったのである。これは本書でもすでに述べたように、平山郁夫がシルクロードそのものにおもしろさや美を感じていたわけではないにもかかわらず、「文化の流れ」と重ね合わせることで彼の地の人々の生活や感情に共感できる、と述べたことと同じである。

池田温は、敦煌から出土した唐代の戸籍・計帳（課税のための基本台帳）を集録・解説した『中国古代籍帳研究』（一九八三年に学士院賞を受賞）で知られる。細かく労の多い作業に携ってきた池田が、「西域への学問的探究」の原動力として「（仏法東伝の道に対する）情熱」を挙げていることも見逃せない。池田は自身の体験や心情を踏まえつつ、シルクロードブームに見られる一般大衆の「あこがれ」と、敦煌吐魯番学の隆盛を一体と見なしているようだ。二〇世紀初頭以来の日本における敦煌学の蓄積が戦後のシルクロードブームの土台となり、大衆を巻き込んだブームの中でさらに学問的な関心が深まり人材が育つ、という好循環の存在を示唆しているのであろう。

一九八〇年代のシルクロードブームを支えた樋口隆康らの学者が、一九五〇年代に考古学視察団の団員として敦煌を訪れていたことは本書でも述べた。三〇年で一世代が巡るとすれば、樋口らの活躍は三〇年前の敦煌訪問を原点とし、積み重ねた研究が着実に実を結んだものと言えるだろう。そして敦煌に行って帰ってきた若き日の樋口に、「（敦煌は）どんな所かね」と尋ねた「偉い先生達」（本書四八頁）は、さらにその三〇年前、すなわち一九二〇年代以降の日本における敦煌学の発展に寄与した人々だったのだ。このように、学界において敦煌に関する関心は一つの世代から次の世代へと継承され、その成果は一九六〇年代以降の広義のシルクロードブームを通じて社会に還元された。一九八〇年代のＮＨＫ「シルクロード」や各種メディアが支えた爆発的なブームは、一般社会における風俗現象のように見えるが、実は二〇世紀日本の歴史学・考古学・美術史学などの発展に支えられた底の厚いものだったのである。

シルクロード「幻想」に対する批判

日本におけるシルクロードブームが敦煌学や中央アジア研究の厚い蓄積に支えられていたとはいえ、大衆の熱狂に対する批判がなかったわけではない。例えば一九八八年、映画『敦煌』の公開をきっかけに、「ドラマ敦煌」と題する特集を組んだ『芸術新潮』（同年五月号）は、敦煌文書の発見から始まる敦煌の今と昔を一通りおさらいした上で、写真家の野町和嘉（一九四六〜）による現地ルポを載せている。

河西回廊を旅し敦煌に到った野町は、住民の生活風景を切り取った印象的な写真の数々と共に文章を書いている。その最後に、NHK「シルクロード」をきっかけとしたシルクロードブームの「大衆化」を指摘してこう述べる。「沙漠と夕日とラクダ、それに幻想的な音楽がダブったあの絵が、窮屈になる一方の日本の都市生活者に、現か幻かわからぬ奇妙なシルクロード像を与えてしまったようだ。しかも、そこを通って日本文化の源流がもたらされたと言われているから、余計に想像力をかきたてられる」[32]。

野町は敦煌に詰めかけた日本人観光客の姿を直接目にし、違和感を覚えずにいられない。

そして多くの日本人が、シルクロードを観に中国の西域に行くようになった。圧倒的に多い日本の団体客で敦煌もあふれていた。シルクロードは、石窟や、崩れかけた烽火台、陽炎に揺らめく地平線や砂丘といったところに、濃厚な残留放射能のように沁みこんでいるから、皆バスに詰めこまれてそこに殺到して行く。

一方に現代の中国人が生活している。長い歴史を通じて混ざり、交易をし、征服し、征服されながら、いわばシルクロードの血を受継いできた人たちだ。その中に少しでも分け入ってみると、彼らの文化が、日本とはあまりにも異質であることにすぐ気づかされる。長い歴史のなかである現象が日本に伝わったかも知れないが、だからといって日本から一本の交易路を逆に辿っていって、残留放射能を捜すように日本文化との接点を線引きしていって、これがシルクロードだと言われてもどうも現実離れしているように私には思える。それは、この地を舞台に展開された遠い過去の人の営みのほんのわずかな部分であって、シルクロードのかんじんな部分は、人々の血の中に受継がれて日々の生活の中に、ドクッ、ドクッ、と脈打っていなければ嘘になる。(33)

野町がここで「残留放射能」という言葉を繰り返していることに驚かされる。彼が一九六〇年代以来の新疆ウイグル自治区における核実験のことを踏まえているのか、それとも取材の二年前、一九八六年四月に発生したチェルノブイリ原発事故のことを念頭に置いているのかはわからない。「残留放射能」は、目には見えないが、特殊なセンサーをかざした時だけ激しく音をたてて反応するような何かのことをたとえているのだろうか。しかし日本人観光客が探しているシルクロードと、野町のカメラの前に広がっているシルクロードの「現実」は、明らかに異なっている。

野町はサハラ砂漠など、過酷な自然の中で生きるさまざまな民族を撮った作品で定評がある。そのプロフィールによれば、敦煌取材と同時期に中国各地を撮影した写真集『長征夢現《ゆめうつつ》』を一九八九年に出版しており、『ナイル』と合わせて翌年の芸術選奨文部大臣新人賞、日本写真協会年度賞を受賞した[34]。それまでアフリカ中心に撮影してきた野町にとって、中国は新しいエリアだったと思われるが、その研ぎ澄まされた取材感覚は中国でも十分に発揮されている。

河西回廊の各地で、野町は文革によって破壊された寺や仏像を目にし、敦煌の町では、当時イスラム教徒の住民が紅衛兵に迫害され豚飼いをやらされていたという証言を得る。豚はイスラム教徒にとって不浄な動物であり、豚飼いをさせることの非道さが際立つ。野町は現地の人々の生々しい生活を知るにつけ、日本人のあこがれであるシルクロードのイメージとの乖離《かいり》を痛感し、日本人観光客が自分の見たいものを見ているに過ぎず、当地の現実を知らないままであることに警鐘を鳴らすのである。

シルクロードブームのさなかにおいて、こうした批判的な言説は多くなかったと思われるが、敦煌を訪れる日本人観光客がもっぱら古代中国に熱い視線を送り、同時代の中国に対する認識に乏しい傾向があったのは事実だろう。考えてみれば、戦後あれだけ繰り返し訪中した井上靖も、中国での見聞は古代中国を舞台にした作品に活かされるのみで、現代の中国を小説化することはなかった。日中文化交流協会の活動として、同時代の中国の作家とは親しく交流したが、立場上の配慮があったためか、文革など政治的な機微に触れる文章はほとんど書いていないように思われる。

日本人は古来中国文化にあこがれ尊崇する一方で、明治以降は近代化に後れた国として軽視する傾向があり、それは日清戦争に勝利したことで決定的になった。ところが、明治維新に成功しアジア唯一の近代国家として帝国主義の道を歩んできた日本は、第二次世界大戦の敗戦国となって自信を失い、一方の中国は革命に勝利し共産主義を標榜《ひょうぼう》する「新中国」に生まれ変わった。結果として、大戦後の日本人の中国に対する感情は複雑なものになり、体制の違いを含めて同時代の中国をどのように認識するかは、現在に至るまで難しい課題として残されている。

「同文同種」という戦前によく使われた言葉は、さすがに今日では聞くことが少ないが、中国を訪れた時に街で目にする漢字や、容貌のあまり変わらない人々の存在は、やはり日本人にとって「親しみ」の大きな基盤であろう。米のご飯は言うまでもなく、小麦粉の麺、餃子などもすでに国民食と言われるほど日本人に親しまれており、他のどこの国を訪れるより食事に困らないことも確かである。しかしそれら以外に、現代の中国の何を知っているかと問われれば、はなはだこころもとないのが実状である。とりわけ一九九〇年代半ば以降、日本の経済的凋落《ちょうらく》に反比例して中国の躍進が顕著になり、七〇年代末以来の経済協力を基盤とする友好関係も変化してきた。豊かで強い中国の出現は、「三〇年前の日本」と同じ風景を中国に見てきた中高年を戸惑わせ、領土問題などをめぐるネガティヴな報道の増加は、若者の中国離れを加速させている。

安野智子・中央大学教授と筆者が二〇一九年九月に行なったウェブ調査によれば、「あなたは中国に関心がありますか。次のうち、あなたが関心を持っているものすべてを選んで下さい」という質問に対し、「食文化」を選んだ者が二六・六％と最も多く、次いで「観光地・名所旧跡」が二三・六％、「歴史」が二三・三％、「自然」一六・五％だった。これは「経済」一二・八％、「政治」一〇・八％、「映画・テレビドラマ」八・二％よりも高い割合であり、中華人民共和国という国家の動向や現代文化よりも、中国という地域の歴史や風物への関心が高いことをうかがわせる[35]。

シルクロードブームの中で、熱心に遺跡を見ても人間を見なかった日本人の傾向は、今日においてもさほど変わっていない。同じウェブ調査の中で、『三国志』の諸葛亮（諸葛孔明）を知っている人は五〇・九％だったが、馬雲（ジャック・マー、アリババグループ創業者）を知る人は九・八％、任正非《じんせいひ》（華為《ファーウェイ》会長）に至ってはわずか一・〇％だった[36]。中国が今や日本にとって最大の貿易相手国となり、中国経済やインバウンド観光客の動向が日本経済を左右するようになっても、同時代を生きる人間にはほとんど関心がないのである。こうした日本人の現状が、今後の日中関係にどのような影響を与えるのか、憂慮せずにはいられない。

ウイグル族の現在

シルクロードについて考える時、新疆ウイグル自治区の住民であるウイグル族[37]の現状が、多くの日本人を戸惑わせている。

「新疆」とは清朝が乾隆帝時代に支配下に組み込んだ「新しい境界」の謂いであり、清朝が辛亥革命によって倒れると、版図を引き継いだ中華民国にそのまま帰属した。[38] もともとテュルク（トルコ）系イスラム教徒であるウイグル族やカザフ族が多く住む地域で、国境を挟んでカザフスタンやウズベキスタンとは同じ文化的背景を持っている。漢族とは容姿から言語・宗教・風俗習慣まで異なる点が多いため、中華民国期にも民族自決や独立を求める動きがやまなかった。一九三三年には東トルキスタン・イスラム共和国を名乗って独立を宣言したが、回族（漢族イスラム教徒）の軍閥に攻撃され頓挫した。第二次世界大戦末期の一九四四年には、ソ連の支援を受けて一時東トルキスタン共和国を名乗ったが、ヤルタ会談でのスターリンと蔣介石の密約により、結局戦後は中華民国が支配することになった。一九四九年には国共内戦に勝利した人民解放軍が進駐、中華人民共和国に組み込まれ、五五年に「新疆ウイグル自治区」と定められた。

新疆が共産党軍に「解放」された当時、漢族は人口の約三％にあたる三〇万人しかいなかったが、その後の徹底した入植政策によって一九九九年には六八七万人となり、約八〇〇万人のウイグル族と拮抗する存在になった。[39] 二〇一八年の時点では、新疆ウイグル自治区の全人口は約二二八三万人、ウイグル族の人口は約一一六七万人で全体の約五一％にあたる。漢族は七八五万人で約三四％を占め、二〇一五年の約八六一万人をピークにやや減少傾向にある。[40] しかし漢族の人口は、カザフ族、回族、キルギス族など、ウイグル族以外の少数民族をすべて合わせた数の倍以上ある。

中華人民共和国にとって新疆は、社会主義大国ソ連と対峙する最前線であり、新疆軍区生産建設兵団に他地域から多くの漢族を送り込んで開墾と防衛に努めた。しかし一九六六年に始まる文化大革命では、軍区司令が反毛沢東派であったことから、紅衛兵による武闘が繰り返され、混乱の中でイスラム教のモスクが破壊されたり、宗教指導者が殺害されたりした。また下放政策（都市部の青年を農村での労働を通じて再教育すること）により、全国から下放青年が新疆に押し寄せたため、漢族の数が急増し、食糧不足を引き起こした。こうした背景のもとでウイグル族の漢族に対する反発が強まり抵抗運動が頻発したが、自治区政府・党機関は、それをソ連に操られ分離独立をたくらむ「反革命」暴動と見なして容赦なく弾圧した。つまり、文革は本来共産党指導部内の権力闘争であったが、大衆運動に拡大して漢族どうしの武力衝突を引き起こしたのみならず、漢族による少数民族の弾圧という差別的な局面を持つようになっていった。新疆ウイグル自治区の状況は、内モンゴル自治区やチベット自治区とも共通していた。

文革が終わり中国は改革開放路線に舵を切ったが、一九七九年のイラン革命や、同年末のソ連によるアフガニスタン侵攻など、ユーラシア大陸中央部をめぐる情勢は混沌《こんとん》としていた。新疆の生産建設兵団は再び増強され始め、改革開放政策に乗って農業、鉱工業などの発展はめざましいものがあった。しかし兵団という漢族植民者の集団と関連企業、そしてそれと癒着した共産党中央幹部に利益のほとんどが流れ、漢族とウイグル族との経済格差は顕著になっていく。フリージャーナリストの福島香織は、こうした新疆ウイグル自治区の現状を「ウイグルの土地に築かれた「漢族の植民王国」」と呼んだ。[41]

二〇〇一年九月十一日のアメリカ同時多発テロによって、国際社会がイスラム過激派を脅威と見なすようになると、中国政府は「対テロ」でアメリカ政府とも足並みを揃える姿勢を示し、国内的には新疆ウイグル自治区への管理を強化した。言論や出版を規制し、穏健な民族主義者にも「テロリスト」のレッテルを貼り、国外の過激な組織とのつながりを示唆するようになったのである。その結果、イスラム教徒であるウイグル族と、漢族との間の不信感が一般市民のレベルでも高まっていった。

二〇〇九年には、広東省の工場に出稼ぎに来ていたウイグル族と漢族従業員の間で起こった騒乱事件をきっかけに、新疆ウイグル自治区の政府所在地であるウルムチで大規模な抗議デモが起こり、警官隊が発砲して流血の惨事となった（日付にちなんで七・五事件と呼ぶ）。当局の発表でも死者は一九七人、負傷者は二〇〇〇人近くにのぼり、民族間の対立が顕在化した事件として国際的にも大きく報じられた。しかしこれに対して中国政府は、国外にいる独立派、具体的には亡命ウイグル人の指導者であるラビア・カーディルの扇動によって起こった暴動だと主張した。

福島の著書『ウイグル人に何が起きているのか』によれば、二〇一四年四月、新疆ウイグル自治区を視察した習近平国家主席を狙ったとされる爆破事件がウルムチ南駅で発生したことを契機に、現政権によるウイグル族の思想教育が全面的に行なわれるようになった。すなわち、従来はテロや独立運動に関わる（と見なされる）者を逮捕・拘束する一方、ウイグル族指導層・知識層・宗教指導者などの再教育を重点的に行なっていたが、二〇一六年以降社会の安定や治安維持を目的とする条例やガイドラインを相次いで制定し、これに違反すると見られるウイグル族市民をすべて「職業技能教育研修センター」で再教育することにした。その目的は実質的に、ウイグル族からイスラム教の風俗習慣を奪い、文化・伝統の継承を禁じ、漢族との同化を進めることである。中国共産党が一党支配を進めるにあたり、宗教を信じる者が党幹部よりも神や宗教指導者の言葉に耳を傾けるようでは不都合だ。そこで、ウイグル族にとっては外国語に等しい中国語（漢語）を教育し、習近平思想を学習させ、共産党を讃える歌を歌わせたりするのである。

現在、新疆ウイグル自治区のウイグル族一般市民は、スマートフォンに監視アプリをダウンロードさせられ、日常の行動経路や通話記録、インターネットの閲覧履歴などを公安当局に把握されている。また「無料健康診断」と称してＤＮＡや虹彩・指紋などの生体情報が収集され、個人情報とリンクさせて犯罪（と見なされる）行為の摘発に役立てられているという。モスクの多くは破壊されたり閉鎖されたりし、宗教的な集まりが独立の謀議と見なされる恐れもあるため、冠婚葬祭にも支障を来すようになった。夫が「研修センター」に連れて行かれ不在のウイグル族母子のもとに、漢族の男性役人が「ホームステイ」にやってきて、「父親」の座に収まることもある。これらはすべて、中国におけるあらゆる少数民族を「中国の特色ある社会主義核心価値観」のもと、「中華民族」として統合するためなのである。(42)

以上の問題はウイグル人亡命者や欧米の人権団体によって告発され、アメリカ・トランプ政権において重視されるに至った。在外ウイグル人の証言や欧米系メディアの取材に基づけば、「研修センター」は中国当局の言う職業訓練施設などではなく、思想改造のための隔離収容施設であり、反抗する者を拷問し死に至らしめる場所であるという。衝撃的な内容であるが、日本での反応は比較的鈍かった。このことは、一九八九年の天安門事件のあと、欧米諸国が人権問題を重視して経済制裁を行ない、二〇〇〇年北京オリンピックの招致にも影響を及ぼしたのとは反対に、日本が先陣を切って経済制裁を解除したこととも共通している。経済的利益を優先し、自由や人権に対する意識が相対的に低いことは、日本人の特徴としてしばしば指摘される。

福島香織が著書で言及しているように、日本はアメリカと異なり、ジャーナリストの安全やビザ発給問題に政府が直接関わることはなく、万一危険が生じても記者の自己責任とされる。取材にあたっては記者本人の安全を守るだけでなく、現地協力者を危険にさらさないよう配慮する必要もあり、思い切った取材にはなかなか踏み切れないのが現状だという。つまり、北京や上海のような大都市に支局を置く大手メディアは、そもそも当局の管理下で取材を行なわなければならず、新疆のような地方での取材も自由には行なえない。ともすれば当局が「見せたい」部分を「見せられている」だけになりがちだということで、この点はメディアも視聴者も自覚しなければならないだろう。

振り返ってみれば、本書第二章でも紹介したように、NHK「シルクロード」の取材時にも、中国側が「見せたい」ものを押しつけてくることがあった。ハミウリの収穫の場面を、汚れた作業着を着た農民ではなく、民族衣装をまとった若い女性たちに取り替えた、あのエピソードである。NHK取材班が外国メディアとして初めて新疆ウイグル自治区に入った一九七九年当時は、当然ながら文革の負の遺産を取材することは許されていなかっただろうし、現地の状況をほとんど知らない段階で取材計画を立てることは難しかったと思われる。結果として日本の視聴者が画面を通して目にしたのは、美しい民族衣装に身を包み、楽しげにハミウリやブドウの収穫をしたり、遠来の客人を伝統的な音楽や舞踊で歓待してくれる明るいウイグル族の姿だった。

外国人の前でのウイグル族の振るまいが一〇〇％作り物というわけではなく、彼らが天性陽気で歌舞が好きな民族であることも事実であろう。日本から早い時期に新疆を訪れた人々が、そんな民族の姿に魅了され、いくつかの記録を残していることも注目される。第四章で紹介した、平山郁夫が書いたトルファンでの情景もその一つである。平山が古代人の旅の苦労を思いながら「ウイグルの人々の陽気で優しい歓迎を受けて、どれほど生き返った気持ちがしたことでしょう[43]」と書くのは、自身の気持ちと重ね合わせていたのであろう。

ウイグル族の子どもたち（カシュガルにて、1994年）

ほかにも、例えば司馬遼太郎は井上靖との共著『西域をゆく』の中で、一九七七年八月から九月にかけて井上と共に訪れた新疆ウイグル自治区のことを書き残している。

司馬遼太郎

私は少年のころから、中国の内部または周辺にすむ少数民族のファンであったが、かつて新疆省とよばれたその地域は、上代、西域（狭義）とよばれた地で、東西文明の交渉史上、かぎりないロマンティシズムを秘めており、いまなおその古代的交渉の渦の中にあった諸民族の末裔がすんでいるのである。そのことはウイグル人たちの顔に象徴される。モンゴロイドの諸民族が、白系人《アーリア》との混血によって、特異な容貌の民族をつくりあげ、西方の歌舞や音楽をタクラマカン沙漠の周辺でそだてあげ、いわゆるシルクロードの文化を保持してきた地域で、アメリカ合衆国の少数民族も米国人であるように、このシルクロードの諸民族もまた、多民族国家であるところの中華人民共和国の人民なのである。(44)

トルファンは、広大な窪地にある。地球がこの部分でへこんで、海抜よりずっと低い。（中略）われわれの葡萄《ぶどう》は、このあたりから唐代の中国へ入り、日本にきた。どのウイグル人の家にも、暑さよけのための葡萄棚がある。この写真の踊りは、夜、葡萄棚の下でやってくれた。踊りも音楽も、古代以来の西方のもので、漢族の歴史では、隋唐の時代にここから歌舞音曲を入れ、やがて国楽となって漢風になり、それが奈良朝の日本にくることになる。衣装は、ウイグルの民族衣装。[45]

日本におけるシルクロードブームが、日本とは異質なものへのあこがれであったとすれば、容貌も生活様式も日本人とは大きく異なるウイグル族の存在は、西域の風景を彩るのにふさわしいものだった。NHK「シルクロード」全一二集の中で、西安の都市住民や、敦煌文物研究所の職員たちが漢族だったのを除けば、登場する人物の多くはウイグル族やカザフ族などの少数民族だった。司馬遼太郎が言うように、当時の日本人はそれを「多民族国家であるところの中華人民共和国の人民」と理解し、それ自体中国の特色として好意的に受け取った。しかしほとんどの日本人は「多民族国家」の成り立ちをよく知らなかったし、中華人民共和国における「少数民族」の地位に思いを馳せることはなかったのである。

NHK「シルクロード」の取材班は、一九八〇年八月に中国で最も西に位置するカシュガルに至り、エイティガール寺院（イスラム教のモスク）を中心に賑わう街を歩いた。チャドルで顔を隠した女性や、白い帽子に髭を蓄えた男たちが行き交う市場に圧倒され、古来交通の要衝として繁栄したこのオアシスこそ、ウイグル民族の「心の首都」であると感じる。[46] しかしそれから約四〇年後、二〇一九年五月にカシュガルを訪問した前出のジャーナリスト福島香織は、エイティガール寺院の屋根に五星紅旗（中国国旗）が翻り、寺院向かいの自治区行政署に「習近平同志を核心とする党中央の心遣いに心より感謝」の垂れ幕が「モスクに見せつけるように」飾られているのに気づく。かつてラマダン明けのイスラム教徒たちが誰からともなく踊り始めた寺院前の広場は、今やきれいに整備され、メリーゴーラウンドやゴーカートで遊べる「観光地」になっている。

実際にこの地に来てみれば、観察力のある人なら気付くだろう。若い男性が相対的に少ないことや、木陰に座る老人たちに笑顔が見えないことや、観光客に接する女性たちの表情が妙に硬いこと。

刺すような日差しと涼しい木陰に彩られた日干し煉瓦（いまは同じ色合いの焼き煉瓦で作り直されている）でできた美しいウイグルの町は、外国人も漢族も自由に観光できるが、そこに住んでいるウイグル人にとっては巨大な監獄なのだ。外から来た旅行者には、美しい治安のよい理想の観光都市に見える、21世紀で最も残酷な監獄社会。(47)

NHK「シルクロード」では「民族の十字路」と讃えられたカシュガルは、二一世紀の今日、漢族の警官や監視カメラに守られた「中国の町」と化した。四〇年の歳月は、日本人があこがれてやまなかった西域の風景から、ウイグル族の笑顔と歌声を消し去ったのである。

二一世紀の「一帯一路」

習近平政権が新疆ウイグル自治区への監視を徹底するのは、二〇一三年に発表された「一帯一路」構想と密接な関係がある。日本では「現代版シルクロード」とも呼ばれるこのプランは、ユーラシア大陸を横断する陸路（シルクロード経済ベルト）と、アジア・中東・アフリカの港をつなぐ海路（二一世紀海上シルクロード）の二つに囲まれた、中国を中心とする巨大経済圏構想である。当初英語ではOne Belt, One Roadと呼ばれていたが、経路を二つに限定するものではないとして、中国政府はBelt and Road Initiative（BRI）と称するようになった。つまり一つの「帯」、一つの「路」という決まったルートを建設することが目的ではなく、周辺国の情勢や需要に応じて、自らの経済的影響力を無限に拡大することがねらいである。

中国はすでに二〇一〇年にGDP（国内総生産）で日本を超え、世界第二位の経済大国になっていた。アメリカとの覇権争いが現実化する中で、古代シルクロードの繁栄になぞらえた「一帯一路」構想の発表は、日本のみならず周辺国に大きなインパクトを与えた。翌二〇一四年には構想を資金面で支えるシルクロード基金とアジアインフラ投資銀行（AIIB）が設立され、世界の金融地図を塗り替えるものとして注目を集めた。二〇二〇年九月時点で一〇二の国と地域が参加しているが、途上国と中国の関係強化のための銀行というイメージは拭えず、アメリカと日本は参加を見

超高層ビルが林立する上海
（2011年、朝日新聞社提供）

合わせている。

習近平が最初にこの構想に言及したのは、二〇一三年九月にカザフスタンの首都アスタナ（二〇一九年にヌルスルタンと改称）を訪問した時である。カザフスタン、キルギスタン（現・キルギス）、タジキスタンは歴史的に西トルキスタンの地であり、一九九一年に旧ソ連から独立を果たしている。東トルキスタンにあたる新疆ウイグル自治区とはそれぞれ国境を接し、ウイグル族の分離独立運動に影響を及ぼしやすい地域であるため、中国政府にとっては長く警戒の対象だった。しかし二一世紀に入り、中国はその巨大な経済力を活かして、これら中央アジアの国々を取り込み衛星国化しようとしているようにも見える。

中国政府は新疆ウイグル自治区の中心地ウルムチを、地域を超えた輸送と金融のハブにしようと考え、ウルムチから、カザフスタンとの国境の町コルガスに通じる新しい鉄道を建設した。コルガスでは、カザフスタン国内を走る旧ソ連時代の広軌の鉄道に合わせるため、貨物のコンテナを積み替える必要がある。コルガスを発車して国境を越えた列車は、アルマトイからカザフスタンを横断する鉄道に乗り入れ、その後シベリア鉄道の一部を走ってモスクワへ、そしてミンスク（ベラルーシ）を経由してマワシェビチェ（ポーランド）に至る。ここでEU圏を走る狭軌の鉄道に合わせて再びコンテナを積み替え、最終的に列車はドイツ内陸部のデュイスブルクに至る。こうして欧米のメーカーが中国に発注したコンピュータなどの製品がユーラシア大陸を横断し、ドイツまで一五日で到達することが可能になった。帰り道には、ドイツの自動車メーカーの部品が中国の工場に向けて運ばれてくる。このルートを使えば海路より三〇日早いが、コストは三倍かかるという。二〇一二年から始まったこの「中欧特急（中欧班列）」は、「一帯一路」構想を追い風として爆発的に利用が増え、二〇一九年に至ると、後発の西安が国内製品の集積地として列車の主要な発着地となった。(48)ウルムチは西に寄りすぎているが、西安は中国中央部にあって各地の鉄道や航空便との接続もよい。西安はまさに新時代のシルクロードの起点として生まれ変わったのである。

「中欧特急」は「一帯一路」の主要なルートではあるが、すべてではない。今後中国が主導してユーラシア大陸の各地を結ぶ輸送路が無数に建設されていくことを思うと、空恐ろしいような気分になる。そして中国のプランの中では、東の島国はおそらくそれほど大きな役割を持ってはいない。中国の商人たちの目は広大な大陸の西へ西へと向けられるばかりで、東の島国の人々がかつてシルクロードに寄せた熱い思いは忘れられている。その証拠に、中国は二〇一四年にカザフスタンとキルギスとの三か国共同で「シルクロード：長安－天山回廊交易路網」をユネスコ世界文化遺産に申請して認められ、日本の関係者を悔しがらせた。シルクロードを世界遺産に登録することは、早くも二〇〇二年に、平山郁夫が中国で開かれたユネスコの国際シンポジウムで提案していた。しかし東西交渉の主要な通路としてのシルクロードは、二一世紀の「一帯一路」の意義と正統性の裏付けとして中国に奪われてしまったかのようだ。

習近平は近年、「一帯一路」の提唱と並行して「人類運命共同体」なるスローガンを盛んに唱えている。二〇一九年十一月に上海で開かれた第二回中国国際輸入博覧会の開幕式でも、「世界経済の発展が直面する難題は、いかなる国も自国だけで解決できない。各国は人類優先の理念を堅持すべきで、自国の利益を人類の利益の上に置くべきではない」と述べている[49]。しかし中国にとって世界への窓口である新疆ウイグル自治区の現状は、先述のとおり漢族と国家の利益を最優先にしている。国内で特定の民族を弾圧している国が、外国に対して平等や博愛の精神で臨むとはとうてい思われない。「一帯一路」を通した経済発展も、「人類優先」どころか「中国優先」であることは、途上国を借金漬けにするかわりに港湾の長期租借権を得るなどの強引な手法からも明らかである。中国によって再建された現代版シルクロードは、日本人が古代シルクロードに重ね合わせてきた多民族による平和な文化交流のイメージとはかけ離れたものになってしまったのである。

日本人と中国

古代からの長い年月、日本人は中国の文明を学ぶべき手本とし、海の彼方の大陸にあこがれてきた。日本がアジアにおいて先進的な地位を占めたのは、一九世紀後半からの約一五〇年間に過ぎず、中国の方が日本に学んだこの時代は歴史の特異な一ページだったのかもしれない。本書で敦煌を切り口として考察した日本人と大陸との関わりは、ちょうどこの一ページに当てはまる。二〇世紀初頭以来、日本人がシルクロードを通して世界の主要な文化に自らを接続させようとしたのは、日本文化の優秀さを裏付けるものが欲しかったからであろう。大陸から切り離された島国でありながら、遠くペルシャや、インドや、中国の文化の粋を取り込み、ハイブリッド化してわがものとする柔軟性や適応力こそ、日本の特徴であり日本人の優れた点であると主張したかったのである。

そしてまた、歴史上日本が最も積極的に中国に学ぼうとした唐朝は、宗室自体が北方異民族の血を引き、ソグド人など非漢族商人による貿易や商業で栄えた大帝国だった。長安の都はさまざまな民族が行き交う国際都市であり、日本から来た使節や留学生もまた、そこで世界を知り、世界の一員となったのである。つまり古代の日本人にとって中国のイメージは、多様性豊かで島国の民をも受け入れてくれる寛容な社会であった。

こうした中国のイメージは、遣唐使以降中国との関係が薄くなった日本において脈々と受け継がれてきた、と司馬遼太郎と井上靖は語っている。西域になぜ日本人があこがれるのかについて対談した二人は、王朝が変遷する中で中国人にとっての西域が単なる「辺境」になってしまった一方で、日本人は唐代の人々の心を残したまま西域への関心を持ち続けたと指摘した。

司馬　……だいたい中国人というのは、ずっと昔から宋も明も清も、それから辛亥革命の後も、いわば編年的に「西域」というものを捉えていたのではないでしょうか。そうすると、さきほどの唐の長安時代は例外として、それ以外は西域といっても「辺境」と考えていたわけでしょう。ところが日本人というのは、唐の時代の遣唐使以後、そこで切れているので、ものすごく西域に強い関心を持っている。ですから、われわれのほうが長安人に近いのかもしれませんね。

井上　日本人というのは、ちゃんと押えるべきところは押えていますね。たまたま中国を経ていますが、いままで西域にたいする関心を失わないできたのは、私は間違っていなかったと思うのです。明治時代のインテリも、そこに関心を持って、昔の遣唐使のころに戻っていますね。いわば明治から大正時代にかけての東洋学者たちは、ちゃんと押えていてくれたわけです。

司馬　間違っていなかったわけですね。つまり唐の時代というのは、中国人が異民族の文化にたいして開かれた心を持っていた時期にあたります。宋になると、しぼむ。長安のあの時代というのは、まさに歴史的にも一つの重要な時代であったわけです。

井上　そうですね。実に自由な、いろんな宗教が入って来て、仏教でも何でも平気で受け容れていますね。いろんな風俗も入っているし、異民族でも兵隊に採用している。いい時代ですね。ぼくらは別に専門家でもないけれども、なんとなく唐の時代がいいと思う。その唐文化を通じて「西域」が素晴しいと感じられるから、やはり文化的な血ですね。[50]

司馬は「中国人が異民族の文化にたいして開かれた心を持っていた時期」が唐代であるとし、井上はその唐代の文化を通じてこそ日本人の西域への関心が生まれるという。この対談は一九七七年五月、二人が新疆ウイグル自治区を訪問する前に行なわれたものだが、二人の期待が裏切られることなく、ウイグル族のおおらかで幸せそうな様子に感銘を受けたことは、訪問後に再度行なわれた対談[51]からうかがえる。文革が終わり束の間の春を迎えていた中国の全体状況と、二人が昔から抱いていた西域へのあこがれが共鳴したのだろうか。

しかしそれから四〇年以上の歳月が流れ、新疆の風景は様変わりした。ウイグル族の人々からは笑顔が消え、高度な監視社会の中で外国人訪問客に心を開くことはない。唐の都長安の繁栄と、多民族国家中国のあるべき未来を重ね合わせてきたのは、日本人の勝手な思い入れに過ぎなかったのだろうか。そうだとすれば、少数民族の文化や宗教に不寛容で排斥しようとする現在の中国に、日本人が魅力を感じないのも無理はない。日本人もまた、「中華」の観念の下に異民族として排斥される日が来ないとも限らないからだ。

早朝のゴビ砂漠を行くラクダの隊商（1979年、撮影：大塚清吾）

日本人がシルクロードへの夢を温め続けてきた二〇世紀の間に、中国はそれ以前の数百年にも相当する劇的な変化を遂げた。日本人はその現実になかなか付いていくことができないが、早くも一九三四年にスヴェン・ヘディンは、楼蘭への三度目の探検の途次、このように未来を見透かしていた。

昔、東西を連結していた、地上で最も古く、最も長い隊商路が死からよみがえろうとしている。だがしかし、われわれの夢が実現されたら、古い「絹の道」の生活と活動とは、あの過ぎ去った昔のはなやかな光景とは、どれほどかけ離れたものになることであろう。すでにラクダもいなければ、隊商隊《ママ》の鈴の音も聞こえず、駅馬の首輪の鈴の音も聞かれないであろう。それどころか、現代の文明が詩的な、霊感を追い払ってしまうであろう。まず自動車が、ついで汽車がくるだろう。シベリア鉄道のほかに、新しい鉄道が太平洋と大西洋を結ぶ日がくるのを見られるだろう。（中略）自分のまえにこうした広大な予想が開け、私が眠れずに、夜の神秘な霊の声や、砂漠の沈黙の囁きに耳をかたむけたとしても、なんで不思議なことがあろうか。(52)

ヘディンの予想はすでに現実となり、今や西域の神秘は切り裂かれ、シルクロードは大国の思惑が金と共に行き交うユーラシア大陸の大動脈となった。奈良をシルクロードの終着点と見なし、世界の文化の流れの中に自らの立ち位置を定めようとしてきた日本人は、二一世紀の今日、中国とアメリカという大国の間にあって、どのような「道」を選ぶのだろうか。

註

（1）『なら・シルクロード博 公式ガイドブック』財団法人なら・シルクロード博協会発行、一九八八年、二九頁。

（2）同右、六頁。『井上靖全集』第一巻、新潮社、一九九五年、二〇一～二〇二頁に収録されたものとは、字句や読点の打ち方が若干異なる。

(3) 井上靖「平山郁夫氏の道」『井上靖全集』第二五巻、五二六頁。初出は一九七二年発行の画集『平山郁夫』三彩社。

(4) 同右、五二七～五二八頁。

(5)「西域のこと孔子のこと　井上靖さんに聞く」(連載第一回)『読売新聞』一九八八年一月十八日夕刊一一面。

(6)『読売新聞』一九八八年二月一日朝刊一六面。

(7) 小出雅俊「日中観光交流の40年」『静岡産業大学情報学部研究紀要』第一五巻、二〇一三年三月。

(8)『旅』一九七九年九月号、日本交通公社、二八四頁。

(9) 註7に同じ。

(10) JNTO(日本政府観光局)「出国日本人数の推移」。https://statistics.jnto.go.jp/graph/#graph-outbound-outgoing-transition　日本旅行業協会ホームページ「旅行者数の変遷」。https://www.jata-net.or.jp/tokei/004/2004/01.htm

(11)「わが外交の近況　一九八五年版(第二九号)」(記述の対象は一九八四年一月一日から八五年三月三十一日)より第六章「邦人の渡航と保護・援助」。https://www.mofa.go.jp/mofaj/gaiko/bluebook/1985/s60-2060200.htm

(12)「外交青書(我が外交の近況)一九八七年版(第三一号)」II付表「7. 領事移住関係」より「(1)(ロ)一般旅券の申請時における地域別主渡航先」。https://www.mofa.go.jp/mofaj/gaiko/bluebook/1987/s62-fuhyou-7.htm

(13) 同右、「第八章　邦人の海外渡航と外国人の入国」より「第二節　邦人の海外渡航」。https://www.mofa.go.jp/mofaj/gaiko/bluebook/1987/s62-802.htm
(14) 「急増する海外旅行者」『AERA』一九八八年十一月二十二日号。
(15) 星野博美『愚か者、中国をゆく』光文社新書、二〇〇八年、九〜一〇頁。
(16) 北京崑崙飯店公式ホームページ。http://www.thekunlunbeijing.com/default-zh.html
(17) 註14に同じ。
(18) 「中国首相、竹下首相に「上海列車事故補償、国情の違い理解を」」『朝日新聞』一九八八年九月十八日朝刊三面。
(19) 一九七八年以来の中国に関する調査結果は、「外交に関する世論調査」二〇一三年度版に詳しい。https://survey.gov-online.go.jp/h25/h25-gaiko/zh/z10.html
(20) 前掲「日中観光交流の40年」五三頁。
(21) 張香山『日中関係の管見と見証――国交正常化三〇年の歩み』鈴木英司翻訳・構成、三和書籍、二〇〇二年、二五三頁。二〇〇二年一月二十八日に人民大会堂で行なわれた「中日民間団体責任者会議での挨拶」より。
(22) 前掲「日中観光交流の40年」五三頁。
(23) 「敦煌を「観光経済特区」に　国務院に「西遊記ランド」計画提案　中国」『朝日新聞』一九九二年一月二十四日朝刊一一面。
(24) 「シルクロードに撒布された「死の灰」――核実験の後遺症を告発した医師アニワル・トフティ」水谷尚子『中国を追われたウイグル人――亡命者が語る政治弾圧』文春新書、二〇〇七年。英国チャンネル４のドキュメンタリー「Death on the Silk Road」は現在YouTubeで見ることができる。

(25)「外交に関する世論調査」（二〇一六年一月調査）による。https://survey.gov-online.go.jp/h27/h27-gaiko/gairyaku.pdf　なお最新のデータ（二〇一九年十月調査）では、「親しみを感じない」七四・九％、「親しみを感じる」二二・七％で、「親しみを感じない」人の割合は二〇一六年のピーク時に比べやや減少傾向にある。https://survey.gov-online.go.jp/r01/r01-gaiko/gairyaku.pdf

(26) Yahoo! 知恵袋より、ＩＤ非公開氏による質問（二〇一九年八月十五日投稿）。https://detail.chiebukuro.yahoo.co.jp/qa/question_detail/q1321209012８

(27)「シルクロード検定、「関心のきっかけに」　第２回までに３００人申し込み」『朝日新聞』二〇一九年四月十七日夕刊三面。

(28)同右。

(29)池田温『敦煌文書の世界』名著刊行会、二〇〇三年所収。初出は『日本学』13、名著刊行会、一九八九年、一三二〜一三九頁。

(30)同右、六三頁。

(31)同右、六八〜六九頁。

(32)『芸術新潮』一九八八年五月号、新潮社、七九頁。

(33)同右。

(34)野町和嘉公式ホームページ「プロフィール」による。http://www.nomachi.com/n-profile.php

(35)安野智子・榎本泰子「日本における中国のソフトパワーとその限界——韓国のソフトパワーとの比較から」『紀要（社会学・社会情報学）』第三〇号（通巻第二八三号）、中央大学文学部、二〇二〇年二月、一三六～一三七頁。このウェブ調査は、マクロミル社のセルフ型リサーチサービスQuestantを利用し、GMOリサーチパネル（クラウドパネル）を対象に、目標サンプル数一〇〇〇としてウェブ上で回答を集めたものである（有効回答数一〇九一）。無作為抽出によるサンプルではないため、この調査結果は日本人全体の意見分布を表すものではないことに注意されたい。なお、安野と筆者が中央大学の学生を対象に同様の趣旨で行なったアンケート調査の結果は、榎本泰子「大学生の中国イメージと文化交流の意義」（『東亜』二〇一五年八月号、霞山会、二二～三一頁）に詳しい。

(36) 同右、一三七～一三八頁。

(37) 現在中国でウイグル族の人々が置かれている現状に鑑みて、「ウイグル族」という呼称や「少数民族」としての扱い自体が差別的であり、中国による支配を正当化・固定化するものであるとの見方がある。近年のメディアでは「ウイグル人」という表記も多く見られるようになった。筆者もこうした主張に異を唱えるものではないが、国交正常化以来、日本人が中国の「少数民族」の存在に好感を抱いてきたという歴史的事実を説明する便宜上、本書では「ウイグル族」という呼称を用いた。

(38) 新疆の歴史については福島香織『ウイグル人に何が起きているのか』（PHP新書、二〇一九年）のほか、王力雄『私の西域、君の東トルキスタン』（馬場裕之訳、集広舎、二〇一一年）に収録された劉燕子による解説や、新免康「新疆ウイグルと中国政治」（『アジア研究』第四九巻一号、アジア政経学会、二〇〇三年所収）、平野聡「「一帯一路」時代における中国少数民族社会の変容と苦境」（東大社研現代中国研究拠点編『現代中国ゼミナール――東大駒場連続講義』東京大学出版会、二〇二〇年所収）などを参考にした。

(39) 前掲『ウイグル人に何が起きているのか』一八六頁。

(40) 新疆ウイグル自治区統計局のホームページより。http://tjj.xinjiang.gov.cn/tjj/rkjyu/202006/a3217a0ca4df493c960de1a0e2bcf4fe.shtml

(41) 前掲『ウイグル人に何が起きているのか』一九七頁。

(42) 近年のウイグル族の現状については、前掲『ウイグル人に何が起きているのか』のほか、以下の記事を参考にした。

・「ウイグル収容施設、中国当局が合法化　思想教育目的、設置可能に」『朝日新聞』二〇一八年十月十二日朝刊一一面。

・「漢人の天国、少数民族の地獄。「多様な」街　南新疆カシュガルレポート」『Newsweek 日本版』二〇一八年十一月九日。https://www.newsweekjapan.jp/stories/world/2018/11/post-11266_1.php

・「これも〝再教育〟の一環？　中国、夫を収容所に連行されたウイグル族の女性の家に同じベッドで寝る男性を送り込む」『Business Insider』二〇一九年十一月八日。https://www.businessinsider.jp/post-201869

・「中国、ウイグルへ思想教育を強化　習主席が正当性主張」『朝日新聞』二〇二〇年九月二十八日朝刊四面。

・「切り落とされたイスラムの月　「危険建造物」指定し閉鎖　新疆」『朝日新聞』二〇二〇年十月十五日朝刊二面。

(43) 平山郁夫『絹の道から大和へ——私の仕事と人生』講談社、一九九二年、七八頁。

(44) 井上靖・司馬遼太郎『西域をゆく』文春文庫、一九九八年、三四頁。初版は一九七八年潮出版社刊。

(45) 同右、四二～四三頁。

(46) 司馬遼太郎・NHK取材班『民族の十字路 イリ・カシュガル』(「シルクロード 絲綢之路」第六巻)日本放送協会出版、一九八一年、一八七〜一八八頁。「ウイグル民族の〝心の首都〟」という文言は一九七頁の写真のキャプションにある。

(47) 前掲『ウイグル人に何が起きているのか』三八頁。

(48) 中欧特急(中欧班列)についてはトム・ミラー『中国の「一帯一路」構想の真相』田口未和訳、原書房、二〇一八年、七二頁のほか、以下を参照した。

・「中国の「鉄のラクダ」が世界を動かす 現代のシルクロードでいま起きていること」『朝日新聞GLOBE』二〇一九年二月号。デジタル版 https://globe.asahi.com/article/12111661

・「進化していたシベリア鉄道 全線開業100年、大動脈に」『朝日新聞デジタル』二〇一六年十二月四日。https://digital.asahi.com/articles/ASJCR54N3JCRUHBI01V.html

(49) 「「人類運命共同体」に関する習近平国家主席の名言集」『北京週報』デジタル版(日本語)、二〇一九年十一月六日より。http://japanese.beijingreview.com.cn/politics/201911/t20191106_800184065.html

(50) 「西域への夢」前掲『西域をゆく』七八〜七九頁。

(51) 新疆旅行後の対談「西域をゆく」は、前掲『西域をゆく』に収録。特にウイグル族の歴史と現在についての言及は一二五〜一三七頁にある。

(52) スウェン・ヘディン『さまよえる湖』岩村忍訳、角川文庫、一九八九年、一三版(一九六八年初版)、一〇〇〜一〇一頁。

あとがき

本書は、中国と日本の近代文化を研究してきた私が、初めて現代の日本に向き合ったものである。五〇の坂を越えて心境に少し変化があったからかもしれないが、自分が生きてきた時代を日中関係という側面から照らせば何が見えるだろう、という切実な疑問があった。

中学、高校、大学の一〇年間がそのまま一九八〇年代に重なる私は、日中関係の最もよい時代を当たり前のように過ごしてきた。中国語を学んで北京にも留学し、教壇に立つようになったものの、次第に悪化していく日中関係は私を戸惑わせた。特に二〇一〇年代以降は、自分の持つ中国のイメージと、学生のそれとがまったく異なると感じている。今の若者は日中関係がよかった時代があることすら知らないという事実に気づいた時は、大きな衝撃を受けた。

本書を書いてみて、著者としてもいくつかの発見があった。子ども時代のおぼろげな記憶から、シルクロードブームとは一九八〇年代に始まったもので、改革開放時代の中国に対するブームだとばかり思っていた。ところが実際には、それよりもっと前から、広義のシルクロードブームが中国を抜きにして存在していた。ソ連領だった中央アジアや、アフガニスタン、インドなどへの日本人の興味関心は、早くも一九六〇年代から生じており、中国への関心は後から加わったに過ぎない。戦前以来の西域に対するあこがれは、仏教伝来の歴史と深く結びついており、日本と西域をつなぐものとしての仏教がなければ、日本人があれほど敦煌に熱狂することはなかった。つまり日本人の大陸ロマンとはもともと、中国大陸のみならず西域からさらに西方へと広がりを持ったものであり、そこには異なる民族との出会いや文化の交流に対する、島国の民らしい期待や喜びが込められていた。

戦後の経済発展とともに「自分探し」を始めた日本人の心の中で、約三〇年間にわたり「中国」が空白になっていたことは、今日に至る日本人の中国理解に無視できない影響を与えたのではないかと考える。中国と関わることなしに復興を果たし、高度経済成長からバブル経済期までの繁栄を謳歌した一般の日本人の間で、戦争責任などの意識が次第に希薄になっていったのもゆえなきことではなかった。交通や通信の手段が乏しい時代には、地理的に近い国の重要性が相対的に高かったが、戦後の日本人の世界認識は国交のない中国を飛び越えてどんどん西へと広がっていった。結果的に、日本人は古い時代の大陸ロマンを温存したまま、現代の中国と向き合わざるを得なくなり、そのことが今日の中国理解を難しくしているのではないだろうか。

国交正常化から一九八〇年代まで続いた日中友好ムードは、戦争に対する贖罪意識と新しい社会主義中国に対する好奇心がないまぜになったものだった。本書でも紹介したように、NHK「シルクロード」の美しい画面の裏には両国スタッフの間の葛藤も存在しており、体制が違うことによるズレは当時から意識されていたのである。ただそれらは、友好という大義の前で遠慮がちに語られていたに過ぎないし、あるいは発展途上期の過渡的な現象として日本側に重視されなかったのかもしれない。天安門事件以後中国共産党の一党支配が強固になる中で、こうしたズレは日本人に意識されやすくなっており、とりわけ自由や民主といった基本的な価値観をめぐる認識の違いは、今後も日本人の中国イメージを左右すると思われる。しかし自分の価値観に自信があるなら、言葉を尽くして相手に伝えることも重要で、そうしてこそ「大人の関係」が築けるのではないだろうか。「大人の関係」を築くことができずに、先人の努力を無駄にするのであればあまりにもったいない。日本と中国が隣人として末永く付き合っていくために尽力した数知れぬ先駆者たちの熱い思いを、裏切ることのないようにしたいと思う。

本書は、すでに発表した二本の論文を土台として大幅に加筆・修正を施したもので、第四章、第五章は書き下ろしである。

・榎本泰子「「敦煌」から見る日中関係——一九五〇年代から八〇年代を中心に」妹尾達彦編著『アフロ・ユーラシア大陸の都市と社会』中央大学出版部、二〇二〇年三月所収

・同「映画『敦煌』と一九八〇年代の日中関係」『紀要（言語・文学・文化）』第一二五号（通巻第二七九号）、中央大学文学部、二〇二〇年三月所収

論集に執筆する機会を与えてくださった妹尾《せお》達彦先生に感謝したい。中央大学文学部の同僚である妹尾先生は、『長安の都市計画』などの著書で知られる東洋史学者で、シルクロード検定実行委員会のお一人である。「釈迦に説法」を地で行くように、私が敦煌やシルクロードを云々するとは驚かれたに違いないが、快く受け入れてくださった。

また、中国言語文化専攻の同僚である飯塚容《ゆとり》先生からは、父君である故・飯塚朗先生と竹内好の交友や、日中国交正常化前後の中国文学研究者たちの様子についてお話をうかがうことができた。戦後中国に行くことがかなわなかった時代に中国文学の研究・紹介に努めた学者たちについては、まだ書くべきことが多く残されているように感じるので、今後の課題としたい。

本書を書きながら、比較的記憶に新しい一九八〇年代以降は別としても、一九七〇年代より前のことは、自分の時代というより両親の生きた時代として感じられた。小学校の教員だった父は一九三六（昭和十一）年生まれ、一九八三年に四六歳の若さで亡くなってしまったが、父の本棚に長らく鎮座していたのが、徳間書店刊『中国の思想』シリーズだった。本書第三章に書いた、私の手元に残っている一九七二年三月の一五刷というのがそれである。父が書物をどのくらい深く読んでい

たのかはわからないが、最近になって父の若き日の履歴書に「趣味：中国古典詩鑑賞」と書かれているのを発見し、やはりかの国の文化に心を引かれていたことは確かだろうと思った。父のように、外国の土を一度も踏むことなく一生を終えた庶民にも、日中国交正常化前後の時代のうねりがちゃんと及んでいたことがわかり、感慨を深くした。

私が中国に興味を持ったのは、先に中国語を学び始めた姉の影響であり、本書を書きながら、姉妹でそれぞれの中国体験を語る時間も増えた。姉の同級生だった男性からも、一九八〇年代の冒険に満ちた「自由旅行」の貴重な思い出を聞かせていただく機会に恵まれた。多くの忘れ得ぬ思い出が、この世代の日本人一人ひとりの胸に眠っており、さまざまな感情で中国の今とこれからを見つめている。「反日」や「嫌中」といった表面的なレッテルに踊らされない、着実で、互いに信頼できる日中関係の確立を願っているのは私だけではないはずだ。敦煌やシルクロードに寄せる日本人の熱い気持ちに、一方的な思い入れや一面的な理解がいくらか混じっているにせよ、関心を持てるということ自体が貴重な財産であり、今後の日中関係に活かせるようにしてほしい。日中両国の政治家や外交官に、こうした庶民の願いを届けたいという思いで筆を執った。

中央公論新社の吉田大作さんがシルクロード世代であったことは幸いだった。おもしろがって読んでくださりながら、的確なアドバイスを惜しまない吉田さんのおかげで、当初の構想以上に充実した内容になった。豪華な口絵や豊富な図版を掲載できたのは、すべて吉田さんの英断による。また大塚清吾氏からは、ＮＨＫ「シルクロード」取材班に同行した時のすばらしい写真を提供していただいた。氏の著書『敦煌撮影記』を読んだ時、写真家としてのプロ意識と井上靖に対する敬愛の念が印象的だったが、その思いの結晶である一枚を本書の冒頭に掲げられたことは望外の喜びである。お二人に心からの感謝を申し上げたい。

想定外のコロナ禍と突如始まったオンライン授業により、一時は精力をすべて吸い取られ、本書の完成も危ぶまれた。夏休みに念願の敦煌を訪れて締めくくりとする計画も、出入国制限のため頓挫した。敦煌は私にとって、いまだ「足を踏み入れることのできない聖地」（本書第一章）なのである。したがってこの本もまた、一日本人の大陸ロマンの上に成り立っていると言えるだろう。

二〇二一年二月、春節を前に

榎本　泰子

参考文献

＊本書の中で引用・参照した順に配列し、同じ著者のものや内容上関連の深いものはできるだけまとめた。

【書籍】（本論で扱った雑誌掲載記事を含む）

第一章

『井上靖全集』新潮社、一九九五〜二〇〇〇年
井上靖「中国行軍日記」『新潮』二〇〇九年十二月号
井上卓也『グッドバイ、マイ・ゴッドファーザー――父・井上靖へのレクイエム』文藝春秋、一九九一年
福田宏年『井上靖評伝覚』（増補版）集英社、一九九一年
曽根博義編『井上靖――詩と物語の饗宴』（国文学解釈と鑑賞別冊）至文堂、一九九六年
張競『詩文往還――戦後作家の中国体験』日本経済新聞出版社、二〇一四年
石濱純太郎『東洋学の話』創元社、一九四三年
神田喜一郎『敦煌学五十年』筑摩書房、一九七〇年

高田時雄編『草創期の敦煌学』知泉書館、二〇〇二年
金子民雄『西域　探検の世紀』岩波新書、二〇〇二年
柴田幹夫編『大谷光瑞とアジア――知られざるアジア主義者の軌跡』勉誠出版、二〇一〇年
白須淨眞編『大谷光瑞の研究――アジア広域における諸活動』勉誠出版、二〇一四年
白須淨眞『大谷光瑞と国際政治社会――チベット、探検隊、辛亥革命』勉誠出版、二〇一一年
白須淨眞編『大谷探検隊研究の新たな地平――アジア広域調査活動と外務省外交記録』勉誠出版、二〇一二年
白須淨眞編『大谷光瑞とスヴェン・ヘディン――内陸アジア探検と国際政治社会』勉誠出版、二〇一四年
本多隆成『シルクロードに仏跡を訪ねて――大谷探検隊紀行』吉川弘文館、二〇一六年
松岡讓『敦煌物語』日下部書店、一九四三年
松岡讓『敦煌物語』講談社学術文庫、一九八一年
松岡讓『新版　敦煌物語』平凡社、二〇〇三年
『世界教養全集18』（松岡讓「敦煌物語」ほか）平凡社、一九六一年
関口安義『評伝　松岡讓』小沢書店、一九九一年
松平美和子編『シルクロード美術展カタログ内容総覧』芙蓉書房出版、二〇〇九年
北川桃雄「ゴビタンの旅――敦煌まで」『世界』一九五六年十二月号
北川桃雄「敦煌の石窟――ゴビタンの旅」『世界』一九五七年二月号
北川桃雄『古都北京』中央公論美術出版、一九六九年
北川桃雄『大同の古寺』中央公論美術出版、一九六九年
北川桃雄『美術紀行　敦煌』東出版、一九七七年
亀田東伍『望郷――北京にありて、一日本人の想える』光文社カッパブックス、一九五六年
原田淑人編『中国考古学の旅』毎日新聞社、一九五七年

樋口隆康『敦煌から日本へ』(シルクロード考古学 第3巻) 法藏館、一九八六年
岸本美緒責任編集『東洋学の磁場』(「「帝国」日本の学知」第三巻) 岩波書店、二〇〇六年
中島健蔵『後衛の思想――フランス文学者と中国』朝日選書、一九七四年
宮川寅雄『中国美術紀行』講談社、一九七五年
『中国敦煌芸術展』(図録) 毎日新聞社・日本中国文化交流協会 (主催)、美術出版社 (製作)、一九五八年
常書鴻『敦煌の壁画』(原色版 中国の名画 第一期) 平凡社、一九五八年
常書鴻『敦煌の芸術』土居淑子訳、同朋舎、一九八〇年
常書鴻『敦煌と私』何子嵐・鈴木久訳、サイマル出版会、一九八六年
鄧健吾・石嘉福『敦煌への道』日本放送出版協会、一九七八年
鄧健吾 (撮影)『敦煌の美術――莫高窟の壁画・塑像』太陽社編集、大日本絵画巧芸美術、一九八〇年
段文傑『美しき敦煌』東山健吾訳、潮出版社、一九八六年
王家達『敦煌の夢』徳田隆訳、竹内書店新社、二〇〇〇年

第二章

『中島敦全集』筑摩書房、一九七六年
川村湊『狼疾正伝――中島敦の文学と生涯』河出書房新社、二〇〇九年
山下真史『中島敦とその時代』双文社出版、二〇〇九年
深田久弥『シルク・ロード』角川新書、一九六二年
長沢和俊『シルクロード』(増補版)、校倉書房、一九七五年
ヘディン『シルクロード』西義之訳、白水社、一九八〇年
夫馬信一『1964東京五輪聖火空輸作戦』原書房、二〇一八年

小牟田哲彦『旅行ガイドブックから読み解く明治・大正・昭和――日本人のアジア観光』草思社、二〇一九年
馬場公彦『戦後日本人の中国像――日本敗戦から文化大革命・日中復交まで』新曜社、二〇一〇年
馬場公彦『現代日本人の中国像――日中国交正常化から天安門事件・天皇訪中まで』新曜社、二〇一四年
王雪萍編著『戦後日中関係と廖承志――中国の知日派と対日政策』慶應義塾大学出版会、二〇一三年
張競・村田雄二郎編『断交と連帯　1945―1971』（日中の120年文芸・評論作品選4）岩波書店、二〇一六年
張競・村田雄二郎編『蜜月と軋み　1972―』（日中の120年文芸・評論作品選5）岩波書店、二〇一六年
天児慧ほか編『証言 戦後日中関係秘史』岩波書店、二〇二〇年
NHK特別取材班『アジア文明の源流』日本放送出版協会、一九六五年
日本テレビ編『日テレドラマ半世紀』日本テレビ放送網、二〇〇五年
陳舜臣『敦煌の旅』（「西域シルクロード全紀行1」）読売新聞社、一九九五年
陳舜臣・NHK取材班『長安から河西回廊へ』（「シルクロード　絲綢之路」第一巻）日本放送出版協会、一九八〇年
井上靖・NHK取材班『敦煌――砂漠の大画廊』（「シルクロード　絲綢之路」第二巻）日本放送出版協会、一九八〇年
鈴木肇「中国電視台事情――テレビ、シルクロードを行く」『中央公論』一九八一年六月号
NHK編『わたしのシルクロード』日本放送出版協会、一九八一年
田川純三『絲綢之路行』潮出版社、一九八八年
池田大作『敦煌を語る』角川書店、一九八四年

石川昌『中国紀行　書の故里をゆく』芸術新聞社、一九八九年
大塚清吾『敦煌撮影記』岩波書店、一九九四年

第三章

劉文兵『証言　日中映画人交流』集英社新書、二〇一一年
劉文兵『日中映画交流史』東京大学出版会、二〇一六年
劉文兵『映画がつなぐ中国と日本　日中映画人インタビュー』東方書店、二〇一八年
金澤誠『徳間康快――夢を背負って、坂道をのぼり続けた男』文化通信社、二〇一〇年
佐高信『飲水思源――メディアの仕掛人、徳間康快』金曜日、二〇一二年
『徳間書店の35年』（非売品）徳間書店発行、一九八九年
松枝茂夫・竹内好監修『中国の思想』全一二巻（別巻一）、徳間書店、一九六四〜六六年
『竹内好全集』筑摩書房、一九八一年
中村愿『戦後日本と竹内好』山川出版社、二〇一九年
小笠原清・梶山弘子編著『映画監督　小林正樹』岩波書店、二〇一六年
山崎豊子『『大地の子』と私』文藝春秋、一九九六年

第四章

平山郁夫『群青の海へ――わが青春譜』佼成出版社、一九八四年
平山郁夫『敦煌　歴史の旅』光文社、一九八八年
平山郁夫『道遙か』日本経済新聞出版社、一九九一年
平山郁夫『絹の道から大和へ――私の仕事と人生』講談社、一九九二年

平山郁夫『絵と心』読売新聞社、一九九八年
平山美知子『私たちのシルクロード』実業之日本社、一九七七年
『平山郁夫シルクロード展』（図録）朝日新聞社東京本社企画部（編集・発行）、一九七六年
『平山郁夫の世界』美術年鑑社、二〇〇七年
『平山郁夫シルクロードの軌跡――人類の遺産にかけた画家の人生』（図録）九州国立博物館編、西日本新聞社・NHK福岡放送局・NHKプラネット九州発行、二〇一一年
大宮知信『平山郁夫の真実』波乗社（発行）、新講社（発売）、二〇一一年
志賀健二郎『百貨店の展覧会』筑摩書房、二〇一八年
草薙奈津子『日本画の歴史　現代篇』中公新書、二〇一八年
『大平正芳回想録　追想編』（デジタル版）大平正芳回想録刊行会（編集・発行）、一九八一年

第五章

『なら・シルクロード博 公式ガイドブック』財団法人なら・シルクロード博協会発行、一九八八年
井上靖（文）・平山郁夫（画）『アレキサンダーの道――アジア古代遺跡の旅』文藝春秋、一九七六年
星野博美『愚か者、中国をゆく』光文社新書、二〇〇八年
張香山『中日関係の管見と見証――国交正常化三〇年の歩み』鈴木英司訳・構成、三和書籍、二〇〇二年
毛里和子『日中関係　戦後から新時代へ』岩波新書、二〇〇六年
毛里和子『日中漂流――グローバル・パワーはどこへ向かうか』岩波新書、二〇一七年
園田茂人編『日中関係史　１９７２－２０１２　Ⅲ社会・文化』東京大学出版会、二〇一二年
亜洲奈みづほ『「アジアン」の世紀――新世代が創る越境文化』中公新書ラクレ、二〇〇四年
池田温『敦煌文書の世界』名著刊行会、二〇〇三年

水谷尚子『中国を追われたウイグル人——亡命者が語る政治弾圧』文春新書、二〇〇七年
福島香織『ウイグル人に何が起きているのか』PHP新書、二〇一九年
王力維『私の西域、君の東トルキスタン』馬場裕之訳、集広舎、二〇一一年
東大社研現代中国研究拠点編『現代中国ゼミナール——東大駒場連続講義』東京大学出版会、二〇二〇年
井上靖・司馬遼太郎『西域をゆく』文春文庫、一九九八年（初版：潮出版社、一九七八年）
司馬遼太郎・NHK取材班『民族の十字路　イリ・カシュガル』（「シルクロード　絲綢之路」第六巻）日本放送協会出版、一九八一年
トム・ミラー『中国の「一帯一路」構想の真相』田口未和訳、原書房、二〇一八年
スウェン・ヘディン『さまよえる湖』岩村忍訳、角川文庫、一九八九年、一三版（一九六八年初版）
ヘディン『さまよえる湖』（上）（下）福田宏年訳、岩波文庫、一九九〇年

【論文】

李慶国「郭沫若と文求堂主人田中慶太郎——重ねて『郭沫若致文求堂書簡』の誤りを訂正する」『アジア文化学科年報』第八巻、追手門学院大学文学部アジア文化学科、二〇〇五年十一月
森安孝夫「日本における内陸アジア史並びに東西交渉史研究の歩み——イスラム化以前を中心に」『内陸アジア史研究』10、一九九五年三月
森安孝夫「内陸アジア史研究の新潮流と世界史教育現場への提言」『内陸アジア史研究』26、二〇一一年三月
藤枝晃「沙州帰義軍節度使始末」（一）（二）（三）（四）『東方学報』第一二冊第三分、一九四一年十二月〜第一三冊第二分、一九四三年一月、京都大学人文科学研究所

周霞「井上靖「敦煌」と藤枝晃「沙州帰義軍節度使始末」――「節度使」の描写をめぐって」『岡山大学大学院社会文化科学研究科紀要』第四七号、二〇一九年三月
何志勇「井上靖の中国旅行（佐藤純子氏インタビュー）」『城西国際大学日本研究センター紀要』第七号、二〇一二年
曽根博義「井上靖と戦争――従軍日記と戦後の文学をつなぐもの」『語文』第一三六巻、日本大学国文学会、二〇一〇年三月
吉田健二「全日化の結成と産別会議の運動　亀田東伍氏に聞く（上）」『大原社会問題研究所雑誌』第六三四号、二〇一一年八月
「東山健吾教授　履歴・業績」『美學美術史論集』第一四巻（東山健吾教授退任記念）、成城大学大学院文学研究科、二〇〇二年三月
廣谷鏡子「〈放送史への証言〉カメラマンは被写体と対話する〜テレビドキュメンタリーの青春期（前編）」（湯浅正次インタビュー）『放送研究と調査』二〇一一年二月号、NHK放送文化研究所
廣谷鏡子「〈放送史への証言〉知識より感性――直感を信じて、撮る〜テレビドキュメンタリーの青春期（後編）」（湯浅正次インタビュー）『放送研究と調査』二〇一一年三月号、NHK放送文化研究所
小出雅俊「日中観光交流の40年」『静岡産業大学情報学部研究紀要』第一五巻、二〇一三年三月
伊藤一彦「戦後日本における中国イメージの変遷」『中国21』Vol.22（特集：日中相互イメージの交錯）、愛知大学現代中国学会、二〇〇五年六月
安野智子・榎本泰子「日本における中国のソフトパワーとその限界――韓国のソフトパワーとの比較から」『紀要（社会学・社会情報学）』第三〇号（通巻第二八三号）、中央大学文学部、二〇二〇年二月
榎本泰子「大学生の中国イメージと文化交流の意義」『東亜』二〇一五年八月号、霞山会
新免康「新疆ウイグルと中国政治」『アジア研究』第四九巻一号、アジア政経学会、二〇〇三年

【定期刊行物】
『日中文化交流』
『月刊シルクロード』
『中国』
『キネマ旬報』
『旅』
『芸術新潮』
『佛教藝術』
『朝日新聞』（デジタル版）
『読売新聞』（同右）
『毎日新聞』（同右）
『ＡＥＲＡ』（同右）

【事典・参考書】
週刊朝日編『値段史年表：明治・大正・昭和』朝日新聞社、一九八八年
中村政則・森武麿編『年表　昭和・平成史　１９２６－２０１１』（岩波ブックレット）岩波書店、二〇一二年
旅の文化研究所編『旅と観光の年表』河出書房新社、二〇一一年

シルクロード検定実行委員会編『読む事典　シルクロードの世界』ＮＨＫ出版、二〇一九年
『日本大百科全書』小学館（デジタル版）

マ　行

ヤ・ラ・ワ行

ナ　行

ハ　行

サ　行

タ　行

人名索引

＊原則として本文に登場する人物のすべてを採録し、註に掲げられた文献の著者名などは採録しなかった。
＊中国人の人名は本文と同様、原則として日本語音読みとしたが、日本でも原音読みが通用している場合はそれに従った。

ア 行

カ 行

榎本泰子

1968年生まれ。東京大学文学部国文学科卒業、同大学大学院総合文化研究科修了。博士（学術）。専門は比較文化・中国近代文化史。同志社大学助教授を経て、現在中央大学文学部教授。著書に『楽人の都・上海――近代中国における西洋音楽の受容』（サントリー学芸賞・日本比較文学会賞）、『上海オーケストラ物語――西洋人音楽家たちの夢』（島田謹二記念学藝賞）、『上海――多国籍都市の百年』『宮崎滔天――万国共和の極楽をこの世に』などがある。

「敦煌《とんこう》」と日本人《にほんじん》
――シルクロードにたどる戦後《せんご》の日中関係《にっちゅうかんけい》

〈中公選書 117〉

著者 榎《えの》本《もと》泰《やす》子《こ》

2021年３月10日 初版発行

発行者 松田陽三

発行所 中央公論新社
〒100-8152 東京都千代田区大手町 1-7-1
電話 03-5299-1730（販売）
03-5299-1740（編集）
URL http://www.chuko.co.jp/

ＤＴＰ 市川真樹子

印刷・製本 大日本印刷

Published by CHUOKORON-SHINSHA, INC.
Printed in Japan ISBN978-4-12-110117-4 C1321
定価はカバーに表示してあります。

落丁本・乱丁本はお手数ですが小社販売部宛にお送り下さい。
送料小社負担にてお取り替えいたします。

中公選書　好評既刊

102
建国神話の社会史
――史実と虚偽の境界

古川隆久著

天照大神の孫が地上に降りて日本を統治し始めた――。『古事記』『日本書紀』の記述が「歴史的事実」とされた時、普通の人々は科学や民主主義との矛盾をどう乗り越えようとしたのか。

103
新版　戦時下の経済学者
――経済学と総力戦

牧野邦昭著

二つの世界大戦という総力戦の時代、経済学者たちの主張や行動はどのような役割を果たし、戦後体制へどんな影響を与えたか。第32回石橋湛山賞受賞作に最新の研究成果を加筆。

105
〈嘘〉の政治史
――生真面目な社会の不真面目な政治

五百旗頭　薫著

政治に嘘がつきものなのはなぜか。絶対の権力というものがあるとすれば、嘘はいらない。世界中に嘘が横行する今、近現代日本の経験は嘘を減らし、嘘を生き延びるための教訓となる。

106
神道の中世
――伊勢神宮・吉田神道・中世日本紀

伊藤　聡著

神道は神仏習合や密教、禅や老荘思想など、さまざまな信仰や文化を取り込んで自らを形作ってきた。豊穣な中世文化を担った、知られざる神道の姿を最新の研究から描き出す。

中公選書　好評既刊

108
漢字の構造
――古代中国の社会と文化

落合淳思著

漢字の成り立ちと字形の変化の歴史には、古代中国の生活や風習、祭祀儀礼や社会制度などが反映されている。社会と文化の記憶を解き明かす、新しい方法論に基づいた字源研究の成果。

110
日本近代小説史　新装版

安藤　宏著

文明開化期から村上春樹まで、日本の近代小説をトータルな視点で案内する。最新研究に基づく入門書の決定版。写真図版も多数収録。改版にあたり、「「近代日本文学」の成立」を付した。

111
新版「生きるに値しない命」とは誰のことか
――ナチス安楽死思想の原典からの考察

森下直貴
佐野　誠編著

障碍者施設殺傷事件、安楽死論争、パンデミック・トリアージ。「役に立つ／立たない」で命を選別できるのか。ナチス安楽死政策を支えた著作に批判的考察を加え、超高齢社会の命を問う。

112
非国民な女たち
――戦時下のパーマとモンペ

飯田未希著

「石を投げられてもパーマをかけたい」。戦時期に非難の的となりながらパーマが大流行したのはなぜか。統制と流行と近代化の狭間で大きな社会問題となった女性たちの「お洒落」とは。

中公選書　好評既刊

113 後藤新平の台湾
——人類もまた生物の一つなり
渡辺利夫著
後藤の素質と思想が最大に活かされ、力量が発揮されたのは四十代の台湾総督府民政長官時代であった。「アヘンの島」を植民地経営の成功例としたものは何か。開発経済学の泰斗が描く。

114 和算——江戸の数学文化
小川束著
江戸時代、数学は日本独自の高度な発展を見せた。関孝和や建部賢弘の業績は多岐にわたり、庶民の間でも広く楽しみとして定着した。最新の研究に基づき、豊かな数学文化を繙く決定版。

115 ベネズエラ
溶解する民主主義、破綻する経済
坂口安紀著
チャベスの大統領就任以降、四〇〇万人以上が難民に。かつて二大政党制を長期間維持し「民主主義の模範」とされた豊かな産油国に何が起こったのか。経済破綻に向かう二〇年の軌跡。

116 大航海時代の日本人奴隷
——アジア・新大陸・ヨーロッパ
増補新版
ルシオ・デ・ソウザ
岡 美穂子著
異端審問記録に残された奴隷本人の証言。歴史のダークサイドとして省みられることのなかった日本人奴隷の実相を広い視野から紹介し、アジアにおける人身売買を新たな視角で検討する。